KB269344

이 여인을
기억하라

이 여인을
기억하라
최만자 지음
동연

내가 새길교회에서 설교해온 세월이 어느덧 19년이 되었다. 결코 짧지 않은 세월을 새길 공동체의 한 식구로 지나온 것이다. 그 사이 나의 나이도 어느새 70이란 숫자로 셈하게 되었고, 이제는 지난 시간을 되돌아보는 시점에 서게 되었다. 하여 이 지점에서 그동안 내가 무슨 이야기를 해왔는지 한번 정리해보고 싶었다. 60편 가까운 설교문을 놓고 그 가운데 스물세 편을 골라 이렇게 한 권의 책으로 묶었다. 행여 많은 나무를 베어버리는 종이 낭비를 하는 건 아닌가를 걱정하면서도 다른 한편으론 내가 살아온 동시대의 고민을 많은 사람과 나누고 싶은 마음이 커서 설교문을 다듬어 펴냈다.

나의 설교문 내용은 대체로 인생의 실존적 고뇌를 신앙의 눈으로는 어떻게 해석해낼 수 있을까를 깊이 사색하는 측면의 생각이 그 바탕을 이루고 있다. 그리고 1980년대 이후 여성신학을 배우게 되면서 추구한 여성의 눈으로 성서를 다시 해석하는 여성해방 지향적이며 양성평등적인 성서 해석이 중심점을 이루고 있다. 이에 더해 내가 살아온 생애 동안 경험한 우리 사회와 역사와 민족의 격동적인 상황에 대해 내 나름의 미래지향적 전망을 모색해보고자 한 노력을 포함하고 있다. 따라서 나의 설교 전개는 자연스레 내가 살고 숨 쉬고 있는 이 자리, 바로 내 현실의 문제에서 출발해 그것을 성서에 조명해보고 오늘의 상황에 생명의 힘을 주는 성서의 의미를 찾아내는 형태를 갖게 되었다. 이런 방법은 '성서(신학)는 오늘 우리의 삶에 생명을 줄 때 의미 있으며 경전이 된다'는 전제를 가졌고, 그래서 '우리(삶)가 텍스트이고 성서는 그 전거(reference)이다'라는 성서 해석의 한 방법을 따르고 있는 것이다.

책의 제목 '이 여인을 기억하라'는 미국의 성서학자인 엘리자베스 쉬슬러 피오렌자(Elizabeth Shuessler Fiorenza)의 책『그녀를 기억하며(In Memory of Her)』에서 통찰을 얻어 내가 새길교회에서 했던 설교「그 여인을 기억하라」의 제목을 우리말 번역과 예수의 부탁 표현대로 '이 여인을 기억하라'로 바꿔 붙인 것이다. "복음이 전해지는 곳마다 이 여인을 기억하라"는 마가복음 14장 9절의 말씀은 피오렌자가 밝힌 대로 여성신학적 관점을 가지는 데 매우 의미 깊고 상징적인 본문이다. 남성 제자들이 전혀 인지하지 못했던 고난받는 메시아로서의 예수를 알아보고 그를 섬기고 따랐던, 메시아가 와서 이룰 세상을 이해하고 실천하려 했던, 그래서 그의 머리에 향유를 부었던 이 여인이야말로 예수의 참 제자이며 복음의 핵심을 전파할 수 있는 사람으로 예수께서 인정했기 때문이다. 내 설교의 모든 내용은 '이 여인을 기억하라'는 말씀에 포괄되어 있다고 생각한다.

나의 글 모양도 이야기의 전개방식도 쉽거나 편안하지 않아 읽는 이들에게 많은 부담을 드릴 것 같아 미안한 마음이 크다. 동연출판사 김영호 사장님이 많이 애써주셨음에도 불구하고 내 원래의 됨됨이도 그러하고, 전통적 신앙행태는 벗어나야 하겠다는 마음이 지배적이었고 또한 여성신학적 관점을 성서 읽기에서 확실하게 전달해야겠다는 욕심에서 학문적 주장을 소개하고 논리적 설득력을 갖추려다보니 더더욱 쉽지 않은 글이 되어버렸다.

새삼 생각해보면 새길교회가 내겐 얼마나 소중하고 고마운 교회인지 모르겠다. 새길교회가 모순된 한국 교계에 대한 개혁의지를 가지고 가능한 한 대안교회를 지향해온 귀한 정신에 대한 고마움은 물론이고 부족한 나에게 말씀증거의 한 자리를 맡겨주고 이를 통해 지향하는 성서 해석을 자유로이 할 수 있는 장을 만들어준 것에 더욱 감사한다. 그리고 매주일 성숙한 인격으로 깊은 우정을 서로 나누며 함께 웃고 울 수 있는 새길의 자매·형제를 만난 것이 내 인생을 얼마나 행복하게 만들었는지 말로 다 할 수 없다.

이 책에 간간이 들어 있는 사진은 대개가 몇 해 전 새길의 사진반 '빛으로 나누는 대화' 모임에서 활동할 때 찍었던 것들이다. 사진 전시회에 냈던 나의 사진들과 남편의 작품도 몇 개 들어 있다. 책을 위해 사진을 고르면서 사진반 시절의 즐거움도 새삼 떠올렸다.

추천의 글을 써주신 김윤옥 선생님은 내겐 선배님이지만 동시에 여성신학의 동지이다. 오랜 세월 우린 한국여성신학의 길을 함께 걸어오면서 수많은 이야기와 토론과 고민과 즐거움을 나눈 여성신학 여정의 벗이다. 선생님께 깊은 감사를 드린다.

책을 내는 일은 정말 간단치 않음을 또 한 번 느꼈다. 동연출판사 여러분의 세심한 배려가 없었다면 이 책의 출판은 어려웠을 것이다. 정말 감사드린다. 그리고 컴맹이라 갑갑할 때마다 도움을 준 새길문화원의 이선근 간사님과 홍은정 간사님께도 진심으로 감사드린다.

　설교하고 강연하고 책을 내는 등 분주한 내 노년의 생활에 묵묵히 그리고 즐겁게 도움을 준 남편에게도 감사하고, 내 사고를 더 생기 있게 만들어준 사랑하는 손자 홍구·윤구에게도 감사한다. 이 책을 내면서 그 누구보다도 내가 그리워한 분은 하늘나라로 가신 지 어언 11년이 된 나의 어머니다. ‘이 세상에 엄마보다 더 좋은 것이 있으랴.’ 이 책을 사랑하는 나의 어머니께 바친다. 그리고 사랑하는 나의 언니들에게도 바친다.

2012년 6월

서산 탑곡리에서 최만자

"부탁이 있어요.……" 오랜만에 보내온 이메일이었다. 그동안 새길교회 강단에서 선포했던 설교를 묶어내는 데 추천의 글을 써달라는 내용이다. 평신도공동체로서 자리 잡은 새길교회에서 최만자 선생은 상임 여성설교자로 오랫동안 강단을 지켜왔다.

우리 두 사람의 관계는 나이 차이를 넘어 진정한 '친구' 관계다. "친구 한 사람이면 천하를 얻는다"는 그런 친구 관계라고 할 수 있다. 그의 열린 마음의 따뜻함은 영혼을 감싸는 배려가 느껴지고 정의를 향한 열정은 희망의 에너지를 공급하는 데가 있었다. 그래서 나는 늘상 나의 삶을 꾸려나가면서 최만자 선생을 의지하고 의논하며 토론하며 기쁨을 느껴온 터였다. 그러니 오랫동안 글을 쓰지 않았던 자신의 한계도 잊어버리고 감격하며 이 추천의 글을 맡아버린 것이다.

개신교 교회에서 하나님의 말씀으로 선포되는 중요한 기능인 설교가 교회의 70퍼센트를 차지하는 여성이나 사회적 약자의 물음에 답을 주고 있는가 하는 문제점은 여성신학자들이 늘 토론의 주제로 삼았던 일이었다. 그래서 내가 기독여성평화연구원 원장 일을 할 때 알려진 한국 남성 설교자 15명을 선발해서 분석 연구한 결과, 여전히 남성적 유일신 사상, 이원론적 사고, 여성혐오 사상, 군사주의 문화, 남성 중심 성서 해석 등의 문제점이 있음을 밝혀낸 적이 있었다. 그런 설교는 여성의 영성을 해치고 나아가서는 남성 신도에게도 구원의 길을 막는 중요한 과오를 범하는 것이다.

우편으로 보내 온 최만자 선생의 설교집을 읽어보니 이러한 설교의 문제점을 염두에 두고 실력 있는 구약성서학자답게 새로운 성서 해석과 사회사적 상황과 개별적 삶의 실천을 결부시키는 열정적 노력이 돋보이는 내용이다.

설교집은 세 부분으로 나뉘어 모두 23꼭지이다. '1부 창조, 생명, 기쁨의 세상열기', '2부 새롭게 만나는 성서의 여성', '3부 민족, 가족, 우리를 새롭게'로 되어 있다. 1부에서는 인생의 실존적 고뇌를 붙들고 신앙의 의미를 터득해나가는 구도자적 수행을 보게 되고, 2부에서는 특히 중점적으로 성서의 여성에 대한 새로운 해석과 오늘날의 삶을 창의적으로 결부하는 독특한 설교 내용들을 보여주고 있다. 3부에서는 우리 민족의 아픈 상황과 현대 가족의 변화에 따른 여성의 삶의 문제를 예리하게 살피고 있다. 구약학자의 기본을 토대로 하면서도 새로운 여성신학적, 생태학적, 사회학적, 심리학적 해석을 구사하며 여성과 사회적 약자의 고난, 하나님의 뜻, 분단된 민족에 대한 기독인의 과제에 이르기까지 여성 특유의 섬세한 분석으로 이 시대 한국교회 그리스도인을 향해 의미 깊은 메시지를 전하고 있다. 참으로 소명의 열정을 느끼게 하는 설교이다.

그래서 오늘날 사회경제적인 침체와 고령화사회의 다양한 문제

점으로 고단하고 피곤한 사람들에게 "오늘날의 인간과 세계에게
그리스도는 누구인가"에 대한 복음의 깊은 생명력과 구원의 힘을
제시할 것 같다. 교회 여성만이 아니라 많은 남성 목회자들도 꼭 한
번 읽어야 할 설교집이라고 권하고 싶다.

2012년 6월

전 교회여성연합회 회장 김윤옥

// 차례 //

1부 창조, 생명, 기쁨의 세상 열기

2부 새롭게 만나는 성서의 여성들

3부 민족, 가족, 우리를 새롭게

1부

창조, 생명, 기쁨의
세상 열기

창조의 보전

창세기 1:26~28

새길교회 자매·형제들은 매주일 예배에서 신앙고백과 결단을 외웁니다. 그 첫머리에 "우리는 세상을 창조하시고 언제나 새롭게 변혁하시는 하나님을 믿으며 창조의 보전과 완성을 위해 우리의 삶을 바칩니다"라는 창조 신앙의 고백을 하지요. 그런데 최근 들어 이렇게 신앙고백을 하면서도 창조의 보전과 완성을 위해 구체적으로 실천하는 일은 별로 없고 그에 대한 관심도 매우 적다는 반성을 하게 되었습니다. 물론 개인적 차원에서 관심을 가진 부분도 있지만 그것을 사회화하고 공동체적으로 실천하는 데는 이르지 못했다고 생각됩니다. 그래서 오늘은 생태계 위기를 보다 본질적으로 파악하고 문제를 보다 근본적으로 풀기 위해 그리고 인류에게 가장 큰 도전이 될 이 문제에 대한 시대적 인식을 확실히 갖기 위해 함께 생각하는 자리를 갖고자 합니다.

　지구 환경오염의 상태를 보면 열대우림지역의 1/3 이상이 파괴되었고 매년 약 240억 톤의 표면토가 유실(900만 톤의 식량이 감소하는 결과)되고 있으며 각종 자원이 고갈되어간다고 합니다. 핵무기는 지구를 몇 십 번 파괴하고도 남을 양이 있다 하고, 땅과 온갖 생물이 물과 공기의 오염으로 죽어가고 있으며 그것을 먹고사는 인간 또한 죽음의 공포에 처해 있다고 합니다. 지구의 이상기온과 환경파괴로 인한 위협은 인류와 지구 생태계를 멸절시킬 정도로 심각하다는 사실은 이미 우리에게 많이 알려져 있지요. 그래서 오늘 우리가 함께 이와 같은 생태계 위기가 초래된 원인·요인이 무엇이며 그에 대한 기독교적 관심은 어떠한가에 대해 생각을 나누고자 합니다.

　오늘날 생태계 위기를 극복하고자 노력하는 생태학자들과 운동가들은 생태계 위기를 초래한 가장 근본적이고 핵심적 원인이 자연과 인간의 관계 이해가 인간 중심적으로 되었기 때문이라고 합니다. 고대에는 자연을 인간 삶의 근원이요, 생존할 수 있도록 자원을 주는 공급처요, 생산하는 힘이라고 생각했습니다. 그런 반면 자연은 거칠고 통제가 불가능한 힘이었지요. 그래서 인간은 자연에 대해 두려움과 동시에 경외감을 가졌고 인간 삶의 근원이며 신성한 존재로서 생명력의 어머니처럼 대했습니다. 따라서 자연파괴는 바로 어머니의 파괴이며 거룩한 존재의 파괴로 생각했을 뿐만 아니라 인간도 자연의 일부로 이해해 자연과 인간을 생명일체적인 유기체적 관계로 이해했습니다. 그리고 자연의 이치를 따라서 살았습니다. 문명이 발달함에 따라 자연에 대한 인간의 이해는 변화 과정을 거치게 되었습니다.

고대 그리스 문화에서는 만물의 이치를 질료와 형상으로 이원론적으로 파악했는데 16~17세기 과학혁명으로 인간 문화와 자연이 이분화되었습니다. 자연은 더 이상 신비한 영역이 아니라 어떤 일정한 법칙에 의해 움직이는 탐구와 개발의 대상으로 간주되었습니다. 인간의 이성이 극도로 찬양되는 계몽주의에서는 논리와 이성과 합법성이 인간과 인간, 인간과 자연, 인간과 신의 관계를 구성하는 지배적 도구가 되었지요. 이렇게 인간이 자연을 대물화하고, 지배하고, 인간 중심으로 개발·착취한 결과 생태계 전체가 오늘의 위기를 당하게 되었다고 봅니다. 처음에는 과학 발달과 자연 개발을 위기라고 생각하기보다 오히려 문화를 발달시키며 인간에게 행복을 가져오는 이로운 문명이라고 보았습니다. 산업화의 확대는 과학기술의 발달과 연결되었고 진보와 성장논리로 이어졌으며, 자본의 이윤극대화를 위한 논리가 합해지면서 자연의 파괴를 전혀 고려하지 않았던 것입니다. 지구는 인간의 삶을 지탱하기에 충분한 자원과 재생능력을 가지고 있다고 믿었습니다. 환경위기를 단순하게 생각하고 쓰레기나 오염물질을 처리하는 정도로 대처하면서 지속적으로 자연을 개발했던 것입니다.

그런데 1972년 로마클럽 보고서인 『성장의 한계』가 나오면서 생태계 위기의식은 확실해졌습니다. 이 보고서는 산업화와 인구 성장이 지속되는 한 인류는 다음 세기에 절대적 성장의 한계에 도달한다고 전망했습니다. 제한된 지구에서 인구의 폭발적 증가와 물질생활에 대한 인간 욕망의 증가는 식량문제와 환경문제를 더욱 악화시킬 것이며, 땅·공기·물의 오염이 인간과 지구 생존을 위협하게 될 것으로 보았습니다. 기독교에서는 WCC 차원에서 1970년대 이후 JPIC(정의, 평화, 창조의 보전) 신학이 확산되었고 1990년에는 서울에서 세계대회를 개최했습니다. 세계적으로는 1992년 리우 데 자네이로에서 세계환경대회가 개최되는 등 인류 생존을 위한 논의가 지구촌으로 확산되었습니다. 생태계 위기를 극복해야 한다는 마음에서 생태주의자들은 자연이 스스로 고유한 생명체를 가진 존재임을 인식하고 인간과 자연이 상호의존적이고 유기체적인 관계로 전환되어야만 한다고 주장합니다. 그들은 인간 중심주의를 벗어나기를 간곡히 요구합니다. 또한 인간이 원주민의 영성으로부터 많은 것을 배워 지금과는 다른 영성적 존재가 되어야 한다는 대안적 영성을 제시했지요. 예를 들면 호주의 한 원주민 부족은 집을 짓기 위해 나무가 필요하면 사용할 나무에게 가서 한 달 동안 "내가 부득이 하여 집을 짓게 되었으니 이 나무를 떠나 달라"며 사정을 말하고 난 후 나무를 베어 집을 짓는다고 합니다. 아메리칸 인디언도 자연과 인간의 깊은 관계, 자연 존중심의 영성을 가지고 있습니다. 그들은 땅을 사고파는 일을 이해하지 못한다고 합니다. 땅은 그들 몸의 일부이기 때문입니다.

사실 '만물 생명의 일체'라는 인식은 불교에 더 깊게 뿌리내리고 있습니다. 모든 생명이 연관성을 가지고 있다는 불교적 이해는 생명 경외사상을 보다 철저하게 합니다. 그러나 기독교는 생태계 위기를 초래한 공범으로 비판을 받습니다. 왜냐하면 기독교의 창조론이 서구 과학기술문명에 생태학적 위기의 근원을 제공했기 때문이지요. 자연에 대한 착취가 창세기로 말미암아 합리화되었으며, 기독교 창조론 특히 창세기 1장 26~28절에 나타나는 '정복하라', '다스려라' 같은 표현은 인간의 자연 지배를 하나님의 계획으로 입증한다고 보아 과학과 기술로 자연을 착취하도록 뒷받침했다고 비판받습니다. 그리고 성서 전반에 인간 중심주의가 흐르고 있다고 비판받지요. 이러한 비판을 받은 기독교는 자신을 생태학적 관점에서 성찰하게 되었습니다. 물론 한편으로는 변호론적으로 성서를 재해석하기도 하지만 다른 한편으로는 그동안 서구 과학기술문명의 이데올로기로 작용해온 기독교 역사를 반성하면서 기독교의 본질을 새롭게 규명해내고자 노력하고 있습니다.

이에 따라 성서 해석의 요점을 인간 중심주의를 하나님 중심으로, 그리고 자연에 대해 지배가 아니라 보살핌의 관계로 창조 이야기의 관점을 바꾸고 있습니다. 기존에는 인간이 하나님의 형상대로 창조되었다는 성서 기록을 근거로 그 형상을 이성 혹은 정신적인 것으로 해석했지요. 그래서 인간이 만물의 영장이요 인간만이 신적 형상을 지녔다는 인간 우월주의로 빠져 인간 중심적 세계관과 자연 착취를 정당화했습니다. 그러나 새로운 해석에 의하면 하나님의 형상대로라 함은 인간의 정신성을 찬양하는 것이 아니라 인간의 책임성을 의미하는 것이라고 보게 됩니다. 창세기 1장 26절을 28절과 연결해보면 하나님이 그 형상대로 창조하신 인간에게 담당해야 할 과제를 부여하고 있음을 알 수 있다는 것입니다. 즉, 하나님의 형상은 어떤 정신적 차원의 내용을 말하는 것이 아니라 인간이 하나님 대신 담당해야 할 과제가 바로 자연의 관리임을 말해주는 것이라고 해석합니다.

그리고 하나님이 세계를 창조했다는 것은 만물이 하나님으로 말미암아 있게 되었다는 의미입니다. 인간의 뜻에 따라 지배되고 정복되는 게 아니라 하나님의 뜻에 따라 유지되어야 함을 의미한다는 것이지요. 그래서 세계의 소유자는 인간이 아니라 하나님이고 인간은 하나님을 대신해 하나님의 뜻에 따라 세계를 관리해야 한다는 것이 성서가 말하는 본래 뜻이라고 합니다. 결국 인간은 청지기에 불과하며, 인간이 세계의 중심이라는 신앙은 본래 기독교적 세계관이 아니라 세계를 정복하고자 하는 근대인의 욕구를 신학적으로 정당화시킨 잘못된 해석이라고 전통적 해석을 수정합니다.

또한 '지배'와 '정복'이라는 말이 인간의 자연 착취를 정당화하는 근거가 되어 자연과 인간의 사귐과 교통을 방해하고, 자연과 인간을 연결된 생명체가 아니라 주체와 객체, 사용자와 피사용자의 관계로 생각하게 만들었다는 비판도 다시 해석합니다. 창세기 2장 15절을 보면, 하나님은 인간에게 에덴동산을 갈고(아바드=섬기다) 지키는(샤마르) 일을 맡기셨는데, 이는 인간이 철저히 관리자라는 사실을 말하고 있다고 수정해 해석합니다. 인간은 자연의 소유자가 아니라 자연에 대한 봉사자이며 자연을 섬기고 지켜야 한다는 것이지요. 낙원에서의 이상적인 인간의 삶은 홀로 사는 삶이 아닌 함께 사는 삶(창 2:18~24)이며 갈고 닦는 노동의 의무 없이는 의미 없음을 밝히면서 인간은 자연의 관리자일 뿐이라는 사실을 거듭 강조합니다.

"정복하고 다스려라"(창 1:26, 28)는 성경말씀은 자연과 인간의 관계를 잘못 해석할 만한 오해를 받는 구절입니다. 그러나 '다스리다(radah)'는 본래 이집트와 바빌론의 궁중 언어로서 '돌본다'라는 뜻을 가지고 있습니다. 이집트 왕이 어떤 영역을 자기의 소유로 삼고 그것을 다스리게 되었을 때 그는 그 땅의 주민이 행복하게 살 수 있도록 돌보아야 한다는 의미입니다. 따라서 인간이 자연을 다스리

는 것은 자연세계의 행복과 평화를 위해 그것
을 돌보고 가꾸어야 할 존재로 창조되었다는
말이라는 것이지요. 또한 "정복하고 다스려
라"의 대상은 오직 동물에만 국한된 것이지
땅을 정복의 대상이라고 해석하기엔 불분명
하다고 말합니다.

동물만을 정복의 대상으로 부각시킨 것은
고대세계에서 동물은 인간의 큰 적으로, 투쟁
해야 할 대상이었기 때문이지요. 원래 동물은 인간의 음식물이 아
니었기 때문에 살해할 수 없었습니다. 그래서 큰 빛이 낮을 다스리
듯 인간은 동물을 관리하고 동물은 인간의 다스림에 복종해야 한
다는 의미를 가지고 있다고 합니다. 아무튼 정복하고 다스리라는
명령을 관리하고 보살피라는 명령으로 해석하게 된 것은 중요한
생태신학적 해석의 전환이라 할 수 있습니다.

더 나아가 성서가 말하는 인간과 자연의 관계는 인간도 자연의
일부이며 불가분의 관계라는 것입니다. 창세기 2장에서 인간 아담
은 땅(아다마)의 먼지(앗팔)로부터 만들어진 존재로 묘사되는데, 이
는 인간과 자연이 본질적으로 연결된 존재임을 말합니다. 그리고
결국 인간은 먼지로 돌아가는 존재입니다(3:19). 땅을 주제로 하는
창세기 2~3장은 인간이 본질적으로 땅과 생명과 결속관계에 있음
을 보여주며, 인간을 피조물인 자연의 한 부분으로 보고 있다는 것
이지요. 인간이 아무리 뛰어난 존재일지라도 유한하며 땅에 속한
존재이기 때문에 자연을 볼 때 인간을 보듯 보아야 한다는 말이 됩
니다. 먼지로서의 인간은 인간이 작고 없어질 존재임을 가리킵니다.

자연에 대한 성서의 이해는 자연이 하나님을 알게 하는 인간의 스승이라고 표현하고 있습니다. 이는 주로 지혜전승에 나타나는 사고로, 자연이 인간보다 하나님 인식에 더욱 뛰어난 능력을 가지고 있음을 말해줍니다. 우리가 부르는 찬송 가운데서도 "주 하나님 지으신 모든 세계" 등에서 이런 인식을 볼 수 있습니다. 성서에서 피조물인 자연은 창조주를 찬양하는 지혜를 가지고 있으며(욥기 12:7~9), 그 지혜를 인간에게 가르치고 인간은 그것을 배워 다시 언어로 표현합니다. 대표적인 것이 시편 8편입니다.

성서는 인간 사회와 역사와 자연의 하나 됨을 말하고 있습니다. 인간이 흙에서 나서 흙으로 돌아감은 본질적으로 자연과 하나임을 말하는데, 더 나아가 인간의 도덕적·사회적·역사적 삶도 자연과 밀접하게 하나로 연결되어 있다고 성서는 말하고 있습니다. 인간의 도덕적 타락은 자연의 황폐화를 초래하며, 인간과 하나님의 관계가 파괴되면 동시에 인간과 자연의 관계도 파괴되고 있음을 보여줍니다. 구약성서는 하나님의 날, '그 종말의 날'이 오면 천지가 개벽을 해 새로운 자연세계가 출현함을 강조합니다. 인간의 죄에 대한 심판으로 자연재해(홍수, 한발, 메뚜기 재앙, 화산, 지진, 등)가 내리고 최후의 심판에는 묵시문학적 표현을 통해 세계의 종말에 정상적 자연현상에 이변이 일어날 것이라고 성서는 증언하고 있습니다. 그리고 인간이 죄로부터 해방되고 인간성이 회복되면 파괴된 자연도 회복된다고 증언합니다(호 2:21~22). 제3 이사야는 인류 역사가 대정화를 이룩하는 시대가 오면 하늘과 땅이 갱신되는, 즉 자연의 대회복이 이루어지는 시대가 올 것이라고 말합니다(사 65, 계시록 1:5). 이외에도 인간의 회복이 자연의 회복이며 인간의 타락이 자연의 황폐화와 직결된다는 성서의 구절들은 매우 많습니다. 이와 같이 생태학적 해석의 전환은 성서 해석을 새롭게 하여 기독교의 생태학적 관심을 발전시켰습니다.

또 다른 관점은 기독교의 하나님에 대한 새로운 이해를 요구하는 신학을 발전시킵니다. 왜냐하면 하나님에 대한 이해는 인간과 자연의 관계 모두의 기반이기 때문입니다. 그런데 현재 기독교 하나님의 표상은 너무 기독교 우월주의적이고 배타적이며 절대군주적이고 가부장적이기 때문에 시대에 적합한 표상이 아니라고 봅니다. 기독교의 하나님은 심판자이고 폭력적이며 제국주의적이고 절대군주로 표상되어서 이 시대가 요구하는 메시지를 주지 못하고 있다는 성찰이 강하게 일어나고 있습니다. 핵 위협과 생태계 위기로 죽어가는 지구에서 이제는 가능한 한 서로를 인정하면서 상호 힘을 불어넣고 보살피고 돌보는 살림의 심성과 행위가 극대화되어야 한다는 것이지요.

이런 때 기독교 하나님에 대한 새로운 신앙고백은 생태학적 하나님을 표현해야 한다는 것이지요. 그런 생태학적 하나님을 표현하기 위한 메타포는 공생적이고 상호의존적이며 생명 연합적인 상징이어야 한다는 말입니다. 기독교의 전통적인 하나님 이해가 너무 초월적이고 인간의 삶과 무관하게 저 위에서 군림하는 하나님이며 세상과 무관한 가부장적 아버지 하나님으로 생각되었기 때문에 오늘날 이 지구에서의 굶주림이나 전쟁과 생태계 위기에 그 하나님은 응답할 수 없다는 것입니다. 서구 신학자들이 함께 모인 자리에서 한스 큉이나 데이비드 트레이시는 "핵탄두가 불과 몇 마일 내에 장전되어 있고 페루산 감자를 그 국민이 먹지 못하고 오히려 미국 사람들이 먹고 있는 이런 상황에서 신학을 한다는 것이 무엇을 말하는가”라는 물음을 제기했습니다. 하나님을 새롭게 이야기하고 신학의 방향을 새롭게 설정하자고 한 것은 이런 맥락에서의 이야기입니다.

하나님에 대한 새로운 이해의 요청은 이미 제2차 세계대전 이후 전쟁으로 인한 죽음과 실존에의 위협 앞에서 그리고 아우슈비츠의 유대인 대학살을 보면서 선지자 하박국처럼 하나님은 어디에 계신가를 외치면서 시작되었다고 할 수 있습니다. 그리고 제국주의 국가에 희생된 제3세계를 위해, 제3세계의 독재자들에게 탄압 받는 민중을 위해, 백인에게 멸족의 위기를 당한 원주민을 위해, 가부장제에 의해 억압당한 여성을 위해, 그리고 인간에 의해 착취당하는 자연을 위해 말씀하실 하나님을 찾아 헤맸다고 표현할 수 있겠습니다.

대표적인 여성 생태신학자 샐리 맥페이그는 세상을 하나님의 몸으로 표현하면서 하나님과 세계의 관계를 이해합니다. 그 세계는 하나님의 성육함입니다. 하나님이 자신을 성육화해 표현한 것이 세상이라는 이러한 이해는 지배적인 위계구조(전통 신학 패턴)가 아니라 세상을 섬기는 하나님의 모습입니다. 그리고 하나님이 세계 안에 내재함을 확신하는 표현이지요. 신학자 매튜 폭스는 “어머니인 지구가 죽어가고 있습니다. 이것은 우리 시대의 수난입니다”라고 말했는데, 자연과 세계의 수난은 바로 하나님 몸의 수난이며, 그것은 우리 시대의 십자가라고 할 수 있습니다.

맥페이그는 새로운 표상으로서의 하나님을 어머니, 연인, 친구로 표현하고 있습니다. 어머니 하나님은 단순히 여성적인 것을 말하는 것이 아니라 창조성과 육화되는 사건을 나타내는 것입니다. 여성이 어머니 하나님을 주장하는 것에 남성이 예민하게 반응합니다. 그러나 이것은 남성에 대립하는 신성을 말하기보다는 이 시대의 생명창조와 성육신하는 하나님의 모습에 대한 표현입니다. 예수께서는 그 당시 유대교적 절대군주의 하나님을 거부하고 친근한 하나님을 표현하기 위해 "아빠, 아버지"라 했는데, 만일 지금 이 세상에 계시면 하나님을 어머니라 부를 것이라고 믿어집니다.

연인 하나님은 세상에 대한 신적 열정을 나타내는 것으로 영·육 이원론적 분리 개념을 극복하고자 함이며 생존을 위한 몸의 중요성을 드러내고자 함입니다. 서로가 서로를 필요로 하며 온전하게 하나 되는 관계성을 연인의 상징으로 말하고 있는 것입니다. 친구인 하나님은 일상적인 것을 함께하는 상호적 관계성을 드러내고자 하는 은유입니다. 두 사람이 자유롭게 선택 관계를 갖는, 동등하고 자유로운 관계성을 강조합니다. 이렇게 하나님을 우리 안에 계시며, 나와 함께하고, 친근하게 나를 돌보고 사랑하는 분으로 나타내는 것이지요.

생태신학의 전모를 다 거론하기는 어렵습니다. 이제 우리 의식에 몇 가지 새로움을 가짐으로써 지금도 지속되고 있는 하나님의 창조와 그 보전에 참여하도록 노력할 것에 대해 정리하고자 합니다. 하나님이 지금도 창조하고 계시다는 것은 하나님이 태초의 창조 이후 우주 밖에 계시면서 자연법칙을 통해 이 세계가 움직이도록 내버려두시는 것이 아니라, 지금도 자기의 영을 끊임없이 만물 속에 부으시며, 자신의 영을 통해 지속적으로 자연을 역동적으로 만들며, 늘 만물을 새롭게 하시고 있다는 말씀입니다. 이를 우리는 계속적인 창조라고 부릅니다. 생태학적 관심은 이러한 하나님의 지속적 창조에 우리가 적극 참여하는 일입니다. 하나님의 지속적 창조는 치유와 화해를 위해 일하는 것입니다. 지금은 만물의 치유와 화해가 필요한 때입니다.

이를 위해 가장 중요한 일은 우리가 생태학적 감수성을 가지는 일입니다. 생태학적 감수성을 갖는다는 의미는 다음과 같습니다.

첫째, 만물에 생명이 있음을 알고 존중하는 일입니다. 만물이 하나님으로부터 와서 다시 하나님에게로 돌아가는 동근원성과 동귀결성을 깨닫는 일이며, 그 깨달음은 곧 유한한 인간을 겸손하게 할 것입니다.

둘째, 우리가 존재함은 다른 뭇 생명의 죽음으로 인해 가능함을 깨닫는 일입니다. 여기서 권정생님의 「하나님의 눈물」이란 동화를 소개하고자 합니다. 토끼가 배가 고파서 먹을 것을 구하려고 민들레에게 갔는데 민들레는 "네가 나를 먹으면 너무 아플 것이고 나는 죽게 될 것입니다"라고 했습니다. 토끼는 차마 민들레를 먹지 못하고 클로버에게 그리고 다시 솔잎에게 갔는데 계속 같은 상황이었습니다. 결국 토끼는 "하나님 나는 어쩌면 좋아요"라고 하면서 죽었습니다. 그때 눈물이 한 방울 떨어졌는데 그것이 바로 하나님의 눈물이라고 합니다. 우리가 이렇게 버젓이 살고 있는 것은 사실 다른 대상의 죽음 때문에 가능합니다. 그러므로 나의 삶은 다른 대상을 살리는 일에 바쳐져야 합니다. 죽임의 삶을 살아서는 안 된다는 것입니다. 최소한의 죽임으로 내가 살고 최대한의 살림으로 내 삶을 향해 살아가야 함을 암시합니다.

셋째, 뭇 생명과의 관계가 상호적임을 알아야 합니다. 인간은 일방적으로 주기만 하는 존재가 아니며 일방적인 인간관계는 없습니다. 일방적 관계는 늘 시혜적이며 일방적 의존성을 결과하게 됩니다. 인간이 자연에게 주는 것보다 받는 것이 훨씬 더 많듯 모든 관계에서 내가 받는 것이 더 많음을 깨달아야 합니다. 내가 누구에게 주는 것이 아니라 받는 것이 더 많다는 감성, 동시에 내가 받기만 하는 존재가 아니라 줄 수 있는 존재임을 깨닫는 것은 생태학적으로 중요한 일입니다.

넷째, 만물에 대한 연민과 살림의 감성을 가져야 합니다. 연민은 고통을 함께 나눈다는 말입니다. 우리는 연민, 곧 함께 고통스러워하면서 모든 것과 조화와 관계의 새로움으로 나아간다면 하나님이 내재하시는 영적 현존의 체험을 하고 인간과 만물의 화해, 하나님과 인간의 화해를 이루어낼 수 있습니다. 창세기의 "만물을 정복하라"와 "다스리라"는 말은 이제 만물에게 연민을 갖고 조화와 화해를 위해 살라는 말씀으로 들려야 할 것입니다.

이러한 생태학적 감수성은 구체적으로 삶 속에서 지구 자원의 유한성과 자연의 정화능력의 한계를 염두에 두고 개발과 소비를 해야 한다는 지속 가능한 개발의 실천으로 이어져야 할 것입니다. 즉 생태학적 감수성을 가지고 쓰레기종량세나 재활용 운동·세제덜 쓰기운동을 해야 하고, 기업은 산업폐기물을 제대로 처리해야 합니다.

생태주의자들은 제4의 혁명이 필요하다고 주장합니다. 이제까지의 혁명이 모두 인간의 삶을 위해 보다 더 많이 효과적으로 생산할 수 있는 사회를 어떻게 조직하느냐 하는 문제를 다룬 혁명이라면, 제4혁명은 자연을 파괴하지 않고 생산이 가능한 사회를 만드는 혁명이어야 한다는 것입니다. 따라서 생태계의 위기와 위협의 문명 속에서 인류가 각성하고 학문과 정치가 반성하고, 특히 종교와 신학이 깊이 생각해서 사고와 삶의 형태를 제4의 혁명의식으로 만들어나가야만 할 때라는 것을 깨달아야 합니다.

(1998년 11월 1일)

쉼의 저항

창세기 2:1~3, 출 20:8

만약 우리 삶에 '쉼'이 없다면 얼마나 고단하고 괴로울까요? 일주일에 한 번 쉬는 날을 정한 이 제도는 참 훌륭한 것이라는 생각을 새삼 하게 됩니다. 이미 다른 나라들에서는 주 5일 근무제를 실시해 쉼의 시간을 더해왔고, 우리나라는 이제 주 5일 근무제를 확정해가는 과정에 있습니다. 쉬는 시간을 더해가는 것은 우리가 그만큼 과중한 일을 감당해야 하는 사회구조 안에서 살고 있고, 전보다 더 큰 부담을 가지면서 그로부터 벗어나고자 하는 욕구가 강하게 생기기 때문이라고 생각됩니다. 뿐만 아니라 인간의 삶이 생존과 소유를 위한 노동에만 소모되는 것이 결코 잘 사는 게 아니라는 자각이 커진 것도 사실입니다.

주 5일 근무제가 서서히 확장되면서 가장 먼저 발달하는 것이 레저산업이라 하겠습니다. 여기저기 펜션이 넘치게 건설되고 곳곳에

즐기기 위한 시설이 늘어나고 있습니다. 더욱이 요즈음은 웰빙시대라고 하면서 '잘 살기'를 보장해준다는 온갖 상품이 홍수처럼 쏟아져 나오고 있습니다. 이런 세상인데도 잘못 산다면 그것은 순전히 개인의 무능 탓이 아닐까 싶을 정도이지요. 쉬는 시간이 많아지고 잘 살기 상품과 정보도 풍성하니 이제 걱정할 것 없이 잘 살 수 있을 것 같지 않습니까? 사람들이 여유로워지고 세상은 더 평화스러우며 조화를 이루어나갈 것 같은데, 현실은 전혀 그렇지 못하고 도리어 복잡하고 삭막하기만 합니다. 무엇이 문제일까요?

한 고전평론가는 서점가에 불고 있는 웰빙 바람의 철학적 기반이 에피쿠로스라는 말을 듣고 반가웠다고 합니다. 우리나라 사람들이 오직 더 많은 부를 축적하기 위해 맹목적으로 질주하다가 이제야 비로소 지금, 이 자리를 적극 향유하게 되었나보다 하는 기대감이 앞섰다고 합니다. 그런데 한 서점 홈페이지에 뜬 웰빙 페스티벌이라는 이벤트를 클릭하니 웰빙 전략 네 가지를 ① 마음의 평안, ② 돈을 쉽게 빨리 버는 법, ③ 날씬하고 건강한 몸, ④ 해외여행이라고 꼽고 있어 크게 실망했다고 합니다. 이렇게 요가와 명상, 유기농야채를 먹고 해외여행을 즐기면서 행복을 구가하려는 것이 오늘의 휴식법이고 잘 살기의 기준이 되고 있습니다. 상업화된 웰빙은 자신을 위해 몸에 이롭다는 것을 모두 차지하려는, 지극히 개인적인 소유욕과 이기적 건강유지 방법으로 치장되어 나온 상품입니다.

고대 철학자 에피쿠로스는 일반적으로 쾌락주의자로 알려져 있고 실제로 그는 천박한 쾌락주의자로 취급되어 오해받기도 했습니다만, 그의 아타락시아(평정) 개념은 덜 채워진 상태에서의 기쁨의 향유를 추구하는 것입니다. 그러기에 소유의 집착이 아니라 오히려 무소유를 더 행복으로 지향합니다. 소유의 증식을 위해 집착하는 웰빙 산업의 철학적 기반이 에피쿠로스라고 운운하는 것은 그에 대한 모독이 될 것입니다. 지금 그에게 웰빙 전략을 묻는다면 '지금 자신이 선 자리에서 삶을 최대한 향유하라. 그러기 위해선 가장 먼저 소유로부터 자유로워져라. 그다음 벗들을 불러 모아 우정의 연대를 실천하라. 비움과 열림이 행복의 크기를 결정해줄 것이다'라고 말할 것입니다.

지금 우리 사회에 파도치는 휴식이나 잘 살기 물결은 제대로 된 방식이 아니라는 생각을 모두 가질 것입니다. 저는 외국에 많이 다녀보지 못했지만 1967년 일본의 하코네라는 유명한 온천 지역을 여행한 적이 있습니다. 그 후 33년을 지난 2000년 또 같은 곳을 방문했는데, 전혀 변함없이 옛 모습 그대로였습니다. 조용하고 깨끗하고 요란한 호텔도 없고 숲 속에 아담하게 자리 잡은 모텔들이 조용히 여행객을 맞고 있었습니다. 그런데 왜 우리나라에서는 조금만 경관이 좋다고 생각되는 곳이라면 방방곡곡에 어찌 그리 많은 러브호텔과 음식점이 들어서고 자연환경은 계속 황폐해지는지 모르겠습니다. 웬만큼 알려진 유원지는 쉼을 위한 곳이 아니라 아귀다툼을 하는 전쟁터같이 되어버렸습니다. 해마다 휴식을 위한 휴가철은 부도덕한 상혼과 전쟁이 벌어지고 온 국토가 신음하는 고통의 장소와 시간이 되어버리지요. 진정한 쉼은 없고 쉬기 위한 전쟁을 하는 듯합니다. 어디라도 여행 못 가면 죽을 것처럼 다녀야 하고, 여행을 가서는 혼신을 다해 놀이를 합니다.

진정한 쉼, 잘 쉬는 문화를 만들어내는 일은 사회의식을 한층 높여 구성원의 삶을 윤택하게 해줍니다. 보다 많은 쉼의 시간이 주어

질 가능성이 열린 시점에 우리가 쉼, 잘 살기를 깊이 생각하는 것은 내일의 삶의 방향을 결정하는 매우 중요한 문제라고 생각됩니다. 우리의 쉼이 보다 차원 높은 방향으로 구조화되지 않으면 우리는 계속 천박한 쾌락주의에 빠져 허우적거릴 것이며 온 사회는 이로 인해 피폐해질 것입니다.

성서에는 안식일에 대한 기록이 있습니다. 성서에서 말하는 쉼에 대해 생각함으로써 오늘 우리의 쉼의 방향을 찾아보려고 합니다. 성서는 하나님의 안식일 제정에 대해 기록하고 있는데 바로 오늘 읽은 본문입니다. 성서에 쉼의 사상이 중요하게 담겨 있는 것은 참으로 고마운 하나님의 은혜입니다. 창세기에는 하나님의 창조사업 완성으로 안식일이 제정되고 있고, 출애굽기에는 이스라엘의 출애굽 해방사건 후 이스라엘 백성이 살아갈 지침을 하나님으로부터 받는 십계명 중 하나의 계명으로 제도화되어 있습니다. 이렇게 쉼은 하나님의 창조질서 중 하나이며 동시에 하나님의 백성답게 살기 위해 실천해야 하는 계명이었습니다. 성서가 이렇게 안식에 대해 관심을 가시는 것은 그만큼 인간의 삶에서 쉼이 절대적으로 필요하다는 이해가 신학적으로 정립되었기 때문이라고 할 수 있습니다.

성서의 안식일 제정에 대해 학자들은 정확한 기원을 찾지 못하고 있어요. 혹자는 말의 유사함에서 바빌론의 '샤밭 투'라는 날과 연관이 있을 것으로 생각합니다. 그러나 바빌론의 '샤밭 투'는 만월의 날 월(月)신과 관련된 신들에게 예배드리는 날이었고, 그날들을 불운의 날로 간주해 금식하고 슬퍼하며 즐거워하거나 기뻐하는 일을 피했다고 합니다. 그러므로 히브리의 안식일과는 전혀 상관이 없음을 알 수 있습니다.

저는 성서의 안식일은 히브리 고유의 신학적 특징을 가지고 발전한 사상이며 제도라고 생각하면서 몇 가지 의미를 새겨보겠습니다. 첫째는 창조를 하신 후 칠 일째 되는 날에 하나님이 쉬셨다는 말씀의 의미입니다. 창세기의 구절에는 인간도 쉬라는 말은 없지만, 출애굽기에서는 안식일을 기억해 거룩하게 지키라고 말합니다. 아무튼 하나님이 쉬셨고 일주일 가운데 하루를 쉬는 날로 제정했다고 합니다. 여기에 쉼이 강조되고 있는데 히브리어 샤바트는 쉰다(rest)는 의미가 아니라 '일을 중단한다(to cease from)'는 의미를 가집니다. 에리히 프롬은 안식일이 소유를 위한 모든 일을 중단하고 오직 우리 존재의 의미를 생각하는 날이라 했는데 옳은 해석이라고 생각합니다. 우리는 안식일이 아무것도 하지 않는 날이라 생각하지만, 안식일은 소유를 위한 욕망을 단절하고 생명의 근원인 하나님을 생각하는 날입니다. 쉴 줄 모르고 일에 몰두한 인생들이 자신의 존재 근원을 생각하며 모든 것을 멈추고 자신을 돌아보는 시간을 가짐으로써 생명력 있는 사람으로 살도록 하는 날이라는 것이지요. 따라서 안식일은 인간의 탐욕적 욕망을 끊는 날이어야 한다고 생각합니다. 현대사회는 중단을 모르고 발전·성장을 향해 질주하는 탱크 같은 사회인 것 같습니다. 그러므로 중단할 수 있는 영성과 실천이 절대 요청되는 사회입니다. 소유를 위한 삶을 중단하는 안식일의 의미를 현대인의 삶에 적극 확장할 필요가 있습니다. 안식일은 아무것도 하지 않고 가만히 있기만 한다거나 불꽃놀이를 하고 기분전환을 하는 그런 날이 아니라 흐트러진 삶을 수선하는 날입니다. 정신이 없는 휴식은 타락의 원천일 뿐입니다.

두 번째는 하나님이 안식일을 구별해 복되게 하시고 거룩하게 하셨다는 의미입니다. 거룩성과 축복 그리고 안식의 기쁨은 안식일 제정이 두 가지 사건에 기초하고 있는 데서 찾을 수 있습니다. 하나는 하나님의 창조행위이며, 다른 하나는 하나님이 행하신 히브리 민족의 출애굽 해방 사건입니다. 즉, 인간을 창조한 후 첫날에 하나님은 안식을 선포하시고 그날을 구별합니다. 그래서 안식은 창조질서가 됩니다. 창조질서 속에 있는 안식일은 창조의 근원, 내 생명의 근원에 대해 생각하는 날이어야 합니다. 이는 바로 우리 삶의 초월적 차원을 말해주는 것이라 생각되지요. 일상적인 다른 날들과 구별되는, 존재의 근원에 대해 숙고하는 날입니다. 유대교인은 안식일을 철저히 지킵니다. 그날은 생활도구를 사용하지 않습니다. 속된 것에서 이탈하고 일상의무에서 벗어나 오직 생명의 근원에 대해 성찰을 합니다. 그날은 모든 삶의 도구를 초월하고 그것들을 넘어선 세계를 명상하고 대화하는 날입니다. 그렇다면 일주일 내내 죄짓고 그날만 거룩하게 지내 죄 사함 받는다는 것인가요? 그런 의미가 아니라 안식일은 모든 속된 것의 성화를 위해 노력하며, 보는 싸움을 멈추고 평화를 추구하며, 영원한 존재와 영원의 시간에 잇대기 위한 삶의 차원을 갖는 날입니다. 오늘날 우리의 삶은 초월의 차원이 상실된 데서 고향 없이 살아가는 인생이 된 것 같아 보입니다. 요즈음 우리 사회를 경악케 하는 흉악한 살인사건도 바로 이러한 초월적 차원을 상실한 사회의 병리적 현상이라 생각됩니다. 성서의 안식일은 영원의 시간을 교류하는 쉼을 보여줍니다.

세 번째, 출애굽 사건에 기초한 안식일의 의미는 신명기 5장 15절의 십계명에서 명확하게 나타납니다. 여기서 안식은 출애굽 사건을 기억해 쉼을 지키는 것입니다. 파라오에게 억압받는 노예상태에서 탈출시킨 하나님의 해방행위에 근거한 쉼입니다. 노예생활은 쉼이 없는 것이었고 생명을 앗아가는 상황을 수없이 겪었을 것입니다. 쓰러져가는 동료를 수없이 옆에서 보면서 쉼이 생명의 존엄을 지켜주는 힘인 것을 체험했을 터이지요. 그러므로 출애굽 사건에 기초한 쉼은 보다 사회적 사건에 포함되는 쉼의 문제라 하겠습니다. 최소한 제7일조차도 휴식할 수 없는 자는 스스로 죽음에 이를 수밖에 없는 자라고 할 수 있지요. 인간이 창조된 첫날에 하나님이 휴식을 선포하셨다는 안식일 선언은 인간생명의 존엄과 인간의 기본 권리를 보장하고, 인간을 얽어맨 모든 매임으로부터의 해방과 인권 수호의 선포이기도 합니다. 쉴 수 없는 자들을 위한 쉼의 제도인 것입니다. 주인은 아무 때나 쉴 수 있지만 노예는 그럴 수 없습니다. 피고용인의 쉼을 위한 투쟁은 성서적이며 인간생명의 존중과 인간해방과 자유를 위한 것임을 성서로부터 알 수 있어요. 곧 안식일은 고된 노동으로부터 자유하여 쉬는 쉼의 날입니다. 끝날 줄 모르는 고된 수고로부터 한숨을 돌리는 생명유지의 쉼입니다. 그래서 안식일 제정은 인간 생명을 지키려는 하나님 은총의 의지를 표현한 것이라고 해석할 수 있습니다.

그렇기 때문에 예수께서 사람이 안식일을 위해 있는 것이 아니고 안식일이 사람을 위해 있다고 하신 것입니다. 예수시대 유대사회는 안식일을 율법화하고 지나친 세부 규정들로 사람을 얽매어 오히려 안식일의 본래 의미를 왜곡했습니다. 그런데 현대의 한 유대인 신학자는 "토라에 의하면 사람이 생명을 보존하는 것 이상으로 더 중요한 것이 없습니다. 사람의 생명이 위태롭게 될 수 있다는 아주 경미한 가능성만 보인다 해도 그 생명을 위해 우리는 안식일 율법의 모든 금지조항을 무시해도 좋은 것입니다"라고 말합니다. 현대의 유대교도 안식일에 대한 이해에 변화가 있음을 알 수 있습니다.

인간생명을 우선하고 쉼이 먼저라는 이러한 안식일 사상은 쉬지 않고 일해야만 생이 보장되고 발전하며 인간의 행복이 찾아온다는 일반적 이해와는 적대적인 사고입니다. 사람은 쉴 권리를 가지고 세상에 나왔고 어떤 경우에도 (아무리 노예라도) 쉼은 보장되어야 한다는 사상입니다. 그러므로 안식일은 복되고 즐거운 날입니다.

제3 이사야는 이렇게 말합니다.

> 나의 거룩한 날에 돈벌이하느라 안식일을 짓밟지 마라. 안식일은 기쁜 날, 야훼께 바친 귀한 날이라 불러라. 그날을 존중해 여행도 하지 말고 돈벌이도 하지 말고 빈말을 하지 마라. 그리하면 너는 야훼 앞에서 기쁨을 누리리라(이사야 58:13~14).

이렇게 이스라엘의 안식일 제도는 특수한 신학적(출20:11)·사회적(신명 5:15) 배경을 갖고 있으며, 안식일을 거룩하게 구별하기를 요구하는 것은 쉼과 자유 그리고 해방과 생의 즐거움을 갈구하는 우리에게 주시는 하나님의 은총의 선물이라 할 수 있습니다.

성서의 안식일 의미를 되새겨보면 오늘날 우리의 삶에 안식일

정신이 절대적으로 필요하다는 생각이 절실해집니다. 더 많이 소유하고, 더 많이 성공하고, 더 많이 발전하기 위해 그칠 줄 모르는 경쟁적 삶의 방식으로 질주하는 현대인의 삶에 안식일의 쉼 정신이 정말 필요합니다. 보다 많이 소유하려 하고, 보다 더 발전되려 하고, 보다 더 강해지려 하는 삶에서는 삶의 여유도 쉼도 가질 수 없습니다. 한국교회는 율법주의적으로 안식일을 거룩하게 지키라고 강조하면서도 정작 안식일에 모인 무리에게 더 부해지고 더 발전하고 더 강해지라고, 곧 기독교 승리주의를 주입함으로써 진정한 안식을 갖지 못하게 합니다. 우리는 그동안 현대사회의 발전과 성장논리에 의해 삶을 지배당해왔습니다. 그리고 기독교 승리주의는 여기에 딱 맞는 신앙을 제공했습니다. 더 앞서야 하고, 더 빨라야 하고, 더 효율적이어야 하고, 더 커야 하고, 더 강해야만 제대로 신의 축복받는 삶이라고 알아왔고, 하나님은 그것을 추구하는 자에게 복을 주시는 분이라고 믿으라고 외쳤지요. 그러나 성서의 안식일 사상은 그러한 발전의 논리와는 지극히 상반됩니다. 하나님은 발전을 중단하고 존재의 근원을 돌아보라고 쉼의 날을 제정하셨습니다. 그것이 창조주와 교류하는 영성을 가진 온전한 생명의 존재가 되는 태도입니다. 그것은 보다 느리게, 보다 게으르게, 보다 적게 소유하며, 여유롭고 단순한 삶의 태도를 가지게 합니다. 이것이 안식일적 삶의 모습입니다. 그리고 바로 이러한 삶의 태도는 성장논리의 삶에 저항하는 힘으로 생명력을 확장시킵니다. 그것은 성장논리에 대한 저항, 더 나아가 생명 중심의 세상으로 전환하는 작용을 합니다.

안식일을 지키는 삶은 지금 쉼을 가질 수 없는 이들을 위해 그들과 연대하는 삶을 말하고 있습니다. 생존을 위해 조금도 쉴 수 없는 이들, 거대한 세력 앞에 쉼을 착취당하고 있는 상황에 대해 안식일의 자유와 해방을 말하는 것이 그리스도인의 사명이며 예수 따르미의 길입니다. 이 또한 거대한 저항의 쉼입니다.

오염된 휴식이 난무하고 잘 살기의 상업주의가 판을 치는 세상, 끝없이 소유에만 집착하며 쉼을 상실한 병에 걸린 사람들이 많은 세상, 그리고 또 아직도 힘없고 약한 자들이 고된 노동으로부터 혹은 생존의 위협으로부터 보호받지 못하고 쉼을 착취당하고 있는 모순된 사회를 살고 있는 우리에게 성서의 안식일이 갖는 신학적 의미는 매우 소중한 치유의 근거가 될 것입니다. 보다 덜 가지려 애쓰면서 생명의 근원과 대화하고 그 앞에서 나를 성찰하는 명상의 삶을 사는 것, 그리고 쉴 수 없는 사람들과 연대하기 위해 노력하는 삶을 추구하는 데서 우리는 오늘의 진정한 쉼을 누릴 수 있을 것입니다. 그것은 매우 소극적인 것 같지만 실제로는 대단히 저항적인 삶을 사는 길이며 예수를 따르는 삶의 선택이라고 하겠습니다. 실로 현대의 삶에서 성서의 안식일 사상은 새롭게 조명되고 확장되어야 할 것으로 생각됩니다.

제가 매우 의미 깊게 들은 한 미국인과 멕시코 어부의 대화를 소개하면서 말씀을 마치려 합니다. 그들의 대화를 통해 단순한 삶을 다시 생각해보며 오늘의 우리 자신을 돌아보기를 바랍니다.

한 미국 사업가가 멕시코의 어느 마을 작은 해변 방파제에서 한 멕시코 어부가 그의 작은 배를 매고 있는 것을 보았습니다. 그 작은 배 안에는 제법 커다란 노란지느러미 연어가 여러 마리 잡혀 있었습니다. 그 미국인은 "좋은 생선을 잡았다"고 칭찬을 늘어놓으면서 그 고기들을 잡는 데 얼마나 시간이 걸리는지 물었습니다. 멕시코인은 "잠깐이면 된다"고 대답했습니다. 미국인은 "왜 더 오래 더 많은 고기를 잡지 않느냐"고 물었습니다. 멕시코 어부는 "이 정도면 우리 가족이 하루를 살기에 충분한 양"이라고 답했습니다. 미국인은 다시 물었습니다. "그렇지만 남는 시간은 무엇하고 지낼 것이냐?" 멕시코 어부는 "늦잠 자고, 고기 좀 잡고, 아이들과 같이 놀고, 아내와 낮잠을 자고, 매일저녁 마을을 어슬렁거리다가 와인 한잔하고, 친구들과 기타를 치며 지내지요"라고 말하며 나름대로 바쁘게 지내는 생활이라고 했습니다.

미국인은 냉소를 보내면서 "나는 하버드 MBA 출신이요. 당신을 도울 수 있소. 좀 더 많은 시간 동안 고기를 잡아 더 큰 배를 사고 계속해서 여러 척의 배를 산 다음에는 커다란 어선을 가지게 될 것이요. 당신이 잡은 고기를 중간 도매인에게 넘길 필요 없이 직접 구매자에게 팔고, 당신 자신의 통조림공장도 가질 수 있고, 생산·분배과정을 당신이 다 통제할 수 있소. 이 작은 해변의 어촌을 떠나 멕시코시티로 가서 살게 될 거고, 그다음엔 로스앤젤레스로, 그다음엔 당신의 기업이 확장되어 있는 뉴욕으로 가게 될 것이요."

그러자 멕시코 어부가 물었습니다. "그런 일들은 얼마나 걸릴까요?" 미국인은 "한 15~20년이 걸릴걸요"라고 답했습니다. 멕시코 어부는 되물었습니다. "그다음엔 뭘 하지요?" 미국인이 웃으며 답했습니다. "그것이 바로 최상의 것인데, 그때에는 당신 회사 주식을 공개로 팔고 부자가 될 것이오. 아마 백만장자가." 멕시코인은 "백만장자요? 그다음엔 무엇이지요?" 하고 물었습니다. 미국인은 답하기를 "그다음엔 은퇴해 어느 작은 해변 어촌에 와서 늦잠 자

고, 고기나 슬슬 잡고, 아이들과 놀고, 당신 아내와 낮잠을 즐기고,
저녁에 어슬렁거리며 마을에 가서 와인 한잔하고, 친구들과 기타
를 치며 놀면 되지요.”

새길 자매·형제 여러분, 성장논리에 빠져 참된 쉼을 모르고 살고
있는 현대 한국사회의 삶의 스타일을 안식일적인 여유와 단순함,
생명의 근원과 대화하는 삶의 스타일로 바꾸는 일(쉼의 문화전환)을
적극 실천해보시지 않겠습니까?

(2004년 7월 25일)

희망
- 하나님의 인간사 개입의 가능성

하박국 3:17~19

우리를 절망시킬 일이 더 이상 남았을까 싶을 정도로 지난해 (2003년)는 고통스런 사건이 많았습니다. 이라크 전쟁의 비극, 대구 지하철 참사, 태풍 매미의 엄청난 할큄, 지진으로 인한 거대한 죽음의 엄습 등에 아직도 우리의 가슴은 에입니다. 여기에 더해 부패로 얼룩진 정치, 탐욕과 비밀주의, 가족주의로 뒤덮인 기업, 퇴행적 대중문화, 후진적 시민의식 등의 사회상은 우리를 전율하게까지 합니다. 또한 실업의 만연, 계층의 양극화, 갖가지 이유를 가진 자살자 수의 증가, 교육부재의 위기 등 당면한 고통의 현실은 어디를 돌아보아도 희망이 없어 보입니다. 우리에게 충격을 주었던 한강에 두 자녀를 내던진 한 아버지의 무지막지한 행위는 지금 우리 사회의 모든 병리적 현상을 집약해 보여준 사건이라 하겠습니다. 절망을 심화시킨 것은 고통의 현실이 인간사를 넘어 동물세계와 자연으로 확장된 일일 것입니다. 조류독감, 광우병의 확장, 지금까지 없었던 새로운 괴질이 퍼질 것이라는 예고는 로마서의 말씀대로 '만물이 신음하는' 세상임을 새삼 깨닫게 합니다. 인생은 참 역설적이게도 절망의 깊은 심연을 경험하는 자리에서 희망을 가장 많이 갈망하게 됩니다. 깊은 절망의 늪에서 고통당하는 사람에게 가장 필요한 것은 희망을 가질 수 있는 일일 것입니다. 그래서 지금 우리도 간절하게 희망을 찾게 됩니다.

어제와 오늘이라는 일상의 순환으로 보면 새해라고 별 다를 것이 없을 것입니다. 사람들은 그래도 시간의 줄에 금을 긋고 한편의 금 밖으로 나와 새로운 시간의 의미를 만들어갑니다. 이렇게 새해를 맞는 것은 그나마 절망을 넘어 희망을 가지려는 바람 때문인 것 같습니다. 이제는 좋은 날들이 올 것이라는 기대감과 잘 살아보자는 결단을 하면서 갑신년 새해의 하루하루가 시작되고 있습니다.

그런데 희망은 어떻게 가질 수 있는 것이며 어디로부터 오는 것일까요? 사람들은 희망을 기원하며 새해 첫 해맞이를 가기도 하고 서로 덕담을 나누기도 합니다. 그런데 저는 2003년 12월 29일 ≪한겨레≫에 실린 '열쇠말 검색 2003'의 여섯 번째 검색어인 '로또'에 대한 글을 읽으면서 우리 국민의 정서가 희망을 대박 터뜨리기에서 찾는 것 같다는 생각을 했습니다. 그 글에 실린 내용을 추려보면 이렇습니다. 2002년 새해인사는 "부자 되세요"였습니다. 그런데 2003년의 새해인사는 "대박 터트리세요"였습니다. "새해 복 많이 받으세요"라는 전통적 인사가 가지고 있는 '부'에 대한 은유적 표현은 어디론가 사라지고 부에 대한 욕망을 날것 그대로 노골적으로 드러낸 인사말들입니다. 2003년 많은 사람들은 하루아침에 인생역전을 이루고자 하는 욕망에 사로잡혀 살아왔을 것이며 가장 대표적인 것이 로또복권이었습니다. 2002년 12월 7일 첫 추첨을 시작한 로또는 인터넷 포털사이트 검색순위 '통합 챔피언'에 올랐고, 백화점 직원을 대상으로 한 설문조사에서 응답자의 52%가 '로또 당첨'을 새해 소망 1위로 꼽았으며, 서점에선 '로또 비법'을 전수하는 책들이 불티나게 팔렸고 그와 관련된 정보교환 사이트가 최상 인기를 누렸다고 합니다. 한 당첨자는 직장을 그만두고 강남의 초호화 주상복합 아파트로 이사 가서 살다가 32억 원을 사회에 기부하고 이민 갔는데 그의 이야기는 신화가 되었고 로또 환상을 키웠다고 합니다. 어려운 형편에 있는 이들이 '아 로또복권 당첨되어야 하는데'라며 한숨을 쉬는 것을 제 주위에서도 보았습니다. 벤처 신화 등을 보면서 우리나라 사람들은 '운 좋으면 대박을 맞을 수 있다'는 결과 중심적 사고가 강해졌는데, 구조조정, 청년실업, 신용불량자, 생계형 자살 등 2003년 한국 사회의 현상이 그 배경이 된다는 생각이 듭니다. 한 회사원은 매주 1만 원씩 로또를 사는데 회사 사정도 안 좋고 고용이 불안할 때는 더 간절한 마음으로 로또를 산다고 합니다. 심광현 교수는 '외환위기 이후 정상적인 방법으로 성공할 수 있는 가능성이 점점 줄어드는 현실에서 서민이 이런 현실을 만회할 거의 유일한 기회가 로또였을 것'이라고 분석합니다.

경제적 부에 대한 전통적 윤리는 돈 많음을 조금은 부끄러워하기도 하고 부에 대한 욕망을 노골화하지 못하는 것이었습니다. 그런데 지금은 서로 경쟁적으로 그리고 노골적으로 수단방법을 가리지 않고 경제적 부를 추구합니다. 뿐만 아니라 자녀를 수많은 학원

에 보내면서 사교육비가 큰 부담이 되어 가정이 파탄 날 지경(어머니들은 온갖 아르바이트를 하며 학원비를 버는 지경)에 이를 만큼 심각한 교육문제는 원정출산, 이민 등으로 확장되기까지 합니다. 사회 전체가 수단방법을 가리지 않고 부와 지위를 획득하면 된다는 성공신화의 노예가 되고 있습니다. 이렇게 부의 추구나 파행적 교육행태 등이 사회적으로 오히려 정당성을 획득해나가고 있는 세상에서 절망의 늪은 더 크게 깊게 파이고 대박을 터뜨려 희망을 가지려는 로또 희망군의 절망은 더 깊어만 가고 있지요.

정부도 그러하고 일반인이 올해 소망을 경제회복에 집중하고 있습니다. 경제가 살아야 모두 살아갈 희망이 있다고 생각하기 때문입니다. 경제문제는 매우 중요하고 꼭 실현되어야 할 과제일 것입니다. 그러나 경제적 부의 추구에만 관심을 갖는 것은 자칫 위험합니다. 경제성장이 중요하지만 우리 삶의 정신적 근원이 더 중요한 것입니다. 2만 달러 경제성장이 희망이라 생각해 목표를 세우고 추구하지만 1만 달러의 건실한 삶이 더 우선되어야 나라와 사회가 살아날 수 있을 것이라는 김용덕 형제님의 말은 참 적절하고 오늘 우리에게 필요한 말이라고 생각합니다.

우리는 희망을 어디로부터 그리고 어떻게 가져야 할까요? 올해는 북핵 문제가 해결될 기미를 조금은 보이면서 남북문제에도 약간의 희망을 갖게 됩니다만, 무엇보다 우리가 어떤 삶을 사는가가 일차적 과제가 되겠지요. 저는 오늘 이 대답을 하박국 예언자의 소리에서 찾아보고자 합니다. 오늘 읽은 성서 본문은 어떤 주석을 가하지 않고 그대로 내 삶의 방식으로 받아도 좋을 분명한 메시지를 가지고 있습니다.

> 무화과나무에 과일이 없고
>
> 포도나무에 열매가 없을지라도,
>
> 올리브 나무에서 딸 것이 없고
>
> 밭에서 거두어들일 것이 없을지라도,
>
> 우리에 양이 없고
>
> 외양간에 소가 없을지라도,
>
> 나는 주 안에서 즐거워하련다.
>
> 나를 구원하신
>
> 하나님 안에서 기뻐하련다.
>
> 주 하나님은 나의 힘이시다.
>
> 나의 발을 사슴의 발과 같게 하셔서,
>
> 산등성이를 마구 치닫게 하신다.

이 본문은 지독한 경제적 빈곤에 처해 먹을 것조차 없이 궁핍과 씨름하는 사회의 모습을 연상케 합니다. 목축도, 농사도, 과수도 전혀 안 되어 생존을 위협받는 그러한 상황에서라도 하나님의 구원을 참고 기다리며 희망을 가지고 살면 하나님이 구원해주신다는 것입니다.

본문의 메시지를 깊이 이해하려면 하박국 예언서의 시대적 배경을 자세히 볼 필요가 있습니다. 하박국은 일반적으로 요시야 왕 시대의 제의 예언자로 봅니다. 요시야 왕은 기원전 640~609년 통치했는데 이스라엘 역사상 훌륭한 왕으로 기억됩니다. 솔로몬 왕 이후 이스라엘은 나라가 남북으로 분열되었고 기원전 721년 북왕국 이스라엘이 아시리아에게 멸망당했습니다. 기원전 627년 아시리아의 아슈르바니팔 왕이 죽게 되자 아시리아의 영향력이 약해집니다. 요시야 왕은 이때를 기회로 옛 이스라엘 영토까지 자신의 세력을 확장하고 민족회복을 추구하지요. 그래서 북부의 상당 지역을 관리하면서 621년 종교개혁을 단행해 조국재건과 영적 부흥운동을 펼칩니다. 또한 개혁의 원동력으로 신명기 법전을 채택해 하나님 앞에 신실한 삶을 강화합니다.

당시의 국제정세를 보면 아시리아가 쇠퇴하고 바벨론이 부상했는데, 아시리아는 끝까지 바벨론을 공략하기 위해 이집트에 원군을 청합니다. 이집트는 그 기회에 시리아-팔레스타인 지역을 자신의 지배영역으로 삼으려는 욕심에서 아시리아를 도우려고 네코(느고) 2세가 군대를 끌고 출정합니다(기원전 609년). 또한 요시야 왕은 바벨론이 전세에 우세하다고 판단해 바벨론 편에서 네코 2세를 저지하다가 므깃도에서 전사했습니다.

이스라엘도 참 불행한 민족입니다. 요시야 왕이 죽지 않고 나라를 재건해나갔더라면 이스라엘의 운명은 달라졌겠지요. 예측불허의 국제정세의 격랑 속에서 약소국가의 운명은 풍전등화같이 흔들렸습니다. 유다는 결국 이집트의 속국이 되고 요시야 왕의 넷째아들 여호아하스를 백성이 왕으로 세웠으나 이집트가 3개월 만에 폐위시키고 장남 엘리아김을 여호야김으로 이름을 바꾸어 꼭두각시 왕으로 세웠습니다. 그러다가 기원전 605년 바벨론의 느부갓네살

왕이 갈그미스에서 이집트 군대를 격파시켜서 바벨론이 승리합니다. 결국 유다는 바벨론을 섬기게 되었습니다. 그런데 여호야김이 바벨론에 조공을 바치지 않는 실수를 범했답니다(아마도 이는 기원전 600년 이집트와의 전쟁에서 바벨론이 지는 것을 보고 그랬던 것으로 봅니다). 바벨론은 예루살렘을 포위했고(여호야김은 그 이전에 죽었거나 살해된 것으로 보이고), 여호야긴(여호야김의 아들)은 항복하고 조정의 관리들과 전문요인들과 함께 유배를 떠났습니다. 이것이 1차 바벨론 포로 이야기이지요.

유다 국민은 포로로 간 왕을 자신들의 왕으로 인정했으나 바벨론은 맛다니야(후에 시드기야로 개명)를 세워 자신의 말을 듣도록 했습니다. 시드기야는 이미 예루살렘이 친바벨론과 반바벨론으로 분열되어 있어 자신의 능력으로 통합이 불가능하다고 생각했습니다. 유대민족의 독립 쟁취를 위한 투쟁이 있었지만 실패했으며 수도와 성읍이 파괴되고 성전도 파괴되면서 또 한 번의 유배를 당하고 기원전 586년 결국 나라까지 상실하게 됩니다. 이후로 마카비 시대(기원전 160년경~기원후 63년)를 제외하고는 1945년 이스라엘이 건국될 때까지 유대민족은 나라를 잃은 민족으로 유리하게 된 것입니다.

이런 정세들 ― 정치 혼란, 민심분열, 파벌논쟁, 조공을 위한 혈세 착취, 무죄한 자의 처형으로 피 흘림의 만연, 최종적으로 나라의 상실―가운데 사람들의 삶은 얼마나 피폐했겠습니까? 조공을 바치느라 온갖 악행이 자행되었고 수많은 반대자의 무고한 피가 뿌려졌습니다. 하박국은 이 포로기 직전 상황을 배경으로 한 예언서입니다. 하박국의 관심은 이 같은 급격한 사회 변화 속에서 의로운 사람이 어떻게 살아가야 하느냐에 있었습니다. 즉, 요시야의 죽음과 더불어 하나님이 인간 역사에 개입하시는가에 의문이 제기된 것입니다. 더욱이 개혁의 원리로 채택했던 신명기 법전은 권선징악의 원리를 분명히 밝히고 있는데, 어찌하여 선한 왕 요시야는 요절하고 아시리아의 멍에에서 겨우 벗어난 하나님의 백성은 또 다른 무거운 굴욕의 짐을 져야 하는가, 의로우신 하나님은 왜 요시야 왕이 오래 살아 그의 개혁이 성공하도록 도와주지 않으시고 악한 이웃들이 판을 치게 내버려두는가, 요시야의 죽음에서 하나님의 공의성과 악의 승리를 어떻게 보아야 할 것인가 하는 등의 문제를 제기했고 이런 상황에서 무슨 희망이 있겠는가라는 생각에서 절망의 탄식을 합니다. 하박국 1장에는 예언자가 두 번씩이나 하나님께 다시 질문합니다. 이는 당시 사회 상황이 얼마나 절박한 것이었나를 보여주는 것이지요. 폭력과 악이 횡행하는 세상에서 한 예언자의 몸부림, 희망을 잃은 절망의 몸부림이 눈에 선합니다.

무엇보다 당대 사람들의 물음은 '하나님, 도대체 계십니까'였을 것입니다. '하나님, 인간역사에 개입하고 계시는 겁니까?' 예언자는 절망의 현실에 대한 답을 하나님께 갈망했습니다. 이에 대해 예언자에게 주신 하나님의 답변이 1~2장에 나옵니다. 그 답변을 들은 하박국의 기도가 3장이며 오늘 읽은 본문은 그 마지막 신앙고백의 정리이지요.

첫 번째 답으로 하나님은 이스라엘 하나님 야훼가 여전히 인간사를 지배하고 계신다는 확실한 주장을 합니다(1:5~11). 두 번째 답은 아무리 더디더라도 믿음으로 기다려라. 구원은 확실히 온다는 것입니다(2:1~3). 그리고 의인은 믿음으로 살리라(4절)고 합니다. 그리고 바벨론에 대한 재앙 다섯 가지를 말합니다(2:6~20). 3장의 마지막 부분인 오늘 읽은 본문은 결론적으로 아무리 절망의 상황에서라도 '그럼에도 불구하고' 기다리고 희망을 가지면 하나님의 구원이 이루어진다고 말합니다. 이 하박국의 결론은 아무리 절망이 계속되어도 인간사를 주관하시는 분은 하나님이라는 신앙을 굳게 가지고 성실하게 살며 하나님을 찬양하라는 것입니다. 시편 73편과 욥기도 똑같은 문제를 제시하고 답을 얻고 있는 것을 볼 때 이 사상이 성서에 전반적으로 흐르는 인간이 절망의 상황에 희망을 가지는 상태를 보인다고 생각됩니다.

사실 성서의 이러한 대답은 절망의 극복에 대한 명백한 답이 아닙니다. 성서는 이러한 상황에서 증명해낼 수 있는 그런 명백한 답을 주지는 않습니다. 그러나 개인이나 공동체에게 하나님을 믿고 살아나가야 할 실존적 답, 믿음 안에서 희망을 가져 절망을 극복하는 삶의 실존적 해답을 제시해줍니다. 하박국에도 바로 이러한 실존적 답변이 주어집니다.

하박국의 메시지에 나타나는 하나님의 공의성과 통치성은 곧 하나님의 역사개입은 우선 세상만사를 하나님이 지배하신다는 믿음에 둡니다. 인간사가 아무리 제멋대로이고 무의미한 것처럼 보이지만, 하나님께서 역사를 주관하시고 자신의 뜻을 펴나가시기 때문에 하나님의 백성은 실망하지 말아야 한다는 것입니다. 하나님은 언제나 삶의 극한 상황에서 사람을 만나고 인간사에 개입해 들어오십니다. 그래서 결국 인간사는 하나님의 다스림 안으로 들어오게 된다는 것이지요. 성서는 악의 기원에는 침묵하지만 악의 실존적 현실을 드러내며 그 실존적 종말도 드러냅니다.

오늘 우리도 하박국의 때와 같은 질문을 제기하게 됩니다. 우리

시대에도 하나님의 공의성과 통치성에 대한 의문이 계속 들게 되는 악의 현실이 실존하기 때문이지요. 서두에서 열거했던 절망의 상황들에서 "정말 하나님 계십니까" 하고 묻게 됩니다. 그러나 역사의 진행은 가끔씩 우리의 예측과 전혀 상관없이 나아갈 때가 있습니다. 일제강점기에 일본의 승리가 영원하리라고, 우리나라의 독립은 불가능하다고 믿어 친일론자들이 민족개조론까지 주장했지만 일제의 패망은 급격히 찾아왔었습니다. 유신독재 권력의 밤이 영원할 것 같았지만 1979년 아무도 예측하지 못했던 일이 발생했고 역사는 바뀌었습니다.

정도의 차이는 있지만 누구나 인생사에서 절망의 경험을 가지고 있다고 생각됩니다. 인생은 어쩌면 절망과 희망이 교차를 거듭하면서 진행되고 마감되는 것이 아닐까 싶습니다. 저는 개인적으로 인생사 절망의 끝에서 하나님이 개입해 들어오신다는 사실을 제 신앙의 여정에서 믿고 있습니다. 이는 매우 주관적인 결론이기 때문에 증명하기 어렵지만 내가 아무 희망이 없다고 고통스러워할 때 사람이 할 수 없는 다른 길, 때로 이것은 매우 엉뚱한 길이기도 합니다만, 하나님은 그렇게 개입해 희망을 이어주셨다고 나의 신앙고백을 하게 됩니다. 호랑이를 피해 나무 위에 올라간 오누이가 호랑이를 피할 길이 하늘밖에 없어 기도했더니 하늘에서 밧줄을 주어 하늘로 올라갔다는「해와 달이 된 오누이」라는 우리의 전래동화에서 보듯 절망의 상황에서 거기 찾아오시고 개입하시는 하늘(하나님)의 다스림이 있습니다.

그런데 하박국서는 희망을 주는 하나님의 개입의 가능성을 '기다리는 삶'으로 강조하지요. 하나님의 개입은 비록 더딜지라도 기다림 속에 개입해 오신다는 것입니다. 고통의 극한 상황에 처한 이들에게 '기다리는 삶'을 말하는 것은 일면 잔인한 일일 것입니다. 그럼에도 하박국은 자서전적인 고백을 통해 신실한 자는 마침내 미래에 구원의 때를 만나게 된다고 말합니다. 기다리는 신실한 삶, 그것이 바로 하나님의 인간사 개입을 드러내는 자리가 된다고 합니다. 고통과 고난의 상황에서 대박의 기회에 삶을 거는 것이 아니라 신실한 삶으로 기다리면 희망의 날이 온다는 것입니다. 이 기다림은 쉬운 일이 아닙니다. 모두 대박을 꿈꾸고 또 횡재하는 것을 보면서 거기에 휘말리지 않고 살기란 어려운 일이며 그 자체가 고통일 것입니다. 우리 삶에서 얼마나 기다림이 가능합니까? 이 기다림은 자기 삶의 기준을 곧게 가질 때에만 가능한 것입니다. 고통을 벗기 위해 쉽게 타협하지 않고 기다려서 하나님의 나라를 만나게 되는 일은 하나님의 나라에 대한 확고한 신뢰가 있을 때라야만 가능합니다.

저는 한 자매님에게 "요즈음 아이들 교육문제가 야단인데 많이 걱정되겠다. 사교육비 부담은 얼마나 크겠느냐"고 했더니, 그 자매님은 웃으면서 별 걱정 않고 시류에 휘말리지 않고 자기방식대로의 교육 자세를 가진다고 대담하게 말했습니다. 그 자매님은 교육문제로 온통 난리를 치는데, 학원을 6~10개까지 다닌다고 야단들인데 자신의 신념을 가지고 휩쓸리지 않고 지나면서 그것이 좋은 결과를 얻을 것이라는 믿음을 가지고 있었습니다. 저는 학부모들의 아우성만 듣다가 그 말을 듣고 희망을 발견했습니다.

기다림의 희망은 막연한 것이 아닙니다. 그것은 새날을 갈망하는 기다림이기 때문입니다. 새날에의 갈망은 지금이 고통인 사람들에게서 강하게 발생합니다. 현실에서 기약 없이 고달픈 삶을 사는 사람들, 악의 횡포에 힘없이 당하는 사람들, 폭력과 권력에 짓밟히는 사람들, 차별과 멸시를 당하는 사람들은 새날을 간절히 기다립니다. 그리고 고통당하는 사람들과 함께 불의한 현실을 바꾸기위해 일하는 사람들이 간절히 기다립니다. 새날의 평등을, 새날의평화를 간절히 기다립니다. 바로 이 새날을 기다리는 기다림이 새역사를 이루게 됩니다. 동학의 시작도 바로 오랜 세월 쌓인 민중의새날에 대한 열망에서 기인했던 것입니다.

새해에도 어쩌면 악과 폭력이 우리 안에 고통을 가져올지 모릅니다. 총선이 있고 남북관계의 해결의 실마리가 보이는 듯하고, 그래서 새로운 시대를 희망합니다. 그러나 그러한 희망은 하나님의세상사 지배에 대한 우리의 믿음과 그의 통치를 기다리는 기다림의 삶을 근원으로 이루어져야 할 것입니다. 혹 우리에게 절망이 밀려올지라도 기다림으로 하나님의 역사개입의 자리를 만들며 살아가야 할 것입니다. 오늘 본문은 '그럼에도 불구하고'의 희망을 강하게 말합니다. 절망할 수밖에 없는 상황에도 불구하고 하나님의 역사개입을 믿고 기다리라고 합니다. 올 해 우리의 신앙생활은 '그럼에도 불구하고의 희망 갖기'를 실천해나가는 것이 되리라고 생각합니다.

하나님의 인산사 개입의 완성은 예수 그리스도에게서입니다. 인간의 깊은 절망 가운데 오시어 새로이 살아갈 희망의 빛을 비추어놓았기 때문입니다. 그분이 선포하신 하나님의 나라가 바로 그 새날이기 때문입니다. 새해에는 예수께서 사신 그 새날을 향해 사는그리스도인이 되어 절망의 세상에 희망을 보이기 원합니다. 그리스도인은 이제 다른 이에게 절망을 주는 삶을 해서는 안 될 것입니다. 누군가 우리를 보고 생각할 때 희망을 생각할 수 있게 되는 그런 사람이 되도록 살아야 할 것입니다. 그곳에서 하나님의 개입이 시작되고 완성될 것입니다.

(2004년 1월 8일)

시간의 유예

누가복음 13:6～9

참으로 유수 같은 세월의 흐름입니다. 2002년 새해를 맞았다고 새해소망을 쏟아놓은 것이 엊그제 같은데, 어느새 이 해의 끝자락에 다다랐습니다. 또 1년을 보내는 심정은 지난날에 미처 이루지 못한 일들에 대한 아쉬움과 나도 모르게 저질러진 잘못에 대한 후회와 안타까움, 그러면서도 무엇인가 좋은 일, 좋은 결과가 오게 될 것 같은 불안한 기대감 등이 항상 묘한 감상으로 얽혀 있습니다. 돌이켜보면 지난 한 해의 시간도 늘 그런 표현을 썼듯이 참으로 '다사다난'했습니다. 꼽아보는 10대 뉴스를 보면, 국내의 사건으로는 월드컵 4강 붉은악마 열풍, 북핵 봉인제거 파문, 여중생 사망 촛불로 부활, 김홍업·홍걸 씨 잇단 구속, 태풍 루사 곳곳 큰 상처, 서해교전의 팽팽한 긴장감, 민주노동당의 약진, 한반도의 끊어진 허리 잇기, 토요일은 쉬는 날 확산, 노무현 제16대 대통령 당선 등이고, 국외로는 강경한 부시의 이라크 압박, 끊임없는 테러 유혈 충돌, 중국 4세대 지도자 앞으로, 브라질 좌파 대통령 등장, 회계부정 세계경제 타격, 북일 정상 역사적 첫 회담, 유로 본격 사용, EU 확대, 미국을 뒤흔든 연쇄 저격, 프랑스 극우파 르펜 돌풍, 활발한 국제연대 움직임 등이 꼽히고 있습니다(≪한겨레≫, 12월 27일). 이렇게 돌이켜보니 그 일들을 겪어오느라 우리는 숨이 턱에 닿도록 허덕거렸던 것 같습니다. 그중에도 치른 지 얼마 되지 않은 제16대 대통령 선거에 대한 여운과 기대, 그리고 북한 핵 문제 해결을 위한 남한과 북한과 미국 간의 긴장관계가 지금 초미의 관심사인 듯합니다. 정말 새해에는 모든 문제가 잘 풀려서 좋은 일들만 생겼으면 하는 마음이 가득해집니다.

그런데 새로운 시작은 언제나 지난 일들에 대한 철저한 결산을 가져야만 제대로 이뤄질 수 있습니다. 소위 과거의 청산이 있어야만 새로움이 자리 잡을 수 있기 때문입니다. 그런데 우리는 이 청산의 과정을 특히 정치·사회적 과제에 대한 문제들을 누군가가 해야 하는 일로, 혹은 누가 어떻게 잘하나 못하나 두고 보자는 식의 태도로, 나와는 무관한 일로 생각하는 경향이 있습니다. 그래서 새 대통령 당선자에게 주문도 수천 가지가 쏟아지고 있습니다. 저는 한 해를 돌아보며 새해를 맞이하는 시점을 맞아 개인적 삶의 개혁과 더불어 민족의 삶 또한 새로이 진행하기 위해 내가 해야 할 일이 무엇인가를 함께 생각하는 일이 참 필요하다는 마음에서 이 말씀을 택해 나누고자 합니다. 지난 시간에 대한 결산과 새로운 시간을 맞으려는 열린 마음이 교차하는 이 세모의 때에는 묵은 해 동안의 숱한 회한과 아쉬움을 날려 보내고 새로운 날을 맞이하려고 마음을 다

잡게 됩니다. 한 개인의 삶도 깊은 성찰을 통한 재정비할 시기일 뿐
만 아니라 한 민족의 삶도 그렇게 정비해야 하는 시기입니다.

성서에는 결산의 일에 대한 비유가 몇 가지 있습니다. 가장 대표
적이고 잘 알려진 비유는 마태복음 25장 14~30절에 나오는 달란트
비유일 것입니다. 이 비유는 누가복음 19장 11~27장의 므나 비유와
짝을 이루고 있습니다. 두 복음서의 표현에는 몇 가지 상이함이 있
습니다. 마태복음에서는 주인이 세 명의 종에게 각각 다른 액수의
돈을 위탁하고 있고, 누가복음에서는 열 명의 종에게 똑같이 한 므
나씩 맡기고 주인이 떠납니다. 또한 마태복음은 보상에 대해 추상
적인데 비해, 누가복음은 구체적으로 사업을 벌이도록 지시하면서
그 보상도 구체적으로 명시하고 있습니다. 그럼에도 두 복음서의
내용 구성은 같아 보입니다. 즉, 주인이 먼 길을 떠나면서 종들에게
자신의 재산을 위탁하고 떠났다가 다시 돌아와 재산을 잘 관리했
는지 또 재산증식을 위한 청지기직 수행은 잘했는지를 평가하며,
그 결과 칭찬과 비난의 대비가 벌어집니다. 특히 재화를 묻어둔 종
에 대한 가혹한 징벌로 마무리하는 이야기의 구성은 두 복음서가
같습니다.

마태복음 25장 28~30절에서는 한 달란트를 묻어둔 종에게 게으
르고 악한 종이라는 판결을 내리고 어둠 속에서 슬피 울며 이를 갈
리라는 엄격한 심판을 하고 있는데 이 부분은 다분히 종말론적 심
판의 어투로 강하게 표현되고 있습니다. 사실 오늘 본론과는 약간
거리가 있을 수 있지만 이 비유에서 예수는 정말 원금 보존의 태도
를 비판하고 적극적인 투자로 이윤을 남기는 경제행위를 칭찬하신
걸까라는 의문을 갖게 됩니다. 물론 이 같은 경제적 관점에 대해서

도 많은 해석이 있지만, 이 본문을 경제신학적 주제로 읽기보다는 현 상태를 보존하려는 보수적 입장과 모험을 감수하더라도 적극적으로 새로운 현실을 개척하려는 진보적 자세의 차이에 대한 예수의 가르침이라고 해석됨이 타당하다는 것이 학자들의 견해입니다.

그런데 다시 본문을 주목해보면 결산을 하는 것이 심판의 결과를 내리기 위한 전 과정이 되고 있음을 알 수 있습니다. 결산의 때가 왔다는 것은 곧 심판의 때가 왔다는 것이며 그때가 매우 임박해 있는데 아무도 깨닫지 못한다는 것입니다. 본문의 바로 앞에 있는 12장에는 바로 이러한 심판의 현상과 긴박성이 제시되어 있습니다. 누가복음 12장 49~50절에는 "내가 세상에 불을 붙이러 왔다. 불이 이미 붙었기를 내가 얼마나 원했는가! 내게는 받아야 할 세례가 있으니 그것이 이루어지기까지 내가 얼마나 괴롭겠는가!……내가 세상에 분열을 일으키려 왔다"는 등 비극적인 갈등이 메아리치는 표현들이 있습니다. 이 내용들은 심판의 때에 당면할 현상을 나열한 것입니다. 예수는 구원의 때를 가져오는 자이지만 그는 구원과 새 창조를 향한 길이 재난과 파멸, 연단과 심판, 불과 물의 범람을 통과해야 함을 알고 있으며 이를 선포하고 있는 것입니다.

성서 전체에 흐르는 이 종말론적 심판의 긴박성은 우리를 긴장하게 하고 더 이상 구원의 희망을 잃고 좌절하고 표류하게 만듭니다. 그런데 오늘 우리가 읽은 이 본문은 그 긴박성을 완화시키면서 새로운 생각을 열게 하는 다른 차원을 제시하고 있습니다. 징벌의 시간을 유예 받는 이야기라는 것이지요. 물론 오늘 읽은 본문도 결산과 징벌의 구도를 가지고 있긴 합니다. 과수원 주인이 무화과나무 열매를 거두려고 왔지만, 그것도 세 해씩이나 그렇게 했지만 그

나무가 열매 맺지 못했음에 분노해 '나무를 불에 찍어버려라. 무엇 때문에 땅만 버리게 하겠느냐'는 심판을 내립니다. 그러나 이 이야기는 심판으로 끝나지 않고 오히려 심판의 시기를 멀리 미루면서 심판을 모면하고 극복할 수 있는 희망의 간격을 만들고 있습니다. 포도원지기가 애원합니다. '한 해만 더 시간을 주십시오. 그러면 내가 둘레를 파고 거름을 주겠습니다. 그러면 다음 철에 열매 맺을지도 모릅니다.'

본문을 자세히 보면 포도원지기가 아무리 간청해도 주인의 입장에서 그 나무는 더 시간을 줄 가치가 없는 것으로 판단됩니다. 즉, 열매 맺기를 기대하면서 시간을 유예 받기 어려운 상태의 나무라는 것입니다. 이 나무가 시간의 유예를 받을 가치가 거의 없다는 사실은 본문을 자세히 읽으면 나타납니다. 13장 6절에 포도원에 무화과나무를 심었다고 나와 있는데, 팔레스타인에서는 대개 포도원에 과일나무들을 함께 심기 때문에 과수원이라고 할 수 있습니다. 그리고 이 나무는 우선 나무가 자라기만 하는 데 3년이 걸리므로 심은 지 이미 6년이 지나간 것입니다. 그러므로 그것은 열매 맺기를 바라기 어려운 상태의 나무라고 볼 수 있습니다. 또 무화과나무는 특히 많은 양분을 빨아들여서 그 과수원의 포도나무들의 성장에 필요한 양분을 빼앗기 때문에 던져버리지 않으면 다른 나무들도 버리고 땅을 망치게 되는 경우가 생깁니다. 예루살렘에서 베다니에 이르는 길가에 벧바게라는 곳이 있는데, 그 이름을 '열매 없는 무화과나무들의 집'이라고 번역하는 것이 가장 적절하다고 합니다. 아마도 무화과나무가 열매 맺지 못하는 경우가 많았던 모양입니다. 마가복음 11장 13절, 마태복음 21장 18절에도 열매를 맺지 못한 무화과나무가 저주를 받았다는 내용이 나옵니다. 여러 가지 정황으로 보아 주인이 이 포도원지기의 간청을 들어주는 일은 어렵다고 여겨집니다. 기원전 5세기의 것으로 확인되는 아히키르 일화가 있는데 이 이야기와 연결해 생각할 수 있어요.

> "내 아들아, 너는 물가에 서 있으면서도 열매를 맺지 못하는 나무와 같다. 이제 주인은 그 나무를 베어버리려 한다." 그때 그 나무가 주인에게 말했다. "나를 옮겨 심어주세요. 그때에도 내가 열매를 맺지 못하거든 나를 베어버리세요." 그러나 그 주인은 이렇게 대답했다. "네가 물가에 서 있으면서도 열매를 맺지 못했거늘 어찌 다른 장소에 옮겨진다고 열매를 맺겠는가?"

이 이야기는 시간의 유예가 허락되지 않는 사회적 관습이나 풍토를 암시하고 있는 것처럼 보이지요.

그럼에도 불구하고 포도원지기는 혼신을 다해 이 나무를 살리고자 시간을 더 줄 것을 주인에게 간청하고 있는 것입니다. 포도원지기는 비상수단을, 마지막으로 가능한 시도를 다 동원하면서 시간을 더 달라고 간청하고 있습니다. 그리고 결국 주인은 이 포도원지기의 간청을 들어줍니다. 예수는 당시에 여러 다른 형태로 돌아다니던 민화를 이용한 것으로 보이는데, 그러나 그것들과는 다른 결론을 내리는 내용으로 바꾸고 있습니다. 즉, 포도원지기의 간청이 거부되지 않고 받아들여지는 이야기로 전환한 것이지요. 곧 심판의 고지는 징벌로 이어지지 않고 회개에의 부름으로 연결되었습니다. 하나님의 긍휼은 이미 작정된 형벌까지도 중지시킨 것입니다.

저는 솔직히 말해 성서의 심판과 징벌의 상징표현을 별로 좋아하지 않습니다. 사실 기독교는 심판과 징벌의 하나님으로 너무 많은 공갈과 협박을 해왔습니다. 예수도 심판과 징벌의 하나님이 두려워 벌벌 떨기만 하는 유대인의 믿음을 비판하고 사랑의 하나님을 역설하셨습니다. 그러나 우리는 성서가 말하는 심판의 본질을 명확히 이해할 필요가 있습니다. 구약성서에 일관되게 보이는 종말론적 하나님의 심판도, 신약성서의 종말론적 심판의 비유도, 사실은 우리의 회개를 촉구하고 구원하고자 하는 하나님의 사랑에 근거해 있고 구원을 이루려는 하나님의 사랑의 표현이라는 사실을 알아야 합니다.

이 결산과 심판의 이야기는 우리의 회개를 근원적으로 요청하는 메시지라는 사실을 깨달아야 합니다. 한 해의 결산, 그것은 곧 우리의 삶을 되돌아보면서 내 존재의 근원적 새로움을 위해 진지한 회개가 필요함을 다시 발견하는 것이지요. 저는 오늘 심판의 시간을 유예 받는 이 비유를 대하면서 제 자신의 삶의 태도에 대해 근원적으로 생각해보았습니다. 사실 새길교회에 나오시는 자매·형제분들 가운데에는 불에 던지움을 당할 잘못을 저질러 심판을 두려워 할 분은 없으실 것입니다. 그래서 성서 본문이 가슴에 와 닿지 않을 수 있이요. 징벌 받을 만한, 열매 맺지 못한 삶이 나에게는 없다고 쉽게 생각할 수 있습니다. 열매가 없다는 것이 무슨 의미일까요? 먹을 것을 생산해내지 못하니 남에게 생명보존을 주지 못하는 일이라고 하겠습니까?

저는 어제 저녁 성덕 바우만의 결혼식을 전하는 뉴스를 보았습

니다. 불치의 백혈병을 극복하고 새 생명을 얻
은 그가, 이혼하고 두 딸을 가진 암 전문 간호
사와 결혼하는 모습이었습니다. 기자와의 인
터뷰에서 그는 두 눈에 눈물을 주르르 흘리면
서 "다른 사람의 아픔과 고통, 그리고 기쁨을
함께하면서 살겠습니다"라고 말했습니다. 우
리가 인간답게 사는 것은 그의 말처럼 사는 것
이 아니겠는가 하는 생각이 들었습니다. 그리

고 돌이켜보니 나의 삶은 전혀 그러하지 못했음을 깨닫게 되었습
니다. 이 본문과 연결해 생각해보니 나는 참으로 열매 없는 무화과
나무이구나 싶었습니다.

　저는 목숨을 잃을 위기를 두 번 경험했습니다. 한 번은 크게 교통
사고를 당해 의식을 잃었지만 곧 깨어났습니다. 결국 탈골상태로 6
개월간 걷지 못하고 지냈습니다. 그 이후 내 삶은 덤으로 주어진 것
이니 잘 살자고 다짐했습니다. 다른 한 번은 삼풍백화점 붕괴사고
때였습니다. 저는 붕괴 40~50분 전에 그곳을 나왔습니다. 삶과 죽
음의 경계에 서 있었던 경험이 더 나은 삶을 살아야지 하는 결심으
로 이어졌습니다. 그러나 돌이켜보면 그 이후에도 아무런 질적 성
숙 없이 살아왔음을 결산하게 됩니다. 열매 없는 무화과입니다. 그
위기의 시간들 이전보다 내가 사람들을 더 사랑했던가? 더 큰 여유
를 갖고 그리고 항상 원칙에 맞게 살아왔던가? 삶을 적당히 살면서
그것이 자유로움이라고 합리화하지 않았던가? 내가 다른 사람의
마음을 아프게 한 일은 얼마나 많았던가? 정말 정의로움에 서서 살
았는가? 지금 당장 생애를 결산하자고 든다면 저는 영락없이 열매

없는 무화과나무임을 알았습니다.

저는 2002년 끝자락에서 자신에 대한 많은 근원적 질문을 던지면서 오늘의 본문과 마주했습니다. 제 자신의 내면을 깊숙이 들여다보면서 진정한 회개를 하는 일이 필요해졌습니다. 우리는 보통 타고난 수명이 있다고 생각합니다. 명대로 산다 못 산다 말합니다. 아직 날들이 나에게 있다고 생각합니다. 그래서 지금 이 순간 살고 있음이 하나님으로부터 유예 받은 시간인 것을 깨닫지 못합니다. 결산했다면 이미 던져졌을 인생인데 하나님께서 시간을 유예해주신 것을 모르고 있습니다. 이런 것에 대해 우리는 진실로 회개할 필요가 있습니다.

지금 이 순간 우리가 숨 쉬고 웃고 먹고 마시는 것은 하나님이 우리에게 시간을 유예해주셨기 때문에 가능한 것임을 새삼 깨닫게 되었습니다. 저는 얼마 전 새길 홈페이지에서 '당신이 하지 않은 많은 일들'이란 제목의 글을 읽었습니다.

내가 당신의 차를 몰고 나가 망가뜨린 날을 기억하나요?
난 당신이 날 때릴 거라고 생각했지만
당신은 그렇게 하지 않았어요.
당신이 비가 올 거라고 말했는데도 내가 억지로 해변에 끌고 가
비를 맞던 때를 기억하나요?
난 당신이 "비가 올 거라고 했잖아!" 하고 화를 내리라 생각했
지만
당신은 그렇게 하지 않았어요.
내가 당신을 질투 나게 하려고 다른 남자들과 어울려

당신이 화가 났던 때를 기억하나요?

난 당신이 떠나리라고 생각했지만

당신은 그렇게 하지 않았어요.

당신은 내가 오렌지 주스를 당신 차의 시트에 엎질렀을 때를

기억하시나요?

난 당신이 내게 소리를 지를 거라고 생각했지만

당신은 그렇게 하지 않았어요.

내가 깜박 잊고 당신에게 그 댄스파티가 정식 무도회라는 걸

말해 주지 않아서

당신이 작업복 차림으로 나타났던 때를 기억하나요?

난 당신이 내게 절교를 선언할 줄 알았지만

당신은 그렇게 하지 않았어요.

그래요 내 생각과는 달리 당신이 하지 않은 일이 참 많았어요.

당신은 나에 대해 인내해주었고

나를 사랑했으며 감싸주었어요.

당신이 베트남 전쟁에서 돌아올 때

당신에게 사과하는 뜻으로

내가 하려고 했던 일이 참 많았어요.

하지만 당신은 돌아오지 않았어요.

우리가 매 순간 하나님으로부터 유예 받은 시간 안에 있다고 생각한다면 우리의 삶은 더 자유롭고 풍성할 수 있을 것입니다. 모든 이들과 만날 때 이것이 마지막이라고 하는 종말론적 태도를 가진다면 새로운 삶을 살 수 있을 것입니다.

개인적 사색을 넘어 우리 민족의 차원에서도 생각해봅니다. 지역주의, 연고주의, 남북냉전구조 등 결산을 한다면 수없이 많은 징벌의 내용이 나올 것입니다. 불에 던져지든가 뿌리가 뽑혀 던져질 대상일 수 있는, 곧 열매 없는 무화과 같은 상태에 처해 있음을 고백하게 됩니다. 그러나 2002년을 지나면서 우리 민족을 위해 간청하는 포도원지기가 나타난 것 같습니다. 붉은악마와 숭고한 촛불의 물결이 포도원지기가 되어 간청을 한 것 같습니다. 하나님은 우리 민족에게 시간을 유예하신 것입니다. 나는 누가 좋다든가, 나는 누구에게 투표했다든가의 차원을 떠나서 우리 민족이 냉전사고, 지역주의, 패권주의, 권위주의, 금권주의의 틀에서 벗어나지 않으면 유에 받은 시간은 의미 없게 될 것입니다. 그리고 그 일은 바로 우리 자신들이 열심히 둘레를 파고 거름을 주는 일을 해야만 가능한 것입니다. 우리에게 주어진 이 시간을 보다 근원적 차원의 회개와 성실함으로 마주해야만 할 운명 앞에 놓였습니다.

포도원지기의 노력은 나무를 근본적으로 새 나무로 고쳐가는 것이었습니다. 민족이란 나무를 새롭게 하기 위해 하나님이 시간을 주셨다고 생각하고, 거름을 주고 둘레를 새로 파는 일에 온 마음을 합해 노력해야만 포도원지기의 간청은 실현될 수 있을 것입니다. 이는 바로 거듭남의 사건일 것입니다. 거듭남에 대해 니고데모는 '모태에 다시 들어가야 합니까' 하는 질문을 던졌습니다. 그러나 종말론적 관점에서 본다면 거듭남이란 심판의 어려운 과정을 모두 겪으면서 새로이 창조되어 태어나는 새로운 시간 안에 들어가는 사건입니다. 이전의 모든 잘못이 청산되고 온전히 다시 태어나는 모습으로 새 시간을 맞는 사건일 것입니다.

시간의 유예는 단 한 번만 가능하다는 성서의 주장입니다. 무한정 주어지는 것이 아니므로 단 한 번 유예된 이 시간을 소중하게 사용해야 하겠습니다. 이 마지막 기간이 회개의 기회로 이용되지 않은 채 지나가버리면 하나님은 더 이상 참을 수 없게 됩니다. 하나님에 의해 허락된 회개의 기간이 지나가버리면 그것을 연장할 수 있는 힘은 아무에게도 없습니다. 마태복음 6장 27절(눅 12:25)의 "너희 중에 누가 염려함으로 그 키를 한 자나 더할 수 있느냐"라는 말의 원래 의미는 바로 이 종말적 상황에 하나님의 뜻을 저버리는 것은 어느 힘으로도 회복 불가능함을 의미합니다. 이 마지막 기간이 모든 갈등과 증오와 배척을 날려버리는 진정한 변화의 시간으로 운영되기를 간절히 기원합니다.

포도원지기는 예수 자신의 모습이라고 해석됩니다. 열매 없고 쓸모없는 나무를 끝까지 버리지 않고 살려나가는 그분의 사랑을 깨닫고 주어진 유예된 시간을 맞아야겠습니다. 나의 인생길에서 쓸모없는 나를 끝까지 돌보고 보살펴주는 내 옆에 있는 작은 예수들을 만나고 나 역시 저들의 작은 예수가 되고 이 민족의 새로움을 위해 동고동락의 역사를 나누면서 서로서로에게 유예된 시간을 갖게 하고 그 시간 동안 새 생명으로 거듭날 수 있는 은혜의 공동체로 2003년 다시 태어나기를 간절히 소망합니다.

(2002년 12월 29일)

삶과 죽음 사이에서

창세기 3:19

인생에게 죽음을 피할 수 있는 길은 아직은 없다고 하겠습니다. 숨 쉬는 우리 모두가 겪는 삶과 죽음, 곧 '인생이란 도대체 무엇일까'라는 질문은 우리가 가까운 이를 죽음으로 잃게 될 때 더 깊이 생각하게 됩니다. 우리의 가슴을 아직도 아리게 하는 박현우 군의 장사를 치른 지 오래지 않은 지난 5월 21일, 저는 또 한 분의 장례를 주관하는 책임을 맡아 장사를 치렀습니다. 그러면서 저는 삶과 죽음에 대해 더 생각하게 되었습니다. 그러나 이미 동서고금의 종교적 진리가 그리고 위대한 성현과 지혜자들이 그 대답을 갖가지로 던져주었지만 이 문제를 실존적 존재의 본질론적 이해로 규명해내는 것은, 죽음을 피할 수 없다는 현실적 사실만 확실하게 확인되었고 그 이상은 다양한 대답이 던져진 채로 있다 하겠습니다. 저는 오늘 실존의 본질을 규명해내려는 의도는 전혀 없습니다. 다만 최근에 제가 읽은 책의 내용이 우연하게도 지난 21일 돌아가신 분의 경우와 유사해서 여러분과 그 책의 이야기를 중심으로 생각을 나누고자 합니다. 질병을 가진 그들이 투병과정에서 다양하고 성숙하게 죽음을 맞서는 모습을 보여주기에 그 책을 통해 '죽음을 대면하는 바로 그 순간들'이 주는 삶의 의미를 생각하게 되었습니다.

본론에 들어가기에 앞서 지난 21일 돌아가신 분에 대해 몇 말씀 드리고 싶은데, 양해를 바랍니다. 그분은 이선애 목사님으로 아마도 우리 교우들 가운데 한두 분은 그분을 아는 이들도 있을 것 같습니다. 그분은 소뇌가 점차로 축소되면서 전신이 서서히 마비되어 오는 매우 희귀한 병을 앓았습니다. 약 8년 전에 발병했는데 처음에는 신체의 일부 기능이 마비되기 시작했고 5년 전부터 거의 전신을 쓰지 못하고 눈빛이나 손짓 혹은 약간의 소리로 의사소통을 했습니다. 그 목사님은 연세대에서 국문학을 전공한 문학적 재능이 탁월한 여성으로 WCC에서 일했습니다. 또한 CCA 총무를 지낸 남편의 임지를 따라 사느라 자기 재능을 마음껏 펼치지 못하고 여성의 삶이 주는 한계를 뼈저리게 느끼면서 지냈습니다. 한곳에 정착해 자신의 할 일을 찾고 뿌리를 내리려 하면 남편이 또 다른 임지로 떠나게 되어 자신의 모든 것을 늘 포기해야 했습니다. 그러다가 남편이 CCA 총무가 되어 싱가포르에 거주하게 되었을 때 약간의 안정을 얻어 아시아 지역의 여성을 위해 헌신적으로 많은 일을 했습니다. 특히 ≪In God's Image(하나님의 형상대로)≫라는 계간지를 출판해 침묵과 복종으로 자신의 목소리를 내지 못하던 아시아 여성들이 자신의 이야기를 세계에 알릴 수 있는 장을 제공하는 큰일을 했던 분입니다. 한평생 여자로서의 한을 품고서 여성을 위해 산 아내가 죽자 남편 되는 박 목사님은 여성들이 나서서 장례를 치러 달라는 부탁을 했고, 이에 우리 여성신학인들은 모든 순서를 여성이 맡아서 '여성신학단체장'으로 장례를 치러드렸습니다. 장례에 참여한 모든 분이 여성들이 진행하는 의식을 매우 자연스럽게 따랐는데, 이는 고인의 생전의 뜻을 모두 잘 이해하셨기 때문인 것 같았습니다. 제가 오늘 특별히 그분의 이야기를 하는 것은 아시아 여성을 위해 많은 일을 했으나 별로 알려지지 않아 소개를 드리는 의미도 있습니다만, 앞에 말씀드렸듯이 최근에 읽은 책의 내용이 그 목사님의 오랜 투병 기간 동안의 경험과 유사하며 그래서 그 책과 그분의 경험을 통해 '죽음을 대면하는 바로 그 순간'이 주는 의미를 새삼 생각하게 되었기 때문입니다.

제가 읽은 그 책은 『모리와 함께한 화요일』입니다. 불치의 병이 든 스승 모리와 그의 투병 중에도 마지막까지 계속된 강의에 참여한 한 제자가 서로 주고받은 인간관계의 아름다움을 그려놓은 책입니다. 모리 교수가 앓았던 병은 루게릭병이라고 알려진 근육위축성 측색경화증입니다. 루게릭병은 척추신경 또는 간뇌의 운동세포가 서서히 지속적으로 파괴되어 이 세포의 지배를 받는 근육이 위축되고 힘을 쓰지 못하게 되는 원인불명의 불치병입니다. 그러나 모리 교수는 점차로 굳어져가는 자신의 몸을 의식하면서도 지팡이를 짚고 비틀거리며 강의를 계속했고, 최후에는 그의 집에서 강의를 했습니다. 마지막까지 그의 강의에 참석한 제자가 바로 이 책을 쓴 '미치 앨봄'입니다. 그는 열네 번의 화요일에 가진 스승과의 강의시간 때의 대화, 몸놀림, 투병 중의 그의 모든 사고들을 기록했고, 이를 스승과 합의하에 책으로 냈습니다. 죽음을 선고받은 사람의 삶은 그야말로 삶과 죽음 사이의 투쟁일 것입니다. 삶과 죽음 사이를 오락가락하는 이들은 무엇을 먼저 생각할까, 존재의 의미를 어디에 둘까, 인간이 극한적 상황에서 생각하게 되는 일들은 무엇일까, 과연 생을 어떻게 포기할 수 있을까 등등 그 상황에 대한 우리의 두려운 궁금증은 사실 많습니다. 모리 교수가 의사의 선고를 받고 처음 병원 밖을 나왔을 때 충격이 너무나 커서 그는 "세상이 멈춰야 하는 것이 아닌가? 저 사람들은 내게 어떤 일이 벌어졌는지 알고 있을까"라고 절망의 느낌을 가졌지만, 세상은 아무 일 없다는 듯 여전히 돌아가고 있는 것에 분노했다고 책은 표현합니다.

그러나 모리 교수는 삶의 마지막, 곧 죽음 앞에 있는 상황을 사람들에게 연구하도록 했습니다. 모든 이들에게 천천히 생명이 사그라지는 자신을 연구하라고 내맡겼습니다. 그는 죽어간다는 것의 의미를 토론하는 모임을 운영했고, 사람들이 죽어가는 것의 의미를 이해하지 못하면서 죽음을 얼마나 겁내는가에 대해 토론했으며, '죽어간다'는 말이 '쓸모없다'라는 말과 동의어가 아님을 증명하려고 노력했습니다. 그래서 이 책을 통해 우리는 생과 사의 갈림길에 있는 상황이 인생을 어떻게 만드는가를 볼 수 있습니다.

우선 사람은 모두 죽음의 길을 가고 있는 것이고, 늘 그것을 준비하면서 살면 삶을 오히려 긍정적으로 살 수 있다는 사실을 말해줍니다. 모리 교수는 "모두 죽게 되리란 사실을 누구나 알지만, 자기가 죽는다고는 아무도 믿지 않는다"고 말합니다. 죽음에 대한 긍정적인 면은 사람들이 죽으리란 걸 미리 안다면 언제든 죽을 수 있도록 준비를 해둘 수 있고, 그렇게 되면 사는 동안 자기 삶에 더 적극적으로 참여하며 살 수 있다는 점입니다. 모리 교수가 이렇게 말해도 제자 미치 앨봄은 어떻게 죽음을 준비할 수 있는지 궁금해 하며 스승에게 질문합니다. 교수는 죽음의 준비를 이렇게 말합니다. "불교도들이 하는 것처럼 하게. 매일 어깨 위에 작은 새를 올려놓는 거야. 그리곤 새에게 오늘이 그날인가, 나는 준비가 되었나, 나는 해야 할 일들을 다 제대로 하고 있나, 내가 원하는 그런 사람으로 살고 있나 하고 묻지." 즉, 매일 매순간을 마지막일 수 있음을 생각하면서 사는 것입니다. 제자는 죽음 앞에 살고 있는 스승의 생각이 궁금하기 그지없어 자꾸만 질문을 합니다. "아는 사람을 저 세상으로 떠나보낸 경험은 누구나 있는데, 자신의 죽음에 대해 생각하기 어려운 이유가 무엇일까요?" "죽음과 직면하면 모든 게 변하나요?" 선생은 "모든 것을 다 벗기고 결국 핵심에 초점을 맞추게 되지. 자기가 죽게 되리라는 사실을 깨달으면 매사가 아주 다르게 보이네"라고 대답합니다. 이 대화를 통해 저는 우리 모두는 죽게 될 존재인데도 자기 죽음에 대해 너무도 무관심하게 살고 있음을 새삼 깨달았습니다.

오늘 읽은 창세기 3장 19절은 이 사실을 명백하게 알려주는 기독교 경전의 말씀인데, 우리는 결국 성서의 진리도 평소 의식하지 않고 사는구나 하는 생각이 들었습니다. 저는 오늘 성서 구절에 대한 주석적 해석을 덧붙이고 싶지 않습니다. 다만 성서도 명백하게 인간은 가사적(可死的) 존재임을 말하고 있다고 말씀드리고자 합니다.

창세기 2장 7절은 하나님이 인간을 흙으로 만들었다는 사실을 말합니다. 학자들은 이 2장 7절에서 흙을 빚어 창조된 인간은 남자 하나가 아니라 남녀가 하나로 된 양성구유적 존재라고 하면서 그 근거들을 제시합니다. 즉, 히브리어 '하 아담'은 '그 사람'이라는 뜻

으로 그 말에는 남성과 여성이 모두 포함되며, 나중에 남성과 여성으로 구분될 때는 히브리어 이쉬(ishi, 남자)와 잇샤(isha, 여자)로 부른다는 것입니다. 이 뜻은 결국 남녀 인간 모두가 흙에서 온 존재라는 말입니다.

창세기 2~3장은 실로 흙을 주제로 구성된 하나의 드라마입니다. 즉, 처음에 하나님이 '흙'을 경작할 인간이 없어서 '흙'을 빚어 사람을 만들었고 그 코에 생기를 불어넣어 생명체가 되게 하셨으나 그의 타락으로 징계를 내려 "흙에서 왔으니 흙으로 돌아가라"고 하는 흙을 주제로 구성된 이야기입니다. 흙에서 나서 흙으로 돌아가는 존재인 인간은 그 자신이 바로 자연의 일부입니다.

그러므로 인간이 만물을 다스릴 권한을 위임받았다고 해석하는 창세기 1장의 내용은 인간과 동물 사이에 비록 차이가 있을지라도 인간 그 자체가 자연의 일부요, 자연으로 돌아가는 존재라는 점에서는 동물과 공통적임을 말해줍니다. 즉, 자연에서 왔다가 자연으로 돌아가는 존재요, 그것이 자연의 이치이며 존재의 형태라는 것입니다. 이것은 자연스럽게 받아들일 일입니다. 이를 받아들이면 지금의 삶을 훨씬 의미 있게 살 수 있다고 모리 교수는 말합니다. 우리에게 가장 소중한 것이 무엇인가를 생각하게 된다는 것입니다. 그는 이것을 "인생의 핵심을 놓치지 않고 살게 된다"라고 표현합니다. 그래서 그는 "모든 것을 다 벗기고 결국 핵심에 초점을 맞추게 되지. 자기가 죽게 되리라는 사실을 깨달으면 매사가 아주 다르게 보이네"라고 답했던 것입니다.

이 말을 읽으면서 저는 참으로 가사적 존재인 우리가 중요하게 생각해야 할 많은 것을 놓치면서 정작 중요하지 않은 것을 잡는 데 그 시간을 허비하고 있다는 생각을 했습니다. 그렇다면 가사적 존재인 우리가 인생의 핵심으로 생각해야 할 것은 무엇일까요? 그것은 아마도 삶과 죽음의 경계선에 서서 보게 될 때 가장 확실하게 보이고 알게 되리라고 생각합니다. '인생의 핵심은 무엇인가?' 모리 교수와 제자의 대화에서는 인생의 핵심을 이렇게 표현하고 있습니다. 선생의 병이 호전될 가능성에 대한 이야기가 들리자 제자는 "만일 병이 낫는다면 옛날의 사람으로 돌아가고 싶은가요"라고 묻습니다. 그러나 스승은 돌아가려 해도 돌아갈 수 없다고 말합니다. 이제는 인생에서 무엇이 핵심인지 자신이 알았기 때문에 자신은 이미 다른 사람이 되었고 그래서 태도도 바뀌었고 육체를 보는 시각도 바뀌었다고 말합니다. 또한 궁극적인 질문을 해결하려 고군분투하지도 않았기 때문에 결코 옛날의 사람이 될 수 없다고 말합니다.

제자가 그렇게까지 중요한 것이 무엇인가를 다시 묻자 스승은 "사랑과 책임감, 영혼, 인식과 관련된 것들"이라면서 지금 자신이 다시 건강한 사람이 되더라도 그런 것들이 여전히 자신의 주제가 될 것이라고 말합니다. 그리고 지금까지 쭉 그랬어야 했는데, 과거에는 그런 것을 그렇게 중요하게 생각하지 못했다고 말합니다.

이 표현에서 저는 정확하게 모리 교수가 무엇을 가장 중요하다고 생각하는지 잘 파악할 수 없었습니다. 그러나 제자가 더 확실하게 '가장 핵심적인 것이 무엇인가'를 알기 위해 만일 24시간이 주어지면 무엇을 하겠느냐고 물었을 때 한 그의 답을 통해 짐작할 수 있

있습니다. "아침에 운동하고, 스위트 롤빵과 차로 멋진 아침 식사를 하고, 수영하러 가고, 친구들과 만나고, 서로의 소중함을 알고, 정원에 가서 나무와 새를 보고, 자연에 묻히겠네. 저녁에 식당에서 오리고기를 먹고, 지칠 때까지 춤을 추지." 스승은 이렇게 말합니다. 이 대답에 제자는 약간 실망을 느꼈는데 그는 대통령을 만나거나 이탈리아에 가는 등 이색적인 일을 말할 것으로 기대했던 때문입니다.

그러나 지극히 평범하고 일상적인 하루의 의미를 최대의 가치로 결정하고 있는 이 병든 교수의 말은 우리에게 새삼 삶에 대한 의미를 느끼게 해줍니다. 아마도 한 발자국도 걷지 못한 채 오랜 시간을 휠체어에서 지내야 하는 사람에게 자유로운 걸음보다 더 중요한 것은 없을 것입니다. 이토록 평범한 하루! 그 평범한 하루를 보내는 것이 인생의 핵심이라는 말이었습니다. 하루 동안 먹고, 마시고, 사랑하고, 걷고, 일하고, 웃고, 우는 것, 그것이 생이요 생명일 것입니다.

일상적인 하루를 의미 없이 생각하고 원대한 내일만을 향하는 것은 생명의 핵심과 부딪히지 않았을 때 가지는 생각일 것입니다. 하루하루의 생을 소중하고 의미 있게 가지는 것이 생과 사의 기로에 서 있는 사람의 큰 깨달음이라는 것입니다. 이것을 저는 '하루하루를 사람들과 좋은 관계를 맺으면서 사는 것이 가장 핵심이다'라고 조금 다르게 생각해보았습니다. 탐욕과 갈등과 미움과 시기와 경쟁으로 얽혀서 살아가야 하는 것이 우리의 일상적 관계일 것입니다. 그리고 자신이 이기고 소유하고 승리해야만 살 수 있다고 생각합니다. 그래서 물러서지 않고 미움과 투쟁으로 사람들과 관계를 맺고 있습니다. 그러나 이제 내가 마지막이라 생각하면 모든 것을 포기할 수 있을 것이며 누구와도 새로운 관계를 형성할 수 있을 것입니다. 일상적 삶의 소중함은 일상적 관계의 소중함과 일치되며 일상적 관계를 아름답게 할 수 있는 힘이 거기서 생기며, 일상적 관계의 아름다움을 가지고 사는 것이 인간 삶의 핵심이 아닐까 하는 생각을 하게 되었습니다.

그다음으로 생과 사 사이의 상황에서는 종말론적으로 살게 된다는 것을 느꼈습니다. 제가 이 책에서 특별한 인상을 받은 것은 그가 미리 해본 그의 장례식이었습니다. 모리 교수의 병이 서서히 깊게 진행되고 있을 때 그는 심장마비로 갑자기 죽음을 맞은 대학에서 함께 가르치던 동료의 장례식에 참석해서 큰 충격을 받았습니다. 그는 친구의 장례식에 모인 사람들이 죽은 친구에게 너무나 멋진 말들을 하고 있는 것을 보고 이렇게 말했습니다. "이런 부질없는 일이 어디 있나. 이 친구가 듣고 기뻐할 좋은 이야기들을 모두 해주건만 정작 들어야 할 주인공인 친구는 아무 말도 듣지 못하는 모순이 아닌가." 그래서 그는 엉뚱한 발상으로 일을 꾸몄습니다. 전화 몇 통을 건 후 날짜를 잡고 어느 추운 일요일 오후 가까운 친구들과 가족을 모아놓고 '살아 있는 장례식'을 치른 것입니다. 모인 사람들은 각자 멋진 말로 모리 교수에게 경의를 표했으며, 어떤 이들은 울었고 몇몇은 웃었습니다. 이렇게 그는 마지막이 되기 전에 듣고 싶은 말들을 모두 들었습니다. 그리고 보내는 이들도 그에게 하고 싶은 말을 모두 전했습니다. 지금 순간이 마지막이라는 생각으로 살 때 우리는 보다 순수하고 진실해질 것입니다. 죽음과 삶 사이에서 죽음보다는 오히려 진정한 삶을 확인하는 일을 하게 됩니다. 저는 모리 교수의 미리 한 장례식이 책 전체에서 가장 인상 깊었습니다.

책에서 모리 교수가 죽음과 관련해 제자에게 전해주는 아름다운
말들을 여기에 연결할 수 있었습니다. 그는 이런 말을 합니다.

우리가 죽음을 두고 소란을 떠는 것은 우리를 자연의 일부로
보지 않기 때문이지. 인간이 자연보다 위에 있다고 생각하니
까. 서로 사랑하고 우리가 가졌던 사랑의 감정을 기억할 수 있
는 한 우리는 진짜 우리를 기억하는 사람들의 마음속에서 잊
히지 않고 죽을 수 있다네. 자네가 가꾼 모든 사랑이 거기 그
안에 그대로 있고, 모든 기억이 여전히 거기 고스란히 남아 있
네. 자네는 계속 살아 있을 수 있어. 자네가 여기 있는 동안 만
지고 보듬었던 모든 사람의 마음속에. 죽음은 생명이 끝나는
것이지 관계가 끝나는 것은 아니네.
사랑하는 사람이 말할 때는 마치 마지막으로 하는 이야기인
양 관심을 기울이라고 말해주고 싶다. 인생에서 너무 늦은 일
따윈 없다는 것도.

우리가 종말론적으로 산다는 것은 지금 순간을 가장 의미 있게
사는 것을 뜻할 것입니다. 그리고 미래의 희망을 앞당겨 사는 보다
한 차원 다른 삶을 사는 것을 의미할 것입니다. 생과 사 사이에서
사는 경험은 이런 의미를 우리에게 전해주는 것 같습니다.
　오늘 아침 저는 너무 무거운 주제로 또 성서보다 다른 책에 치우
쳐 이야기했습니다. 이제 성서의 말씀으로 마무리하려 합니다. 성
서는 비록 인간을 가사적 존재로 밝히고 있지만, 죽음으로 끝나버
리는 존재라고 하지는 않습니다. 힌두교의 환생과는 다르지만 사

후 불멸에 대한 사상이 없지는 않습니다. 구약에서는 사람이 죽어 '스올'로 간다고 표현하고 있는데, 그곳은 죽은 이들이 모여 함께 사는 지하의 장소입니다. 그러나 성서의 이해는 '스올'이건 '하늘'이건 모든 우주의 지배가 하나님의 능력과 영역 안에 있으며 인간의 생과 사도 그분의 주관 안에 있다는 것입니다. 우리는 주께서 우리의 호흡을 거두어 가시면 마른풀 같이 되는 존재라는 것입니다. 더 나아가 하나님의 우주적 능력 안에서 생명의 부활도 가능하게 된다는 부활신앙으로 발전하고 있습니다. 즉, 성서는 죽음 그 자체에 비중을 크게 두지 않습니다. 그렇기 때문에 죽음을 목숨의 여부보다도 하나님과의 관계가 단절된 현실로 보고 있으며, 따라서 하나님과의 관계 여부가 삶과 죽음을 결정짓는 요인이라고 봅니다. 그래서 죽음으로부터 자유하는 길은 하나님과의 소외를 극복하는 길이며, 생과 사 모두 하나님의 주관 안에 있으므로 하나님과 동행하는 현실적이고 역사적인 삶에 비중을 두고 있는 것이 히브리적 사고입니다. 그분에게 앞날을 맡기고 그를 믿으라는 시편의 말씀이 이를 뒷받침합니다.

삶과 죽음 사이에서 인생을 다시 생각한 이의 경험을 통해 우리 자신의 모습을 돌아보았습니다. 삶과 죽음 사이에 있는 이들은 결코 죽음만을 생각하지 않습니다. 그야말로 죽음과 삶의 사이에서 그들은 삶과 죽음 모두를 넘나들며 지내고 있습니다. 투병의 고통은 물론이요, 어린 시절로부터 가족, 감정, 나이 드는 두려움, 돈 문제, 결혼, 문화, 용서, 죽음, 작별, 장례식 등에 이르기까지 투병기간은 삶과 죽음 전부를 하나로 엮어 넘나드는 시간이자 그 양면의 의미를 모두 새롭고 깊게 구성하는 시간입니다.

우리는 매 순간을 그렇게 생과 사의 종말론적 갈림길에 선 자세로 살 수는 없을 것입니다. 그러나 때때로 우리가 죽을 존재라는 것과 지금이 마지막 순간이라는 생각을 함으로써 인생에서 가장 소중한 관계를 놓치지 않고 혹은 잘못된 관계를 온전하게 회복하는 그런 삶을 살면서 죽음을 자연스럽게 맞을 준비를 하는 게 필요하지 않나 생각해봅니다. 인생을 돌아보고 믿음을 다시 생각해보고 사랑의 관계를 늘 새롭게 만들어보려고 노력하는 일이, 하나님의 영역 안에 있는 죽음 앞에서 가지게 되는 자연스럽고 의미 있는 태도일 것이라는 생각을 하게 됩니다.

(1999년 5월 30일)

그리스도 안에서의
새로운 피조물

고린도 후서 5:14～17

새해를 맞는 그리스도인

오늘은 을해년 첫날입니다. 새길 자매·형제 여러분에게 하나님의 축복이 풍성하기를 바라며, 해방 50주년을 맞는 우리 민족 위에 하나님의 은혜가 풍성하여 민족의 미래를 지켜주시기를 간절히 바랍니다.

새해를 맞을 때마다 우리는 지난해에 이루지 못한 일들에 대한 아쉬움과 살못에 대한 후회를 뒤로하고 그것을 보상해줄 수 있는 새날에 대한 기대를 갖게 됩니다. 실은 새해라는 것이 다른 때와 다를 바 없는 어제이고 오늘일 뿐인데도 사람들은 시간의 마디를 잘라서 삶의 내용을 매듭짓고자 합니다. 오늘이 바로 그 매듭의 한 마디를 넘고 다시 시작하는 날입니다. 지난해 우리는 사회적으로 너무나 엄청난 일들을 많이 당해서 새해에는 부디 그러한 일들이 일어나지 않고 좋은 일만 생겼으면 하고 간절히 바라게 됩니다.

새로워짐을 간절히 소망하는 시점에서 우리는 무엇보다도 한국의 그리스도인, 곧 우리 자신이 어떻게 새로워져야 할 것인가에 대해 생각해야 할 것 같습니다. 광복 50주년의 의미를 새기는 일과 아울러 통일 민족을 꿈꾸는 일이 올해의 중요한 과제이겠지만, 우선적인 일은 이 사회와 민족의 구성원으로서 그리고 그 역사를 책임져야 할 주체인 그리스도인으로서 나 자신과 그리스도교의 새로워짐을 위한 자기성찰이라고 생각합니다. 우리나라 그리스도인의 수가 천주교인을 합해 1천만이 넘는다는 통계는 이미 알려진 사실입니다. 근래에는 그리스도인의 증가가 멈추었다고 합니다. 1970년대 이후 폭발적으로 성장한 한국 교회는 회중적 특성에서 모이기를 좋아해 주일 낮, 주일 저녁, 수요일, 금요일, 새벽기도 등 모임에 열심입니다. 또한 한국 교회는 급격히 성장했고 재정력도 든든해져서 실제로 한국 사회 안에서 하나의 힘 있는 사회조직으로 부각되었고(세계 최대의 대형 교회들이 많습니다), 사회에 어떤 형태로든 영향력을 미치는 집단이 되었습니다.

그러나 한국 교회는 사회가 당면하고 있는 심각한 문제를 외면했고 사회의 모순을 극복할 수 있는 가치를 제시해주지도 못했습니다. 그 힘과 영향력을 오히려 사회와 단절되는 데, 왜곡된 형태가 되는 데 사용했습니다. 좀 오래된 보고이긴 하지만, 한국 교회 교인의 출석 동기는 '마음의 평안을 얻기 위해서'가 대부분이고, '내세에의 소망'이 가장 큰 비중을 차지한다고 합니다. 이와 같은 개인적 불안감의 해소, 피안 지향의 사고 등은 '나' 중심적 또는 현실 도피적 신앙 특성을 가졌음을 드러내고 있지요. 한국 교회는 사회가 해체와 도덕성 위기에 직면해도 구태의연하게 개인의 평화와 내세의 소망 그리고 교회의 성장에만 집착하고 있으며, 세속적 물질·물량주의 가치를 극복하기는커녕 도리어 그것의 지배를 받아 성공이나 출세의 척도를 물질로 평가하는 물질만능의 사고에 빠져 있습니다. 따라서 한국 교회는 천만 명이 넘는 그리스도인을 가졌지만 사회의 부조리와 모순으로 인한 불행을 막는 일에 아무런 영향력도 행사할 수 없는 것입니다.

새해를 맞아 한국 그리스도인은 참으로 자기 모습을 되찾아야 할 것이며, 그래야 사회와 민족의 미래에 함께할 수 있을 것입니다. 따라서 오늘날 그리스도인이 된다는 것은 구체적으로 무엇을 말하는 것이며, 어떻게 살아야 하는 것인가에 대해 바울의 '그리스도 안에서 새로운 피조물'이라는 표현을 중심으로 함께 생각하고자 합니다.

'그리스도 안에서'라는 말의 뜻

바울은 그의 서신에서 100회 이상이나 '그리스도 안에서'라는 표현을 사용합니다. 바울 당시의 영지주의적 표현형태와 관련지으면 이 표현은 신인합일(神人合一)의 신비주의적 신앙체험의 상태를 나타내는 것으로 해석됩니다. 그리고 그리스도 '안에서'의 전치사 'in'을 공간적 의미로 보아 '그리스도의 영 안에서'라고 해석할 수 있다고 봅니다. 그래서 '그리스도 안에서의 새로운 피조물'이란 영으로 거듭난 것을 뜻하며(요한 3:5), 내적 인간성이 변해(로마 12:2, 고후 3:18) 그 안에 새로운 영이 가득 부어져 다시 난 것(디도 3:5)이라고 해석할 수 있습니다.

그런데 이런 해석은 그리스도인이 되는 것이 육을 버리고 영적 존재로만 되어야 한다는 영육 이원론으로 오해될 수 있고, 실제로 기독교 역사에서 그렇게 해석되기도 했습니다. 오늘날 한국 교회는 바로 그러한 해석에 의존하고 있으며, '그리스도의 영 안에' 있음을 방언이나 예언 등과 같은 은사를 받는 종교적 신비체험으로 한정해 생각합니다. 그러나 바울은 '그리스도 안에서'를 그런 의미로 한정하지 않았습니다. 오히려 그는 성령의 은사보다는 교회에 덕을 세우는 일과 사랑을 실천하는 일이 그리스도인으로서 우선 행하여야 할 윤리라고 강하게 주장했습니다(고전 13). 또 바울이 '그리스도 안에서'라고 표현했을 당시에는 '크리스천'이라는 말이 생겨나지 않은 시기로 예수를 그리스도로 고백하는 무리의 위치를 공식화한 말이 없었습니다. 따라서 '그리스도 안에서'는 '교회 안에서'라는 말과도 같은 뜻으로 다른 집단과의 차별성을 표현하는 것으로 이해됩니다.

바울이 이런 의미에서 '그리스도 안에서'라는 말을 사용했음을 좀 더 깊이 분석해보면, 그 말은 기독교 본질을 근본적으로 다시 이해하는 데 도움을 줄 것입니다. 바울이 '그리스도 안에서'라고 할 때 그것에는 유대교 율법주의와의 대립 개념이 함축되어 있어요. 즉, 바울의 '그리스도 안에서'라는 고백은 엄격하고 철저했던 율법주의자로부터 그리스도인으로 전환한 그의 회심이 근원에 깔려 있지요. 바울 신학 논쟁의 핵심이요 필생의 과제는 한마디로 율법과 복음을 구별하는 것이었는데, 이런 의미에서 '그리스도 안에서 새로워진다'는 바울의 표현을 이해해야 합니다. 다시 말해서 이제는 율법주의가 아닌 새로운 삶의 질서와 윤리에서 살아가게 됨을 선포하는 말이라는 것이지요. 바울은 우리가 잘 아는 대로 철저한 유대교 율법주의자였습니다. 그는 바리사이파 대학자인 가말리엘 문하에서 수학했고(사도행전 22:3), 혈통으로는 이스라엘 민족 중 베냐민 족속 히브리인이고, 난 지 8일 만에 할례를 받은 충실한 이스라엘 전통인으로(로마 11:22) 하나님의 계명을 지키는 것이 지상 최대의 과제요 선이며 의라고 생각했던 사람입니다. 그리고 그는 철저한 유대전통하에서 그리스도인을 박해하는 데 앞장섰던(갈1:13) 사람이었습니다. 이러한 바울이 유대교에서는 도저히 그리스도로 인정할 수 없는 예수를 그리스도로 고백하는 사람이 된 것입니다.

바울이 체험한 유대교 율법주의와 그리스도교 사이의 차이는 무엇일까요? 무엇 때문에 바울은 그리스도 안으로 들어오게 되었을까요? 유대교 율법주의에서는 사람의 생명·인격·존엄성보다 율법이 더 우선했습니다. 예수 당시 바리새파는 율법의 적용영역을 확대해 일상적인 생활에까지 규범을 만들어 적용했으며 강권을 발동해 이 법을 충실하게 지키도록 했습니다. 예를 들어 안식일 법이나 정결법 등의 세부 규정을 만들어 사람들의 삶을 구속했고 더 나아가 비인간화했던 것이지요. 그리고 이 율법을 지키면 의인이고 지키지 못하면 죄인으로 규정해 자기 행위의 업적에 의해 구원받게 되는 교리를 형성했습니다. 이런 교리, 곧 율법을 지키는 일은 일반 서민에게는 커다란 짐이었습니다. 서민은 로마의 세금뿐만 아니라 유대교의 세금과 율법에도 억눌려서 신음하며 살아야 했습니다.

유대교에서는 예수를 메시아로 도저히 인정할 수 없었습니다. 예수는 사람이 안식일을 위해 있는 것이 아니라 안식일이 사람을 위해 있다고 하며, 밖에서 들어가는 것이 사람을 더럽히는 것이 아니라 속에서 나오는 것이 더럽힌다고 하는 등 율법의 비인간성과 비생명성에 정면 도전했습니다. 또한 유대교에서는 메시아가 성전이 있고 경건한 층의 사람들이 모여 사

는 예루살렘에서 나올 것이며 의인으로 와야 하는 것으로 알고 있었습니다. 그러나 예수는 천박한 사람들이 사는 나사렛 출신이며 더구나 죄인으로 십자가에 달린 자이므로 유대교의 입장에서는 도저히 그리스도가 될 수는 없으며 오히려 하나님을 모독하는 죄에 대해 분노와 저주를 퍼부어야 할 대상이었습니다. 바울도 이러한 인식에서 그리스도인을 박해하는 데 앞장섰던 것이지요.

그런데 바울은 예수를 새롭게 만남으로써 완전히 다른 삶의 차원을 발견했습니다. 그의 회심 장면은 성서에 매우 드라마틱하게 그려져 있지만, 회심의 이유는 명확하지 않아요. 다만 그가 평소 율법주의에 일말의 회의를 가졌을 가능성을 엿볼 수는 있습니다. 그는 이방인 지역에서 노예로 또는 가난으로 신음하는 사람들과 함께 살면서 '저 이방인들이 어떻게 구원을 얻을 수 있을까'에 대해 의문을 가졌을 것이고, 율법으로는 그들이 구원받을 수 없다는 율법의 한계성과 배타성을 발견했을 것입니다. 그가 그리스도 안에 들어온 후 평생을 이방인을 위한 전도자로 산 사실은 이를 뒷받침

해줍니다.

　바울이 만난 예수는 그에게 무엇을 주었을까요? 그는 예수를 생전에 만나지 못했고 따라다닌 제자도 아니었지요. 오로지 부활한 주를 만났다고 합니다. 바울이 만난 예수 그리스도는 십자가의 예수입니다. 그래서 바울은 계속 십자가의 도를 강조했습니다. "유대인은 기적을 구하고 헬라 사람은 지혜를 찾으나, 우리는 십자가에 달리신 그리스도를 전합니다. 이것은 유대인에게는 거리낌이 되고 이방인에게는 미련한 것이지만, 부르심을 받은 우리에게는 하나님의 능력이고 하나님의 지혜입니다"(고전 1:18)라고 주장합니다. 바울은 십자가를 통해 예수의 인간사랑, 생명사랑의 실천을 보았습니다. 율법에 눌리고 세금에 눌리고 가난과 전쟁에 시달리는 보잘것없는 죄인(율법을 지키지 못한 자)을 위해 자신의 목숨을 버리는 사랑과 희생이 경직되고 생명을 죽이는 율법과 어떻게 다른가를 보았을 것이란 생각이 듭니다. 바울은 십자가를 통해 인식의 전환을 가질 수 있었고 이방인에 대한 구원의 가능성을 발견할 수 있었을 것입니다. 그래서 이전에 어리석게 보이던 것이 지혜가 되고 패배라고 보았던 것이 구원이 되고 죄인이 의인이 되는 인식의 대전환을 가질 수 있었다고 보입니다. 바울은 비로소 율법주의를 극복하고 사랑과 은총, 희생을 통한 구원의 도, 곧 인간사랑과 생명사랑이 가장 우선인 삶의 원리임을 가르치는 그리스도 안으로 들어온 것입니다. 그러므로 바울의 '그리스도 안에서'라는 말은 '그리스도의 십자가 안에서' 또는 '그리스도의 희생 안에서', '그리스도의 사랑 안에서'라는 말과 동일한 것이 됩니다.

바울이 체험한 '그리스도 안에서'의 새로운 피조물

율법주의에서 탈출한 바울이 새로운 피조물이 된 구체적 내용은 무엇일까요? 첫째로 그는 그리스도 안에서 철저하게 자기 부정과 긍정의 체험을 하며 거듭났습니다. 그는 지금까지 자기 존재를 유지해온 학력·권력·명예 등이 아무것도 아니라는 사실과 이제는 그것들을 배설물로 여기게 되었다고 고백합니다. 그리고 그런 것들은 육체적인 것이라고 말하지요. 바울이 말하는 육의 개념은 이런 의미를 가지고 있습니다. 그는 자기의 약한 것을 자랑하며 자기 긍정을 표현합니다. 자기 존재를 규정하는 근거와 기준이 송두리째 뒤바뀌어졌습니다. 자기 모든 존재의 근원을 예수의 사랑, 십자가에만 둡니다. 다르게 말하면 인간사랑, 생명사랑에 존재의 근거를 둔다는 것입니다. 바울의 이러한 자기 부정과 긍정의 체험은 예수를 따르던 당시의 무리에서도 일어났던 일입니다. 그들 대부분은 세상에서 부정적인 존재로 취급당하던 자들로서, 바울과는 대조가 되나 자신을 긍정적인 존재로 자각하는 자기 긍정의 체험을 하고 있음이 드러납니다. 육체의 병 고침을 받은 자, 간음한 여인, 죄인, 세리의 체험은 예수로 인한 자기 긍정의 획득이었습니다. 즉, 그리스도 안에서 자기 존재에 대한 새로운 규정을 통해 그들은 부정과 긍정의 체험으로 새로운 피조물이 된 것입니다. 거듭난다는 것, 새로운 피조물이 된다는 것은 바로 이런 자기 존재의 규정을 새롭게 가지게 된다는 의미입니다.

둘째로 바울은 삶의 새로운 윤리, 이전과는 다른 차원의 삶을 가지게 됩니다. 유대 남성은 하루에 세 번씩 '자기가 노예가 아니며,

이방인이 아니며, 여자가 아닌' 사실에 감사의 기도를 했습니다. 그런데 갈라디아서 3장 28절은 바로 이와 짝말이 되는 그리스도 안에서의 새 윤리를 보여줍니다. 즉, "그리스도 안에서는 노예도 자유인도, 이방인도 유대인도, 남자도 여자도 모두 하나다"라고 말하고 있습니다. 이 구절은 당시 그리스도인으로 입교할 때의 세례 의식문이었다고 하는데, 바로 그리스도 안에 들어온다는 것은 이전과는 완전히 다른 삶의 차원을 가지게 됨을 보여주는 것이지요. 예수는 당시의 유대 율법과는 다른 은혜의 질서를 빚진 관리 이야기(마태 18)를 통해 그리고 포도원 일꾼의 동일한 임금 지급의 이야기를 통해 보여주셨습니다. 바울은 예수가 제시한 새로운 질서, 이전과 다른 삶의 차원을 발견하고 새 윤리에 따라 살아감으로써 그리스도 안에서 새로운 피조물이 되는 체험을 했습니다.

셋째로 바울은 종말론적 삶을 가지게 됨으로써 새로운 피조물이 되었습니다. 이 세상의 끝이 시작되었고 새 시대가 온다는 사상을 그는 그리스도의 재림을 기다리면서 가졌습니다. 마지막 날 심판과 구원이 그리스도 안에서 이루어질 때를 바라보면서 현재를 사는 삶의 태도를 가진 것이지요. 이는 묵시문학적 종말과는 다른 것입니다. 묵시적 사고는 세상의 종말이 예정된 시간에 이루어질 것이기 때문에 현재 이 세상 삶의 무의미함을 주장하고 염세적 사고를 가져 현실을 부정적으로 보게 합니다. 그러나 바울의 종말 이해는 언젠가 그리스도의 오심으로 이루어질 새 시대가 지금 현재 이미 시작되어 그 완성의 날을 바라보면서 오늘을 종말의 성취로 생각하고 종말을 미리 앞당겨 이때를 최대한으로 사는 삶의 태도입니다. 그렇게 살 때 모든 것을 초월하고 용서하고 사랑할 수 있는 능력이 생기는 것입니다. 언젠가는 끝이 날 인생을 현재가 그 마지막의 성취라고 생각하면서 살 때 우리는 늘 새로운 피조물로서의 삶을 살 수 있는 것입니다.

그리스도 안에서 새로운 피조물인 우리

우리는 어떻게 그리스도 안에서 새로운 피조물이 될 수 있을까요? 먼저 우리는 십자가에 나타난 그리스도의 사랑과 희생으로 존재에 대한 규정이 새로워졌는가를 스스로 성찰해보아야 합니다. 그리스도의 십자가 안에서 자기 부정과 긍정의 체험이 참으로 우리에게 있는가? 그 체험이 있다면 우리는 새로운 피조물로 나타난 존재입니다. 그리스도의 사랑으로 인생이 바뀌고 삶이 바뀌고 가치관이 전도되어 자신에 대한 부정과 긍정의 체험이 있어야만 우리는 그리스도 안에 있다고 말할 수 있고 새로운 피조물이 되었다고 할 수 있습니다.

그리스도의 사랑을 발견함으로써 인간의 존귀함과 생명 중심적 삶의 원리를 볼 수 있을까요? 그래서 그 사건을 나의 다른 모든 것과 바꿀 수 있는 그러한 경험이 있는가를 묻는 것입니다. 질병 가운데서, 절망 가운데서 그리스도로 인해 삶의 희망과 기쁨을 회복한 경험이 있습니까? 인간 존재로서의 존엄성을 가지게 된 경험이 있는가도 물어야 합니다. 또한 우리가 그리스도를 따르는 삶의 다른 차원을 가지고 살고 있습니까? 내 삶의 원리가 그리스도의 인간사랑, 생명사랑과 합치됩니까? 예수가 제시한 은혜의 질서와 평등, 정의의 윤리가 이루어지고 있는가를 물어보아야 할 것입니다. 더 나아가 종말론적으로 살고 있는가를 스스로에게 물어보아야 할 것입니다. 마지막 때의 성취를 향하는 그러한 삶을 살아가고 있는가라는 물음에 '예'를 답할 수 있을 때 우리는 그리스도 안에서 새로운 피조물이 될 것입니다.

세계 역사의 완성은 참 인간성의 완성과 직결됩니다. 하나님의 세계 구원은 참 인간성 형성에 있었고, 그것은 예수 그리스도의 출현이었습니다. 그리스도는 우리가 포함된 한 집단의 선구자입니다. 하나님의 뜻은 인간을 그리스도의 형상과 같은 모습이 되게 하는 데 있습니다. 우리가 그리스도의 형상이 되는 것은 그의 인간사랑, 생명사랑의 십자가를 가지는 것입니다. 이것이 그리스도의 영을 가지는 것이며 그리스도 안에 있는 것입니다.

'예수 이름으로만 구원을 얻는다'는 바울의 절규는 율법주의로서는 이루어지지 않는 일입니다. 인간사랑과 생명사랑을 위해 온몸을 바친 예수 안에서만 인류의 구원이 가능합니다. 즉, 율법주의에 대립되는 인간성 완성으로서의 예수를 말합니다. 역사적 예수인가 아닌가라는 그런 논쟁이 중심이 아니라 참 인간성인가, 생명중심인가가, 그리스도 안에 있느냐 있지 않느냐가 중요합니다.

사회학자들은 아노미 상태가 한국 사회 병폐의 원인이라고 진단하지요. 이원론적이며 근본주의에 빠져 있는 기독교와 그 신학이 인간성 회복과 생명 중심의 가치를 바르게 제시해야 합니다. 오늘날 한국 교회는 바울과 같은 회심을 필요로 합니다. 진정한 '그리스도 안에서'의 새로운 피조물이 되는 체험을 개인과 교회 공동체가 가져야 합니다. 우리는 모두 예수의 십자가 진리 앞에서 자기 부정

과 긍정을 경험함으로써, 새로운 차원의 삶을 발견함으로써, 그리
고 종말론적 삶을 가짐으로써 진정으로 새로운 피조물로 태어나야
할 것입니다.

(1995년 1월 1일)

우리 삶의
창조적 시간과 공간

전도서 3:1~11

설은 지난해를 조금 더 연장시켜주고 새해의 시작도 한 번 더 할수 있게 해주어서 시간의 흐름을 늦추어주는 듯합니다. 해가 이렇게 훌쩍훌쩍 지나가면 나이 먹는 것이 두려워집니다. 우리는 모두시간 안에 사는 존재, 연수가 차면 결국 지금의 존재를 마감하고 떠나야 합니다. 우리 가운데 자녀를 너무 일찍 잃어 가슴에 멍이 든이들도 있고, 배우자를 먼저 보내서 불행해하는 이들도 있고, 부모님과의 이별로 극심히 슬퍼하는 이들도 있고, 형제자매를 더 이상볼 수 없게 되어 낙방하는 이들노 있지만, 천 년이 하루 같은 하나님의 시간법 안에서 보면 그 이별들은 지극히 짧은 순간이요, 우리모두는 언젠가 이 세상을 떠나는 나그네요, 먼저 간 이들과 같은 길을 갈 뿐입니다.

저는 두 살 때 아버지가 돌아가셨는데, 어린 시절에는 아버지 없이 일생을 살아간다는 것이 까마득한 멀고 먼 험난한 길같이 느껴졌습니다. 그러나 어느새 인생 6학년 문턱 앞에 다다라서 돌아보니 50여 년의 세월은 정말 쏜 화살같이 휙 지나갔습니다. 이토록 급히 흘러가는 세월을 보면서 제가 오늘 여러분과 함께 생각해보고자 하는 시간에 대한 이야기는 시간적 한계상황에 처한 우리 존재를 어떻게 극복할 것인가 하는 심각한 종교학이나 철학 이야기는 아닙니다. 요즈음 사람들이 부쩍 많이 관심을 갖고 있는 근대적 시간과 우리 삶의 관계에 관한 이야기입니다. 특히 새 천년이니 새 세기이니 하는 전적으로 새로운 시간을 기대하는 관심에서 시간에 관한 이야기가 더 많이 회자되는 듯합니다.

우리가 미래의 시간을 특별히 기다리는 것은 아마도 미래가 과거와 현재를 해방시켜줄 것이라는 기대감 때문일 것입니다. 혹자는 근대적 시간과 공간의 특성이 인간의 삶을 상당히 비인간화시킨 부정적 측면이 있다고 평가합니다. 그래서 새 밀레니엄, 새로운 세기는 이러한 근대적 시간 개념으로부터 해방된 시간이 되어야 한다고 생각하지요.

먼저 시간에 대해 생각해봅시다. 지금 우리는 스스로 시간을 조절하고 통제·관리하며 산다고 생각하면서 실제로 시간에 의해 통제되고 있다는 사실을 모르고 지냅니다. 우리의 삶은 시간에 맞추어 진행되고 있어요. 오늘 아침 여러분은 11시 30분 새길교회 예배 시간에 맞추어 모든 것을 진행함으로써 지금 이 자리에 앉아 있습니다. 그리고 이 예배는 한 시간 동안 진행되도록 짜여 있습니다. 가끔 긴 설교에는 조바심을 칩니다. 아무리 좋은 내용이라도 시간이 되면 끝내야 합니다. 따라서 중도에 끝나는 비극을 피하려면 우리는 해야 할 말의 분량과 말하는 속도를 시간에 맞추어 조절하고 통제해야 합니다. 직장에의 출·퇴근시간, 학생의 등·하교시간, 시간표대로의 공부, 백화점의 개·폐점시간, 병원 예약 등 모든 것이 시간에 의해 움직입니다. 15~16년 전 미국으로 이민을 간 제 친구는 세탁소를 하는 미국인 이웃과 아주 친밀하게 지나게 되었습니다. 어느 날 급히 세탁할 옷이 있어서 달려갔는데, 그 세탁소는 오후 5시에 문을 닫는 곳이었습니다. 제 친구가 도착한 시간은 5시 5분이었습니다. 유리문 안에 주인이 있어서 제 친구가 옷 맡기러 왔다고 밖에서 몸짓을 했더니 그 친한 미국인이 팔목을 높이 쳐들고 자기 손목시계를 가리키면서 5분이 지났다고 하더라는 것입니다. 그때 제 친구가 느낀 황당함은 말할 수 없는 것이었답니다. 이렇게 시간은 우리의 행동과 말, 사고를 제약하고 그 흐름을 적당한 단위로 절단해 채취하는 '시간' 기계입니다. 째깍거리며 우리 삶을 절단하는 '시계' 기계이지요.

그런데 이런 시간 개념은 근대사회의 산물입니다(이진경, 근대적 시·공간의 탄생. 이하 내용은 이 책에 많이 의존되고 있음). 농경사회에서의 삶은 자연의 리듬을 따라 움직입니다. 그래서 '인간의 삶을 강제하는 것은 자연밖에 없다'고 했습니다. 새벽닭이 울면 일어나서 일하기 시작하고 해가 지면 돌아와 쉬었지요. 노동의 양과 방법도 각지 맡은 과업을 각자가 일아서 완수하면 되는 과업 시항적인 것으로 자연적 리듬과 잘 부합하는 것이었습니다. 그래서 자신의 노동생활을 스스로 조절하면서 살면 되었고 한바탕 일하고 한바탕 노는 형태가 반복되는 삶을 살았습니다. 그러나 이러한 노동생활은 근대적 관점에서 보면 아주 낭비적이고 무책임하며 절박함이 결여된 게으른 태도로 평가됩니다.

산업혁명 이후 공장에서의 기계화에 의한 대량생산, 분업화의 발달, 속도의 가속화 등에 따라 생산양식이 변화했고 이에 따라 시간의 효율성, 능률적 시간 활용을 최대의 가치로 인식하게 했습니다. 시간을 낭비하지 않고 최대로 활용하며 효율성을 높이는 것이 높이 평가되어 노동 자체가 아닌 '노동시간이 가치'로 정의되어진 것입니다. '시간 내', '시간에 맞추어' 혹은 '더 빨리' 일하고 사는 것이 세상의 인정을 받게 되었어요. 이 가치를 최대화시키고 양산한 곳이 공장이며, 공장의 규칙에서 잘 나타나고 있음을 보게 되지요. '작업 시작 10분 후 정문을 폐쇄한다', '기계가 작동 중인 동안 자리를 비우는 직공은 한 시간에 3펜스의 벌금을 물어야 한다', '3분 늦게 온 노동자는 15분에 해당하는 임금을 벌금으로 물어야 하고, 20분 늦게 온 노동자는 하루 일당의 1/4를 벌금으로 물어야 한다'는 등 노동가치가 시간으로 계산되기 시작했습니다.

문제는 이러한 '시간' 기계가 사람의 활동만 강제한 것이 아니라 내면에 침투해 특정하게 코드화된 행동양상·습관양상으로 신체에 새겨지는 일종의 생체권력(bio-power)이 되었다는 사실입니다. 머리 회전이 빠른 사람을 느린 사람보다 더 선호하고, 시간을 효율적으로 활용해 한 가지 일을 하면서도 주위의 모든 것에 신속히 대응하는 사람을 유능하다고 치켜세웁니다. 예리한 시선, 생동감 넘치는 기민성, 이런 것이 인정받는 행동이 되지요. 이렇게 능률적이고 효율적인 행동양상·습관양상은 많은 것을 하게 합니다. 시간은 낭비하면 안 되는 것이기 때문입니다. 사람을 만나고, 운동하고, 배우러 다니고, 이런 양상이 유행되어 우리 삶을 휩씁니다. 시간표를 쭉 세워놓고 바쁘게 움직이지요. 요즈음 낮 시간에 집에 있는 주부는 아주 예외적 경우라고 이야기기할 정도입니다. 제가 아는 여자 전도사님은 자기 교회 권사들 가운데 만날 약속이 취소되면 그것을 어떻게 감당할 줄 몰라 당황해서 자기를 불러내는 경우가 많다고 하는 이야기를 한 적이 있습니다. 왜 바쁜지, 왜 그 일을 해야 하는지를 생각할 겨를도 없이 쉬는 것을 낭비로 여기면서 무엇이든지 하려고 한다는 것이지요. 저는 우리가 바쁘게 사는 근원이 근대적 시간가치 때문이라고 생각이 됩니다.

이제 공간에 대해서도 생각해봅시다. 공간에 따라 우리 행동과 생각이 달라지는 것은 상식적인 일일 것 같아요. 학교에서 하는 말과 행동은 공장이나 집에서 하는 것과 다르지요. 성당이나 교회나 절의 경내에서는 믿음의 여부와 무관하게 그 공간에 의해 우리의 행동과 사고가 제약당합니다. 이것이 우리의 말과 행동, 사고를 제한하고 특정한 형태로 반복하게 하는 '공간' 기계라는 것이지요. 근대적 공간 이해의 특성은 공장, 학교, 집과 같은 공간의 변화에서 비롯되었다고 합니다. 공장에서는 동일한 시간 동일한 공간에서 노동함으로써 생산의 확대를 가져오고 집단의 획일화, 통제화, 그리고 같은 행동의 양식화를 이루어냅니다. 근대적 학교의 출현으로 학생에 대한 통제양식이 조직화되고 점차로 학급분할방식 등으로 구체화되있는데, 이는 사람을 능률화해 통제하는 것입니다. 근대적 집은 사적인 폐쇄공간으로 축소되었지요. 근대 이전의 집은 집 안에 상점이 있거나 작업장을 가지고 있어서 집 밖의 거리와 확연하게 분리되는 불연속적 공간이 아니었습니다. 그러나 근대에는 생산하는 공간(공적 영역)과 삶의 장소인 사적 영역이 분리되었어요. 근대에 들어와 집은 독자적 생활공간으로, 사생활이 보장되는 공간으로 철저하게 분리되었습니다. 그래서 근대적인 집 공간은 오직 사적 삶의 공간, 사생활 보호공간으로 폐쇄되어 공공성과 활동성이 제거되었습니다.

또한 상업화에 의해 사적인 공간마저도 통제되고 획일화되고 있습니다. 제가 사는 곳에서 가까운 고속버스터미널에 '센트럴 시티'라는 새로운 타운이 형성되었습니다. 근사한 호텔이 들어섰고 이름 있는 백화점도 들어섰습니다. 그곳의 교통지옥은 이전부터 심각했는데, 지금은 더 복잡한 상태입니다. 건축 기간 동안 사람들은 교통 문제 등을 지적하면서 타운 형성에 문제를 제기하기도 했지요. 그러나 건물이 완성되고 자리가 잡히면서 주위의 삶이 달라지고 있습니다. 그곳에서 유명 연예인의 결혼식이 치러지고, 아이들은 신기한 새 공간으로 몰리고, 하교 때 또는 퇴근 때 틈틈이 들르는 주된 생활공간이 되고 있습니다. 그 후 그곳의 호텔에서 모임을 갖고 쇼핑을 하면서, 그 공간은 어느새 우리 삶을 지배하게 되었습니다. 그 공간을 채우고 있는 패션이나 먹거리들은 우리의 생활모습을 불원간 바꾸게 될 것입니다. 제 손자는 그곳 스누피 하우스에 다녀온 후로 스누피 그림이 있는 옷, 물 컵 등을 선호하고 있답니다. 우리 동네에 살면서 그곳에 한번 안 가보면 촌뜨기가 되고, 사람들이 거의 같은 형태로 그 공간과 연결되면서 삶의 양식이 획일화되고 있지요. 몇 십 년 전 아파트라는 새로운 주거공간이 생기기 시작했을 때, 또 집들이 새로 많이 건축되던 시절에는 집들이가 잦았습니다. 그러나 지금은 더 이상 가정집에서 모임을 잘 갖지 않아요. 모두 밖에서 만나 즐깁니다. 아파트 안에 헬스클럽이며 골프연

습장이며 수영장 등의 시설이 갖춰지면서, 4천만이 운동선수가 될 것같이 모두 운동을 합니다. 어느 음식점이 어떤 음식을 잘하고 어디가 좋은 찻집이라는 소문이 나면 그곳으로 사람들이 몰리고 몰려다닙니다. 아이들은 방학 때 일기를 쓰기 위해 여행을 해야 합니다.

이렇게 공간의 차이가 생각을 다르게 만들고 삶의 형태를 결정 짓기도 합니다. 이러한 근대적 '시간', '공간' 기계가 성립된 것은 사람들의 활동과 행위를 획일화·양식화시켜 통제 가능한 것으로 만들기 위한 것이며, 따라서 규율과 체계와 연관되어 있다는 것입니다. 그리고 통제된 생활양식이 일반화되고 삶 전체를 지배하게 되지요. 우리의 행동 하나하나는 어떤 식으로든 이 '시간' 기계와 '공간' 기계에 결부되어 있습니다. 더 이상 나는 내가 아니라 근대성의 한 부분이요, 근대적 삶의 형태에 묶여 있는 부속품일 뿐입니다. 다시 말해 지금 우리의 삶은 근대적 가치를 구현하는 시간과 공간의 통제 안에서 이루어지고 있으며, 우리의 자유와 생명력은 점차 감소되고 있다는 것입니다. 우리가 삶의 시간과 공간을 어디에 두고 있는지를 생각해봐야 합니다. 우리가 하루의 시간을 어디에서 어떻게 보내고 있는가를 다시 생각해봐야 합니다.

이제 우리는 이 근대적 시간과 공간으로부터의 해방을 소리 높여 외쳐야 합니다. 우리를 효율성과 획일화로 길들이고 있는 시간과 공간으로부터 탈출해야 한다는 말입니다. 프랑스 작가 피에르 상소는 『느리게 산다는 것의 의미』라는 책에서 시간에 쫓기지 않기 위한 행동과 마음가짐으로 한가로이 걷기, 듣기, 고급스러운 권태에 빠지기, 꿈꾸기, 기다리기, 시골고향 가기, 글쓰기, 포도주 한 잔 마시는 지혜, 모데라토 칸타빌레(절약·절제의 윤리이야기) 등을 권하고 있습니다.

저자는 '느림'을 삶의 방식으로 선택했는데, 그것이 부드럽고 우아하고 배려 깊은 삶의 방식으로 보였기 때문이라고 합니다. 기다리기 싫

어서 정각에 점심식사 장소로 달려가고, 수업시간에 가장 앞에 앉아야 직성이 풀리고, 상위권을 유지하기 위해 종종걸음 치는 것이 그는 싫었다는 것입니다. 가끔 시골마을을 방문하는 도시인이 농가 주변을 슬쩍 보는 것만으로 농촌을 모두 안 것같이 구는 것도 우습게 보였다고 합니다. 그는 느림은 삶의 선택의 문제라고 말합니다. 그는 모든 인류가 부여된 삶의 시간을 참되게 누리려면 나만을 위한 공간을 가져야 한다고 말합니다. "그것은 이 세상으로부터 탈출하기 위해서도 아니고, 무(無)라든가 영원에 가까운 허무 속으로 숨기 위해서도 아닙니다. 오직 시간에 쫓기는 괴로움을 당하지 않기 위해서입니다. 나만의 리듬에 맞추어, 더 정확히 말하면 내 팔자가 내게 운명지어준 리듬에 맞추어 조용히 나의 길을 갈 수 있도록 내가 나를 지켜나기기 위해서입니다."

이 같은 생각을 경제적으로 여유 있는 사람들의 한가한 감상이라고 비난할 수도 있습니다. 명퇴 이후 당장 먹고 살길을 걱정해야 하는 마당에, 수많은 실직자들이 노숙과 방황으로 고통당하고 있는 현실에서 더 바쁘게 일할 수 있고 더 능률과 효율성을 찾아야 할 판인데 웬 철딱서니 없는 소리냐고 무시할 수도 있습니다. 그러나 이러한 때 우리는 여유를 사랑하고 느림을 찬미할 수 있는 사고와

행동이 더 필요하고 중요함을 깨닫게 되지요. 우리가 임금을 조금씩 줄이고 일자리를 나누는 고용제도를 선택해 실직자를 줄이는 것도 느림이나 기다림의 철학이 있어야 가능합니다. 실직이 단지 불행이 아니라 다른 삶을 창출할 기회로 만드는 계기라는 창조적 사고도 통제되고 획일화된 삶을 벗어날 수 있어야만 가능한 것입니다. 따지고 보면 현재와 같은 삶은 근대성의 부정적 결과이지요. 실제로 실직당한 한 사람은 자녀교육이며 살길이 막막해진 상황에서 처음엔 당황했으나 아이들을 직접 가르쳐 과외비를 없애고 가족이 즐거운 공동생활로 절제의 삶을 실천하는 등 삶의 양식을 완전히 바꾸니 경제적인 문제는 생각보다 2차적인 것임을 알았다고 이야기합니다.

이제부터 성서 본문을 조명해보려고 합니다. 설교시간에 성서를 뒷전으로 밀어놓고 세상 이야기만 장황하게 한다고 생각하는 분도 있을 것입니다. 저는 성서가 권위를 가지는 것은 오늘 우리 삶의 문제에 생명력을 주기 때문이라고 믿고 있습니다. 성서는 오늘 여기 이 상황에서 제기되는 물음에 대한 응답입니다. 즉, 우리가 살아가는 상황이 텍스트이고 성서는 그것을 조명해주는 '전거(reference)'라고 생각합니다. 따라서 우리가 처한 상황 곧 텍스트를 정확하게 이해하는 일을 중요하다고 여겨 세상 이야기를 많이 하게 됩니다.

오늘 읽은 성서 본문 전도서 3상은 '시간'에 대해 이야기하고 있는 대표적인 본문입니다. 전도서 저자는 똑딱거리는 시계가 가리키는 시간에 아무런 관심이 없습니다. 그가 관심을 두는 시간은 어떤 특정한 사건이 일어나는 순간, 또는 그 사건이 변천되는 순간입니다. 이 전도서는 역사의 시작과 종말에 대해 직선적 시간관이 아니라 동양적인 순환적 시간관을 가지고 있습니다. 따라서 히브리 예언자들과는 달리 역사의 시작과 종말이라는 시간에는 전혀 무관심합니다. 오직 일상적 삶의 매 순간순간의 사건에 관심을 가집니다. 다양한 삶의 때들은 '시간' 기계에 의해 발생된 것이 전혀 아닙니다. 그것은 우주의 운행과, 자연의 흐름과, 심지어는 인간 자체의 심리적이고 생체적인 리듬을 따라 발생됩니다. 인간이 이런 때를 받아들이고 기쁘게 살며, 살면서 좋은 일을 하면 이보다 더 좋은 것이 없다고 말하고 있습니다.

전도서 3장의 시간 이해를 몇 가지로 생각할 수 있겠습니다. 첫째, 전도서는 모든 시간이 하나님 안에 있고, 하나님이 시간의 주관자임을 말하고 있습니다. 하나님은 여전히 역사의 전환점이든 혹은 개인 생활의 전화점이든 간에 시간을 주관하십니다. 그리고 사람은 하나님께로부터 그의 시간들을 받았습니다(시31, 롬14:8). 그러므로 시간의 운행은 하나님의 우주적 섭리 안에 있음을 말해줍니다. 시간은 하나님의 것이고, 모든 때는 하나님의 운행하심 안에서 일어나는 것이며, 인간은 그 하나님의 시간에 대해 아무것도 알지 못한다는 것입니다.

둘째, 전도서는 하나님이 모든 때를 주관하신다는 이 말이 인간이 운명론적으로, 수동적으로 하나님의 계획에 의존되어 살아감을 말하는 것이 아니라는 것을 말하고 있습니다. 사람은 자기의 출생에 대해 아무 자유가 없으며 죽음에 대해서도 거의 자유가 없습니다. 전도자는 인간생활의 계기는 하나님에게서 온다는 사실을 인정합니다. 그러나 그것은 하나님의 '시간' 기계로 인간의 삶을 절단하고 통제한다는 뜻은 아닙니다. 전도자가 하나님의 영역으로 해석하고 있는 이 시간의 자리는 인간사에서 결코 풀 수 없는 수수께끼 같은 삶의 사건들, 삶에서 수없이 경험하는 사건들이 인과론적인 것이 아니라 하나의 신비한 비밀스런 영역으로 인간에게 주어졌고, 그것이 하나님의 영역이라는 말을 전하고 있습니다.

하나님은 인간에게 과거와 미래를 생각하는 감각을 주었지만 인간은 그것을 깨닫지 못한다고 합니다(11절). 하나님은 인간을 창조하실 때 인간이 자기에게 일어나는 모든 사실의 의미를 잘 알 수 있기를 바랐지만, 인간이 이를 깨닫지 못했다는 말은 하나님이 통제적으로 인간의 때를 운영하지 않음을 의미하며 동시에 인간은 자연발생적 흐름에 따른 사건들의 때를 알지 못하고 다만 그것을 신비의 영역으로 인정하며 사는 존재임을 보여줍니다. 그러나 인간은 부여받은 그 시간들을 스스로 창조적으로 살아내야 합니다. 자연적 삶의 리듬을 따라 발생하는 때를 받아들이고, 그때를 여유와 기쁨을 가지고 최대한 자신의 창조적 삶의 때로 만들어가면서 말입니다. 바로 12~13절에 그런 결론을 내리고 있습니다. 자연스런 리듬의 때를 받아들이고 기쁘게 사는 것, 살면서 좋은 일 하는 것, 이것이 시간에 대한 창조적인 느림의 철학적 이해와 상통한다고 생각됩니다. 전도서는 '때'는 하나님의 영역이며, 인간은 그 신비로운 영역을 그대로 두고, 경험하게 되는 '때'의 현실을 최대한 자율적으로(기쁘게), 창조적으로(좋은 일 하면서) 살아간다고 말하지요. 하나님의 시간 주관과 인간의 자율적 시간 운영이라는 역설적 시간 해석이 바로 여기에 있습니다.

셋째, 전도서의 교훈은 인생의 시간을 한때·한순간으로 생각하고 평가해서는 안 된다고 말하고 있습니다. 본문에 나오는 수많은

'때'들, 그 한때한때들은 모든 '때'를 전체로 연결해서 보아야만 진정한 인생의 시간과 '때'를 여유롭고 창조적으로 운영할 수 있다고 말하고 있습니다. 제가 읽은 글 가운데 왕금민 북경대 철학과 미학 분야 부교수가 바이마르 국제에세이콘테스트에서 6위에 입상한 「하나님의 장기판(上帝的棋局)」이라는 글이 전도서 3장과 연관되어 생각납니다. 이 글은 우화 형식으로 되어 있는데, 그 내용은 다음과 같습니다.

"인류 창조사업을 완성한 후 하나님은 인간을 위해 놀이거리를 만들어 시간을 보내게 해주자는 자비로운 생각을 했습니다. 그리하여 이미 시작은 되었지만 끝나지 않은 장기판을 펼쳐주었습니다. 하나님은 본래 승부가 나는 장기판을 펼쳐주려 했으나, 언젠가 결판을 낸 후 놀이거리가 없어지면 인간이 또 무엇을 할 것인가를 생각해 무승부 장기판을 펼쳐놓았습니다. 이렇게 해서 인간은 끊임없이 장기를 둘 수 있게 되었습니다. 인간은 승부를 가리기 위해 여러 가지 다양한 노력을 했습니다. 장기 두기가 오래 계속되면서 하나님의 원래 의도가 흐려지는 듯도 했지만, 때때로 기사들은 그 원래 의도를 회복하려고 노력하기도 했지요. 하나님의 목적은 인간에게 놀이를 주는 것이지 누가 이기고 지는 것은 아니었습니다. 비록 승부가 나지 않더라도 장기 두는 기술은 높아져 일종의 예술과 품격을 표현하는 경지를 갖기를 원했던 것입니다. 하나님이 펼쳐놓은 장기판에서 여전히 많은 사람들이 장기를 두었고, 장기 두는 사람은 그 안에서 많은 즐거움을 얻었습니다. 하나님은 이러한 상황에 아주 만족했습니다."

우리는 모두 하나님으로부터 삶의 시간을 부여받았습니다. 그러나 근대적 시간 이해처럼 시간 안에서 삶을 승부 내려고 한다면 스스로 파괴되고 패배하게 될 것입니다. 하나님이 우리에게 주신 이 땅의 삶의 시간은 무승부의 장기판입니다. 장기 두는 기술을 높이며 일종의 예술과 품격을 표현하는 경지의 삶, 그래서 즐거움을 얻는 삶을 창조해나가야 하는 지혜가 필요한 것 같아요. 우리를 지배하는 저 시간들, 우리를 통제하거나 유혹하는 저 근대적 공간들로부터 해방되어 들어갈 수 있는 창조적 시간과 공간은 우리가 하나님의 신비한 시간을 받아들임으로써 주체적 자기 시간과 공간을 가질 줄 아는 능력을 얻게 될 때만 가능할 것입니다. 그를 위해 지금 우리가 사는 현실의 시간들을 깊이 들여다볼 필요가 있는 것입니다.

(2001년 1월 28일)

2부

새롭게 만나는
성서의 여성들

이 여인을 기억하라*

마태복음 14:3~9, 갈라디아 3:28, 창세기 1:26~28

오늘날 세계는 사람과 사람, 사람과 자연, 그리고 사람-자연-하나님의 모든 관계가 대립과 갈등, 지배-피지배의 구조 속에 있음으로 말미암아 인간관계가 파괴되고 생태계는 위기에 처해 있습니다. 이에 대해 깊이 반성하면서 이제는 그 모든 관계가 상호의존적이며 유기적으로 깊이 연관되어 있다는 사실을 새롭게 깨닫게 되었습니다. 따라서 학문의 영역에서나, 사회적·개인적 삶의 영역 등 모든 영역에서 그 관계들을 새롭게 세우려는 노력들이 진행되고 있습니다. 이러한 맥락에서 오늘 우리는 남성이 여성을 지배하고 종속적 존재로 간주하는 가부장적 권위주의에서 벗어나 어떻게 상호적이며 동등한 남녀협력의 관계를 이루어나갈 수 있을 것인가를

---

* 이 제목은 엘리자베스 S. 피오렌자 교수의 『그녀를 기억하며(In Memory of Her)』에서 통찰을 얻었으며, 설교 내용도 피오렌자 교수의 글에서 많은 영향을 받고 있다.

함께 생각해보려고 해요.

우리는 요즈음 지위나 역할, 활동범위 등에서 남녀관계가 다시 검토되고 있으며, 상호적인 관계로 바뀌는 일이 확장되고 있음을 볼 수 있습니다. 여성 수상들도 출현하고 있고 각 분야에 여성의 진출이 활발해지고 있기도 합니다. 영국 성공회가 여성 사제를 배출함으로써 오직 남성에게만 사제직을 허용하고 있는 가톨릭에도 일정 정도 영향을 끼칠 것으로 생각됩니다. 그러나 한국 교회의 현실을 보면 여전히 전근대적 특성이 유지되는 가운데 여성차별이 뿌리 깊게 자리하고 있음을 알 수 있지요. 아마도 한국 교회의 여성차별의 대표적 내용은 대부분의 교회가 여성을 성직에서 배제하고 있으며, 모든 결의기구에서 여성을 소외시키고, 여성을 능력에 따라 평가하고 직분을 맡기기보다는 성별을 근거로 대체로 가사노동의 연장선에서 봉사와 희생적 성격의 역할을 주로 맡기는 것이 현실이지요.

오늘 우리가 함께 참여하고 있는 이 여성 예배는 바로 그러한 변화 속에서 기독교 안에서의 남녀관계의 현실을 정리해보고 성서에 비추어 교회 안에 형성되어 있는 남녀관계를 평가하면서 성서의 참된 진리를 밝혀보고자 합니다. 성서 본문 가운데 우선 마가복음의 이야기부터 생각해보겠습니다. 여기에는 예수에게 값진 향유를 붓는 여인의 이야기가 있습니다. 그리고 그의 행동을 비판하는 제자들의 모습이 있고, 다음으로 예수께서 그 여인을 편들고 있으며, 나아가 그 여인이 행한 일을 복음이 전파되는 곳마다 기억하라고 당부하고 있습니다. 이 이야기는 우리에게 익숙한 듯하지만 사실 우리는 이야기의 내용을 세밀히 기억하지 못하고 있는 듯합니다.

이 향유 부은 여인의 이야기에서 우리는 많은 의미와 진리를 발견할 수 있겠지만 가장 분명하게 들려지는 말씀은 이 여인을 기억하라는 예수의 당부를 우리가 너무도 철저히 망각하고 있음을 자책해야 한다는 점입니다. 복음서에 기록된 이 여인의 행위는 그 어느 누구의 행위보다도 중요한 의미를 가지고 있음에도 불구하고 그를 기억하지 않은 것은 무엇보다도 그가 무명의 한 여자이기 때문일 것입니다.

실제로 복음서 안에서도 이 여인은 자신의 원래 모습이 변형되는 수난을 겪고 있습니다. 이 여인의 이야기는 네 복음서에 모두 나와 있습니다. 그러나 누가복음과 요한복음에는 이 여인이 향유를 예수의 머리가 아닌 발에 붓고 그의 머리털로 발을 닦는, 보다 낮은 자세를 취하는 모습으로 초라하게 묘사되어 있으며 이 여인을 기억하라고 하는 예수의 당부도 기록되어 있지 않습니다. 특히 누가의 관심은 이 여인을 죄 많은 가련한 여인으로 보이게 하는 데 있었습니다. 누가는 예수를 죄인을 구원하시는 구주로 드러내고자 하는 자신의 신학적 관심에 집중했고 그래서 이 여인을 보다 죄 많은 모습으로 드러내고자 한 흔적이 있습니다. 그래서 이 여인의 이야기에다가 빚을 탕감 받은 자의 비유를 연결시켜 많은 죄를 용서받았기 때문에 귀한 향유를 바치고 있다고 설명하고 있지요.

이러한 변형은 이 여인의 모습을 보다 가부장적 틀 안에서 묘사하고 있는 것이라 하겠습니다. 이러한 차이에도 불구하고 복음서들은 모두 한 여인이 예수에게 향유를 붓는 동일한 이야기를 전하고 있습니다. 그런데 손님의 발에 기름 붓는 평범한 이야기(그 당시에 자기 집에 온 손님의 발을 씻기는 관습이 있었다)라면 복음의 선포로서 기억되고 반복될 일은 아닐 것입니다. 그러므로 머리에 기름을 부은 것이 보다 원형적인 형태가 아닌가 생각됩니다.

머리에 기름 붓는 행위의 의미는 무엇일까요? 구약성서에서는 예언자가 유다 왕의 머리에 기름을 부었으며, 또한 '기름 부음을 받은 자'라는 말은 그리스도 곧 메시아를 가리키고 있습니다. 따라서 이 여인이 예수의 머리에 기름을 부었다는 것은 그를 메시아로 고백하고 있음을 알 수 있지요. 이 여인은 스스로 예언자적 행동을 취하고 있는데, 예수를 그런 식으로 그리스도로 명명한 사람은 성서에서 오직 이 여인 한 사람뿐입니다. 이 여인은 아무도 알아보지 못한 예수의 메시아성을 예민하게 감지한 사람이었습니다.

마가복음의 수난사 이야기에는 세 사람의 제자가 등장합니다. 두 사람은 예수를 쫓아다니던 베드로와 유다이고, 다른 한 제자는 바로 이 향유를 부은 여인입니다. 그런데 다 아는 바대로 베드로와 유다는 그들의 행위가 부정과 배반의 것이었음에도 불구하고 교회 안에서 잘 기억되어져왔습니다. 복음이 선포되는 곳곳에서, 성만찬이 행해지는 때마다, 그리고 예수의 수난 이야기를 회상하는 곳에서는 언제나 그 남성 제자들의 이야기가 전해졌습니다, 그러나 예수께서 "내가 너희에게 진정으로 말한다. 온 세상 어디든지 복음이 전파되는 곳마다 이 여자가 한 일도 전해져서 사람들이 여자를 기억하게 될 것이다"(마가 14:9)라고 말씀하신 이 여인에 대한 기억은 교회 안에서 매우 희미하게 남아 있습니다. 이 여인은 이름조차도 전해지지 않았어요. 향유 부은 여인을 망각한 교회는 그 역사 속에 모든 여성을 망각해왔다고 할 수 있어요.

초대교회에서 그나마 바울은 그의 여성 동역자들을 결코 잊지 않았습니다(로마 16:1~15). 그러나 바울 이후 후기 목회서신에서는 교회가 제도화되고 가부장적 질서에 지배되기 시작하면서 여성의 이름은 점차 사라졌습니다. 더 나아가 중세교회에서는 완전히 독신 남성에 의한 교회로 굳어지면서 여성혐오사상이 확대되어갔고, 17세기에는 마녀사냥이라는 끔찍한 여성 수난의 역사가 자행되기까지 했습니다. 우리나라 초기 교회가 수많은 여성(전도부인)의 희생과 헌신 위에 세워졌음에도 불구하고 한국 교회는 지금까지도 여성안수를 금지하는 등 여성을 망각해왔고 그것에 대해 무감각한 상태입니다.

이렇게 여성을 기억하지 않은 역사는 성서와는 반대되는 역사라 할 수 있습니다. 왜냐하면 성서는 메시아를 인지하는 일이나 참 제자직을 수행하는 일들의 모델을 여성의 모습에서 그 참 범례(para-digm)를 보여주기 때문입니다. 따라서 여성의 이야기를 전하지 않는 교회는 참 복음을 전하지 않는 교회라 할 수 있지요. 초대 기독교공동체 이후로 오늘까지 교회가 가부장적 권위주의에서 벗어나지 못한 것은 바로 여성이 보여준 참 제자직의 범례를 알지 못한 데서 비롯되었음이 분명합니다.

그렇다면 이 여인이 인지한 예수의 메시아성은 무엇이며, 여성이 보여준 제자직의 범례는 어떤 것일까요? 이 이야기는 예수의 메시아 됨은 그의 기적을 행함이나 공적 설교나 가르침을 통해 성립되는 것이 아니라 오직 '십자가를 지는 것', 고통과 죽음의 길에서만 성립된다는 예수의 '고난 받는 메시아'로서의 성격을 확고하게 알려주고 있습니다. 동시에 예수의 메시아 됨이 고난의 길이라면 그를 따르는 제자 됨 또한 그 고난의 길을 따르는 것임을 말하고 있습니다. 그런데 고난 받는 메시아를 인지한 것은 남성 제자가 아니라 여성이었습니다.

　우리는 이 이야기를 향유 붓는 여인의 이야기가 나오기 전, 예수가 제자들에게 자신이 고난 받을 것을 예고하는 다른 본문들과의 관련에서 더욱 확실하게 그 의미를 파악할 수 있습니다. 예수의 고난 받을 일에 대한 이야기는 마가 8~10장에서 세 번씩이나 예고되고 있습니다. 그리고 그때마다 남성 제자들은 그 말을 깨닫지 못하는 모습을 보이지요. 첫 번째 수난 예고는 8장 31절에서 나옵니다. 그런데 바로 직전에 예수는 제자들에게 "사람들이 나를 누구라고 하느냐"라는 질문을 했고 용기 있는 제자 베드로는 "주는 그리스도이시니다"라는 훌륭한 고백을 합니다. 그리고 예수께서는 자신의 고난 받을 것을 예고하지요. 그런데 이에 대한 베드로의 반응은 예수를 꼭 붙들고 예수의 고난 받음에 대해 항의하는 것이었습니다. 이런 베드로를 향해 예수는 사탄이라고까지 야단을 칩니다. 두 번째 수난 예고는 9장에서 귀신들린 아이를 고치신 후 30절에서 다시 그들에게 말씀하셨습니다. 그때 제자들은 그의 말씀을 깨닫지도 못했고 예수께 묻기조차 두려워했다(32절)고 합니다. 그리고 곧 누가 더 큰 자인가를 서로 다투었습니다. 세 번째 수난 예고는 10장 33절에 나옵니다. 이에 대한 제자들의 반응은 야고보와 요한의 요구(9:35)로 나타납니다. 그늘은 "주께서 영광 받으실 때 하나는 오른편에 하나는 왼편에 앉게 해주십시오"라고 말했지요. 이와 같이 남성 제자들은 예수의 고난 받는 메시아성을 전혀 인지하지 못했던 것입니다. 그뿐만 아니라 주께서 잡히시던 날 밤 감람산에 기도하러 갔으나 그들은 잠만 잤을 뿐 예수의 고난의 무게를 전혀 감지하

지 못했습니다. 그리고 난 후
베드로는 예수를 세 번씩 부인
했고 유다는 예수를 팔아넘겼
습니다. 마가는 향유 붓는 여인
의 이야기 직후에 유다의 배반

사건을 기록해 남성 제자와 여성 제자 사이의 커다란 대조를 보여
주고 있습니다.

마가 8~10장은 예수가 제자들에게 제시하는 참된 제자의 길은
그의 고난을 따르며 사람들을 섬기는 것임을 말하고 있습니다. 예
수가 요구한 제자 됨은 이교도적 지도권이 권력과 지배에 기초되
어 있는데 반해 크리스천들 사이에서는 누구를 지배하는 그런 가
부장적 관계를 금지한다는 것이며, 공동체 지도자들은 모든 사람
의 종이 되어야만 한다는 것을 간곡히 말합니다. 이러한 예수의 고
난 받는 메시아, 그리고 참된 제자 직에 대한 말씀을 남성 제자들은
잘못 이해하고 있었습니다. 그들은 예수의 선교와 그의 본성과 사
역의 정체성을 잘못 해석하고 있었던 것이지요. 그러했기 때문에
예수의 체포와 처형 동안에 그를 배반하고 부정하고 버리고 도망
갔던 것입니다. 예수의 안타까운 질책에도 불구하고 고난 받는 제
자직에로의 부름을 이해하지 못했습니다.

그러나 이 여인은 '고난 받는 메시아로서의 예수'를 알았습니다.
또 이 여인 이외에도 수많은 여인이 예수를 갈릴리로부터 예루살
렘까지 따라 올라왔고 그를 섬겼습니다. 누가복음 8장 1~3절에는
여러 여인이 그들의 재산을 바쳐 예수 공동체를 섬겼다고 기록되
어 있으며, 마가 15장 40~41절에는 예수를 따른 여인들을 열거하고

있습니다. 바로 이 여인들이 마가 8~10장에서 말하는 참된 제자들이었습니다. 어쩌면 예수께서는 이 여인들의 행동을 보시고 참 제자직의 범례가 바로 저런 따름과 섬김이구나 하고 생각하셨을지도 모릅니다. 예수는 여인들의 모습에서 자신의 제자가 되는 참 모델의 모습을 발견하는 통찰력을 제공 받았을 수도 있었을 것입니다.

이제 또 하나의 다른 관심을 가지고 이 향유 부은 여인을 다시 생각해봅시다. 이 여인이 고난 받는 메시아로서 예수를 인지할 수 있었던 그 예민한 감수성은 어떻게 형성될 수 있었을까 하는 점입니다. 그것은 바로 여성의 억압당한 경험에 의해 생긴 창조적 능력이라고 하겠습니다. 이 이름 없는 여인의 그 큰 감격은 그만큼 예수를 만나기 이전의 삶이 억압적인 상태였으리라는 짐작을 갖게 합니다. 여성의 경험에 의한 분석에 의하면 여성은 다른 사람 곧 여성의 노동과 성을 당연하게 소유하고 이용해온 남성에 비해 다른 사람의 노동이나 인간의 대상화에 대해 예민한 감수성을 가지고 있을 수 있다고 해요. 인간 억압을 체험적으로 느껴온 터이라 모든 종류의 억압에 대해 민감한 반응을 보일 수 있고 감정이입으로 자기 동일시를 쉽게 이룰 수 있다는 것입니다. 이 향유 부은 여인은 예수께서 표방하신, 모든 가부장적 지배의 관계를 금지시키는 말씀에 전적으로 공감했을 것입니다. 아니 그보다 먼저 자신의 억압 경험 속에서 깃세 된 새로운 역사에 대한 진정한 비전이 예수의 행함과 일치되었기에 그가 메시아이신 줄 알아차릴 수 있었을 것입니다.

여성학자들은 미래의 인류 역사를 새롭게 하는 능력의 담지자는 남성보다는 여성이라고 주장합니다. 모성성은 기존의 병든 문명을 치유할 커다란 잠재력을 가졌다는 것이지요. 인간과 자연의 이원론적 관계를 극복할 가능성은 우주질서를 유기적으로 파악하고 상호의존성을 인식해온 여성에게서 찾을 수 있다고 말합니다. 여성은 지배적 위치에서 소외되었기 때문에 그것이 가능하다는 것이지요. 억압당해온 집단은 자신을 의심하고 성찰하는 습성이 있고 상대방을 이해하려는 감정이입의 이해능력을 가졌으므로 더욱 인간적이며 '함께 사는 세계'를 만드는 데 중요한 자원을 가지고 있다고 말합니다. 남성 제자들도 그 사회에서 소외계층이었지만 그럼에도 그들은 가부장적 사회에서 갖게 되는 남성의 지배자적 위치를 포기하지 않았습니다. 그들은 근본적 질서의 변화를 보지 못했고 다만 새로운 세상에서는 자신이 권력집단이 되는 것으로 생각했지요. 그래서 누가 더 큰 자인가 그리고 누가 권좌의 오른편에, 왼편에 앉을 것인가에만 관심을 쏟았던 것입니다.

이제 우리는 더 이상 여성 또는 남성이라는 성별이 우리의 모든 제도나 역할을 규정하는 기준이 안 된다고 생각합시다. 우리의 근거는 다만 우리가 얼마만큼 고난 받는 메시아의 사역에 동참할 수 있으며 고난 받는 메시아를 인지할 수 있는가 하는 것이 참 제자됨의 기준이 되어야 한다는 사실을 깨달아야 합니다. 우리는 참으로 모든 종류의 억압에 대해 예민한 감수성을 가진 사람인가요? 감정이입적 자기동일시를 얼마만큼 가능하게 할 수 있는지요? 이것이 남성과 여성의 관계를 극복하는 지향점입니다. 우리의 이러한 지향은 곧 우리가 예수 그리스도 안에서 거듭났음을 의미하지요. 그리고 우리가 정말 거듭나면 우리는 모두 하나입니다.

갈라디아서 3장 28절에는 "유대 사람이나 그리스 사람이나, 종이나 자유인이나, 남자나 여자나 차별이 없습니다. 그것은 여러분이 그리스도 예수 안에서 다 하나이기 때문입니다"라고 적혀 있습니다. '그리스도 안에서'가 담고 있는 신인합일의 신비한 체험은 바로 우리의 행위에서 드러나는 것이지 어떤 영적 체험으로서의 신비만을 말하는 것은 아닙니다. 갈라디아 3장 28절은 초대 기독교공동체가 세례의식을 베풀 때 읽었던 신앙고백문이었습니다. 그 공동체는 참으로 그리스도 안에 있었고 평등한 공동체를 이루었던 것입니다.

이제 저는 한 걸음 더 나아가 우리가 진정으로 남녀 대립의 관계를 종식하고 협력의 관계를 이루는 새 시대를 이루기 위해 창세기 1장 26~28절 말씀과 창세기 2장의 인간창조 이야기를 함께 숙고함으로써 오늘의 말씀을 마무리하고자 합니다. 창세기 1장은 남자와 여자가 하나님의 형상대로 창조되었다고 선포함으로로써 남녀평등은 물론 만인평등을 선포했습니다. 당시 고대 근동 세계에서 신의 형상은 오직 왕에게만 부여된다고 생각했고 왕만을 신의 아들이라 불렀습니다. 그러나 히브리 민족은 모든 인간이 왕과 같이 귀한 존재임을 선언했습니다.

창세기 2장은 아담의 갈비뼈에서 여자를 만들고 있어서 여자는 남자에게 종속적 존재라는 해석을 가능하게 합니다. 여기에 관련되는 많은 논쟁의 여지를 뒤로하고 한 가지 우리가 주목할 점은 창세기 1장이나 2장의 성서기자 모두가 하나님이 창조주요 인간은 그의 피조물임을 선언하려는 의도를 가졌다는 것입니다. 이 저자에게는 남녀차별의 의도가 없습니다. 아담의 갈비뼈에서 취했다 해서 아담에게 여자가 종속된다면 아담은 흙에서부터 취했으니 흙의 지배를 받아야 한다는 논리가 되지 않습니까? 하와를 만드실 때 하나님은 아담을 깊이 잠들게 했습니다. '하와를 만들다'에 사용된 '만들다'라는 동사는 망대를 세우거나 성벽을 짓는 것과 같이 오랜 시간 노동한다는 의미를 가지고 있다고 합니다. 하나님은 하와의 창조에 아담의 역할을 배제함으로써 여자의 창조주가 오직 하나님뿐임을 말해주고 있습니다.

아담-남자도, 하와-여자도 모두 하나님의 생기로 인해 그 호흡이 달려 있는 인생일 뿐입니다. 모든 인생이 하나님의 형상대로 창조된 귀한 존재로서 내일의 역사는 남녀협력의 공동역사와 문화 창조가 되어야 하겠고 그 일을 위해 이제 이 여인을 기억하는 교회로 새롭게 출발해야겠습니다. 그리고 그녀를 기억할 뿐만 아니라 향유 부은 여인을 기억함으로써 이 여인을 편드신 예수를 볼 수 있듯이 새 세상을 열기 위해 노력하는 여성을 편드는 모든 남성을 기억해야 할 것입니다. 예를 들면 여성안수를 위해 자신에게 닥칠 불이익을 겁내지 않고 여성과 함께 총회에 도전했던 1933년의 함남노회장이나 1934년의 김춘배 목사 같은 분들입니다. 인류의 위기를 극복하기 위해 여성과 남성이 함께 협력하며 걸어가는 그 시작을 여기 모인 우리가 담당하지 않으시겠습니까?

(1993년 9월 12일)

도덕적 행위자들로 인해

롯기 1:15~22

인생의 불행은 무엇에서 비롯하는 것일까요? 우리 인생의 과정을 희비애락으로 표현해온 옛사람들의 말처럼 인생은 때로 즐거움도 있지만 때론 숨이 끊어질 듯한 슬픔과 고통을 느끼는 불행을 당할 때도 있습니다. 행과 불행의 교차 속에서 웃고 울며 사는 것이 인간 삶의 여정이 아닌가 생각합니다. 그런데 우리에게 찾아온 행복은 하나님이 주신 은혜요 축복으로 쉽게 해석하고 감사할 수 있지만, 우리가 당한 불행을 수용하고 해석하는 일은 참으로 어렵고 복잡한 심정을 갖게 합니다. 더구나 정직하고 신실하며 사랑이 많은 사람이 큰 불행을 당하고, 악하고 부도덕한 사람은 오히려 물질적 풍요와 갖가지 복을 누리며 사는 것을 볼 때 그 부조리함에 분노까지 일어나기도 합니다. 인생의 불행은 무엇에서 비롯된 것일까요? 그 불행이 자신의 잘못이나 실수로 인한 것일 때 사람들은 그것을 수용할 각오를 합니다. 그러나 자신의 과오와 전혀 상관이 없는 천재지변이나 철저히 우연적인 사건에 의한 것일 때 "왜? 내가 이런 불행을 당해야 하는가"라고 끝없이 질문할 수밖에 없습니다.

일반적으로 사람들은 행이나 불행을 인과론적으로 해석하는 경향이 있습니다. "무엇인가 잘못을 저질렀기 때문에 그런 일을 당하지"라는 식의 해석입니다. 성경에도 나면서 소경된 사람을 놓고 논쟁을 벌이는 장면이 있지요. 예수의 제자들이 예수에게 "이 사람이 소경이 된 것이 누구의 죄 때문인가요?"라고 묻고 있는 모습입니다(요한 9:1~2). 당시 유대 사회의 지배적인 사고는 인과응보론으로, 불행은 죄 때문이고 행복은 그의 공적으로 말미암는 것으로 해석했습니다. 그러나 예수의 대답은 인과응보론과는 전혀 무관한 것이었음을 볼 수 있지요. 예수의 대답은 "이 사람이 소경된 것은 이 사람이나 그의 부모가 죄를 지은 것이 아니라 하나님께서 하시는 일을 그에게서 드러나게 하시려는 것입니다"(요한 9:3)라는 선언이었습니다. 그리고 진흙을 눈에 바르고 실로암 못에 가서 씻으라 해 그를 치유하셨지요. 이 사건은 예수께서 인과응보론을 교조주의적으로 절대화하고 있던 당시의 사람들에게 인생의 불행과 비극에 대해 새로운 이해를 갖도록 요구하신 것이었다고 하겠습니다.

유대의 공적사상은 구약성서의 인과론적 이해에 근거한 것으로 고난을 죄의 결과로 보며 공적을 가지면 상을 받는다는 보상에 집착하는 사고가 팽배했습니다. 예수는 그러한 응보관을 거부했습니다. 불행의 요인을 밝히는 문제가 불행을 당한 사람을 향한 것으로 관심의 초점이 되어서는 안 된다는 사실을 깨우치고, 오직 그에 대한 관심은 지금 곧 그를 치유하는 일이라는 사실을 알게 했던 것입니다. 예수에게 공적은 지극히 종말론적인 것이었으며 현세에는 도리어 핍박과 고난이 의로운 사람의 몫임을 가르치신 것을 산상교훈에서도 볼 수 있습니다.

인과응보론적 이해는 단순한 이차원적 해석으로 이 세상의 모든 것이 해석될 수 있는 논리입니다. 그러나 사실 세상에는 비인과론적 불행이 수두룩하지 않습니까? 악인은 오히려 장수하고 물질의 풍요를 누리고 있는데 의인은 가난과 질병과 고난으로 살아가고 있는 현실을 우리는 봅니다. 천재지변으로 인해 수많은 선량한 사람이 목숨을 잃지 않습니까? 아무런 이유도 없이 당해야 하는 고난을 어떻게 대답해야 하는 것입니까? 이러한 우리의 의문은 아직도 계속되고 있습니다. 아마도 이 문제에 대해 대답하는 대표적인 이야기는 구약성서의 욥의 고난 이야기라고 하겠습니다.

욥은 참으로 하나님 앞에 신실한 의인이었으나 마귀가 그의 의를 시험하고자 온갖 불행을 겪게 하고 고통에 빠트립니다. 욥의 고난이 그의 죄 때문이라는 주장이 그의 친구들로부터 나오고 세 친구와 욥 사이에 뜨거운 논쟁이 일어납니다. 이 친구들과의 논쟁을 보면 욥의 이야기는 의인이 당하는 고난의 문제에 대한 물음이라기보다는 '까닭 없이 당하는 고난'의 의미에 대해 토론하는 것이라 하겠습니다. 즉, 교조주의적인 인과응보론을 목소리 높여 반대하고 있지요. 교조주의에 그들의 인격이 매몰되어 있는 친구들과 더불어 씨름하면서 고난 속에 있는 인간의 생의 문제를 논하고 있는 것입니다. 신앙의 교조주의와 삶의 역설성 곧 부조리 사이의 긴장, 그리고 하나님의 본래성 곧 하나님은 그 본질이 의로우심으로 공과에 대해 철저하게 의로 판단해 보상하고 징벌하시는 분이라는 그 하나님 이해와 인간 실존의 본래성 사이의 심각한 충돌을 다루고 있는 것입니다.

까닭 없이 경건할 수 있습니까? 전혀 합리성 없이 하나님은 욥을 시험하고 욥은 그 희생물이 되고 있습니다. 그리고 그 이유 없는 하나님의 행위를 받아들이는 것을 최상의 경건으로 평가하고 있어요. 하나님은 주기도 하고 거둬가기도 하는 역설적이고도 독단적인 매우 불가해한 섭리를 믿음으로 승인하는 행위가 경건의 모습으로 나타나고 있지요. 그러나 욥기는 인생의 고난과 삶에 관한 전통적 이해에 항거하고 자신을 끝까지 변호하는 일종의 '저항과 변호의 신학'이라는 신학적 기조를 가지고 있습니다. 욥은 거세게 자기의 불행에 항거합니다. "어찌해 내가 모태에서 죽지 않았던가? 어찌해 어머니 배에서 나오는 그 순간에 숨이 끊어지지 않았던가? 어찌해 나를 무릎으로 받았으며, 어찌해 어머니가 나를 품에 안고 젖을 물렸던가? 그렇게만 하지 않았더라도……"(욥 3:11~13). 그는 하나님께도 항거합니다. "어찌해 하나님은 고난당하는 자들을 태어나게 하셔서 빛을 보게 하시고 이렇게 쓰디쓴 인생을 살아가는 자들에게 생명을 주시는가"(욥 3:20). 욥은 부조리한 고난당함을 하나님의 인생창조 곧 그 본질에 대해서 그리고 자기의 전 실존에 대해서 모두 부정하고 항거한 것입니다.

그러나 이렇게 항거하면서도 결국 욥은 이유 없는 하나님의 행위를 받아들이고 그 불가해한 섭리를 승인하는 경건을 잃지 않고 있습니다. 욥의 선언은 까닭 없는 고난도 있다는 것입니다. 이는 당시 유대인의 공적사상을 극복하고자 한 성서의 노력의 산물입니다. 공적사상은 결국 하나님을 한정된 존재로 만드는 것입니다. 인간의 공과에 하나님의 행위가 전적으로 의존되고 마는 지극히 인간행위 중심적인 하나님으로 만들어버립니다.

그런데 성서에는 불행과 고난에 대응하는 또 하나의 태도를 보여주는 이야기가 있어 주목하게 됩니다. 그것은 바로 오늘 성서 본문에서 말하는 룻기의 이야기입니다. 룻기는 구약 판관기 때를 배경으로 하는 퍽이나 전원적이며 인간관계가 사랑으로 얽혀지는 아름다운 이야기입니다. 이야기는 존재의 양식이며 삶의 깊은 차원을 드러내어 보여주지요. 룻기의 이야기는 인생의 한 차원을 그려내어 우리에게 보여줍니다. 이 책이름의 주인공은 룻이지만 그 처음과 끝을 나오미가 장식하며, 두 여인이 함께 인생의 여정을 펼쳐가고 있습니다. 즉, 시어머니 나오미와 며느리 룻 두 사람이 주인공입니다.

룻의 시어머니 나오미가 유대 땅에 기근이 들어서 먹을거리가 없어 남편 엘리멜렉과 두 아들 말론과 기룐을 데리고 이방나라 모압 땅에 피난 오는 것으로 막을 엽니다. 그런데 무슨 연고인지 나오미의 남편이 죽고 그의 두 아들도 모두 죽고 맙니다. 이 엄청난 비극을 당하면서 나오미는 고향 유대 땅에 풍년이 들었다는 소식을 듣고 고향으로 돌아가기를 결심합니다. 그리고 그는 두 며느리에게 각각 친정으로 돌아가 행복하게 살기를 기원합니다. 이에 작은 며느리 오르바는 작별인사를 하고 떠났는데 큰며느리 룻은 절대로 돌아가지 않겠다고 하면서 끝까지 나오미와 동행할 것을 간청합니다. 그 간청하는 내용이 오늘 읽은 성서 본문입니다.

그래서 나오미는 룻과 함께 고향에 돌아왔고, 룻은 시어머니를 극진히 봉양하다가 보아즈라는 집안사람 남자를 만나 결혼하고 아들을 낳아 나오미의 대를 잇게 하고 다윗 가문의 조상이 되며 메시아의 조상이 되었다는 이야기로 끝납니다. 문장은 지독한 불행의 서곡을 울리다가 두 여인의 적극적인 삶의 현실을 보여주고 들판의 아름다운 전원에서 남녀의 힘찬 밭농사를 보여주며 나아가 남녀의 사랑의 속삭임을 보여주고 새로운 생명의 탄생을 얘기하는 것으로 막을 내립니다.

룻기는 하나의 연극 같은 구성으로 짜여 있고 우리가 교회에서 가끔씩 들어 익숙한 성경 이야기입니다. 이 이야기에는 인생의 실존적 차원이 모두 그대로 드러나 있습니다. 생의 비극과 환희, 생과 사의 고비가 모두 이야기되고 있습니다. 이 이야기에 대한 해석은 대체로 나오미와 룻의 아름다운 고부관계에 중심을 두고 늙은 시어머니를 잘 모시면 복을 받는다는 젊은 며느리에게 교훈을 주는 이야기가 되기도 하고, 다른 한편으로는 다윗 가문의 위대함을 엿보여주기도 하지요. 또 유대 중심주의적인 세계주의를 지향하는 주제도 있습니다. 최근에는 해방신학과 여성신학에서 각각 이 본문을 주목했습니다. 여성신학에서는 나오미와 룻의 여성끼리의 연대를 의미화했으며, 해방신학에서는 룻과 나오미를 땅 없는 가난한 농촌사람으로 보고 그들의 고통과 노력을 생존을 위한 농민투쟁으로 해석했습니다. 반면에 어린 자녀를 들판이나 공장에 보내 노동을 시킨다든가 또는 팔아먹기도 하는 제3세계 아시아의 가난한 어린이가 처한 극한적인 현실에 비추어 어린 며느리를 들판에 나가 일하게 해서 먹고사는 나오미를 비판적으로 보려는 해석도 있습니다. 성서가 삶의 상황에 의해 얼마나 의미가 달라지는 것인가를 새삼 느낄 수 있지요.

그러나 오늘 이 본문에 대한 관심은 불행한 인생에 대응하는 룻의 행위가 어떤 것이며 그 결과가 주는 의미가 무엇인가를 찾는 것에 있습니다. 즉, 서두에 시작한 불행과 고난의 문제를 초점으로 이 이야기를 읽어내고자 하는 것입니다. 우선 우리는 룻기의 시작이 인생의 험한 비극적 사건들임을 볼 수 있습니다. 땅에 기근이 들어 먹을거리가 없는 세상, 먹을 것이 없다는 것은 생존 자체를 위협하는 문제였습니다. 그리고 그 사람들은 유랑 신세가 되었습니다. 배고픔과 떠돌이 인생, 처량하고 가엾은 생입니다. 이방에서의 외로운 삶도 어려운데 그 위에 죽음이라는 운명이 덮쳤습니다. 인생에서 가장 인간의 유한함을 보여주는 해결 불가능한 문제가 결국 죽음일 것입니다. 그런데 그 죽음이 한 사람도 아니고 세 남자였으며, 더구나 아들을 먼저 잃는 비극을 겪어야만 했습니다. 나오미의 운명은 천운의 불행이 원귀처럼 붙은 그런 것이었습니다. 룻기 1장 1~5절은 인생의 비극적 상황이 열거되는 듯합니다. 기근, 배고픔, 고립, 죽음, 무자식, 늙음, 절망 등등. 이렇게 모든 것을 상실하는 이야기가 계속되고 있습니다. 나오미는 한국적으로 표현하면 지독히 팔자가 거센 여자, 죄인으로 하늘의 저주를 받은 인간이라고 할 것입니다. 그래서 나오미는 자신을 나오미라 부르지 말고 '마라'라고 부르라고 부탁합니다. 곧 즐거움, 나의 즐거움이란 나오미란 이름이 야퀘께 얻어맞은 신세에는 어울리지 않으므로 쓴맛이라는 마라가 어울린다는 것입니다. 이야기의 서두는 이렇게 불행의 연속과 고난의 시작입니다.

그런데 룻이 나오미와의 동행을 결단하면서부터 이야기는 반전되기 시작합니다. 룻은 시어머니 나오미를 떠나지 않고 그의 고향 베들레헴으로 동행하기로 결단하면서 시어머니의 허락을 간청합니다. 룻은 잠시 인생의 기로에 섰습니다. 늙고 가난하고 힘없는 시어머니를 선택할 것인가 아니면 자신의 안전과 미래가 보장되는 친정집과 새로운 남편을 선택할 것인가. 사실 여기서 시어머니를 선택하기란 참으로 어려운 결단이겠지요. 시어머니는 늙고 힘없는 존재이며 또한 룻의 미래는 지극히 불투명합니다. 친척과 어머니 집을 버리고 떠난다는 것은 큰 위험을 안는 것입니다. 의지할 남자가 없는 과부라는 처지는 씨족사회의 보호를 받을 수 있는 공동체의 상실을 의미했습니다. 그래서 먹을거리도 보장받기 힘든 위협을 느끼며 살아야 했습니다. 그러므로 룻에게 재혼은 중요한 삶의 목표가 될 수도 있었습니다. 둘째며느리 오르바는 자연스레 그 길을 택하고 고향 모압으로 돌아갔지요. 아들을 낳아야만 혹은 의지할 남자가 있어야만 생존이 보장될 수 있는 사회에서, 또한 그것을 확보하기 위해 여성끼리 불신과 갈등을 일삼는 현실에서 룻은 매우 다른 결론으로 자기 인생의 길을 선택한 것입니다. 아브라함이 고향 친척 아비 집을 떠날 때 그는 하나님의 약속이라도 보장받았고 부인과 함께하는 안정된 가족구성으로 성적 억제의 문제도 없었지요. 그러나 룻은 미래의 약속도 없고 젊음을 억제해야 하며 오직 늙은 노파를 시중들어야 하는 부담과 타민족에 대한 강한 유대인의 배타주의에 시달려야 할뿐인 상황에서 나오미를 택했던 것입니다. 룻의 나오미 선택은 힘 있는 자와의 결합이 아니라 약자와의 연대입니다. 이것은 그의 천성적 선함과 지극한 인간애에 의한 것이었다고 생각합니다.

바로 이러한 룻의 결단이 나오미와 룻의 인생을 반전시켰을 뿐만 아니라 그들의 가문을 다시 세워 공동체를 새롭게 건설하는 동력의 요인이 된다는 사실을 주목할 필요가 있습니다. 이제 룻의 결단은 나오미와 룻의 상호적 인간애를 만들어냅니다. 두 불행한 과부는 서로가 서로의 고통을 알아채는 감수성을 가지고 있었습니다. 마침내 나오미의 인간애가 룻을 향해 발동합니다. 물론 나오미는 처음부터 룻의 행복과 권리를 우선적으로 생각한 시어머니였습니다. 이제는 그것에 더해 룻의 인간적 삶을 위해 마음 모두를 바칩니다. 나오미에게 룻은 애처로운 청상이었습니다. 아들을 잃은 설움을 넘어서 가여운 며느리의 미래를 보장해줄 짝(고엘)을 찾는 일에 나오미는 지략을 짜내고 룻과 함께 이를 실행합니다.

이제 두 여인은 자신들의 불행을 몰아내는 데 한 몸처럼 움직입니다. 결국 나오미는 룻의 불행에 연대하게 된 것입니다. 그의 이기심으로는 룻을 평생 부리며 효도를 받고 지내도 될 일이었으나 나오미는 룻의 행복을 가져올 다른 길을 택했습니다. 한 걸음 더 나아가 이 두 여인의 의로운 행동에 감동되어 그들의 도덕적 수행에 연대하는 한 남성이 등장합니다. 그는 곧 보아즈입니다. 룻이 베들레헴으로 돌아와 곧 들판에 나가서 곡식 거두는 일꾼들을 따라다니며 이삭줍기를 합니다. 그리고 그 밭의 주인 보아즈를 만나게 됩니다. 보아즈는 룻의 행동에 감동했습니다. 그는 "남편을 잃은 뒤에 댁이 시어머니에게 어떻게 했는지를 자세히 들어서 다 알고 있소. 댁은 친정아버지와 어머니, 태어난 땅을 떠나 엊그제까지만 해도 알지 못하던 다른 백성에게로 오지 않았소? 댁이 한 일은 주께서

갚아주실 것이오"라고 말했습니다(룻기 2:11~12, 3:10 이하). 그는 룻을 자기 밭에서 편하게 일하도록 배려하고 남자 일꾼들이 성희롱 못하도록 방패가 됩니다. 그리고 결국 룻의 고엘(보호자)이 됩니다.

보아즈의 인간애가 룻의 행위로 말미암아 생겨나게 되고 넘치게 되었습니다. 자기가 속한 공동체에서 성실하게 책임을 다하는 보아즈는 어려운 룻과 나오미에 대해 공동체적 관심에서 사랑으로 그들의 보호자를 자청한 것입니다. 보아즈는 룻의 남편이 되고 룻은 아들을 낳고, 그 아들로 인해 나오미가 자식을 얻으며 사람들로부터 축하를 받고, 그 아기는 다윗의 할아버지가 됩니다. 메시아를 탄생시키고 인류를 구원할 책임을 가진 한 공동체의 재건이 이루어졌습니다(물론 학자들은 4장 18절 이하의 족보는 후대의 편집으로. 다윗 족보로 연결시키고자 한 의도가 있다고 분석하고 있습니다).

이제 이야기는 서곡의 불행을 완전히 반전시키면서 밝고 명랑하고 아름다운 내용으로 채워집니다. 기근으로 인한 배고픔은 추수를 통한 풍요로, 질병과 죽음의 그늘은 건강함과 새 생명의 탄생으로, 상실과 고립의 삶은 결혼과 함께 사는 공동체의 생활로, 절망과 쓴맛은 기쁨과 즐거움과 희망으로 바뀌었습니다.

여기서 주목할 것은 불행에 대응하는 룻기의 독특함입니다. 욥처럼 변론하고 원망하며 자기 결백을 증명하려는 노력도 없습니다. 앞에서 언급했거니와 욥은 인생의 고난과 삶에 관한 전통적 이해에 대해 항거하고 자신을 끝까지 변호하는 '저항과 변호'의 신학적 기조를 가졌지만, 룻기는 항변이나 변호를 하지 않습니다. 나오미의 자기 불행에 대한 "어찌해"라는 탄식은 하나님께 대한 것이 아니라 베들레헴의 아낙네들에게 자신의 처지를 적나라하게 보여주고 수용하는 것이었지요. 나오미와 룻이 당한 불행은 인생의 절대비극인 죽음으로 인한 것이었습니다. 그들은 어느 누구도 막을 수 없고 해결하지 못한 죽음의 재난을 의연히 극복해나갔습니다. 나오미의 비참함을 어떻게 말로 설명할 수 있겠습니까? 저는 올망졸망한 딸 넷을 데리고 청상이 되셨던 우리 어머니의 경험을 이에 비유하곤 합니다.

룻에게 불행은 대결해서 처치해야 할 대상이 아니라 인생의 비밀한 영역으로 묻어두고 오늘의 삶에 충실한 수행자가 되어 극복하는 것이었습니다. 욥은 도덕적 항변을 하고 하나님의 구원섭리의 역설성 곧 '고난을 통한 구원'에 항변을 제기하지만, 룻은 하나님이 주시는 고난을 조용히 수용합니다. 욥은 부조리한 고난을 당하는 인생의 의미를 새롭게 깨닫는 계기를 하나님의 현현을 체험하는 것에서 발견하지만, 룻에게는 하나님의 현현이 드러나지 않고 감추어져 있습니다. 그는 고난의 일상적인 삶, 인생의 일상적인 자리에서 결코 그때그때 시시비비가 가려지지 않는 신의 계시가 즉각적이지 않는, 신이 숨겨진 부재의 현실 안에서 하나님의 활동과 현실을 알고 배우고 있습니다. 룻기에는 하나님의 행동이 한 번도 나타나지 않습니다. 다만 그때는 보리를 추수할 때라든지, "야훼께서 나를 빈손으로 되게 했습니다" 등의 표현으로 인생의 운명이 이미 나의 차원이 아닌 우주적이며 자연적인 차원에서 진행되고 있다는 사실을 생태적으로 터득한 도의 경지를 보여줍니다. 내가 할 수 있는 차원은 내가 처한 상황에서의 도덕적 행위자(moral agent)가 되는 것이라는 믿음의 행동만을 보입니다.

그것은 약자에 대한 지극한 사랑과 관심이며, 최고의 선을 추구하는 것이며, 생존할 수 있도록 하고 살아가는 힘을 주는 것에 나를 내어놓는 행위입니다. 룻은 나오미에게 바로 그 생존케 하는 작인(作因)이 되었고, 나오미도 룻을 생존케 하는 작인이 되었습니다. 도덕적 행위자가 된다는 말은 거짓말을 안 한다든지 도둑질을 하지 않는다든지 하는 일반 도덕주의적 행위를 의미하지 않습니다. 생존의 위기에 있는 사람이 생존할 수 있게 하는 작인이 되는 행위를 하는 것입니다. 죽을 위기에 있는 이에게 삶의 희망과 용기를 갖게 하는 동력의 요인이 되는 행위를 하는 것입니다. 룻이 그랬고 우리 어머니가 그러하셨듯이 생존케 하는 힘으로 사는 삶을 선택하는 행위, 바로 그것이 오늘 말하는 도덕적 행위자의 의미입니다. 거기에 율법이나 교리의 정당성을 확보하는 논증이 전혀 중요하지 않습니다. 한스 요나스라고 하는 학자는 책임윤리란 말을 합니다. 어린아이를 보고 다만 돌보아야 한다는 책임을 갖는 행위를 요구받는 것입니다. 룻기는 인생의 불행 문제에 대해 그 원인을 밝힌다거나 따져보는 일에는 야속하리만큼 무관심합니다. 다만 그 이후 살아가는 태도의 문제를 중시합니다. 그뿐만 아니라 하나님은 도덕적 행위자로서의 삶 속에서 역사하시고 새로운 삶을 예지하고 계신다는 암시를 줍니다.

인생의 불가사의한 문제들은 늘 하나님에 대한 질문으로 연결됩니다. 하나님이 존재하신다면 이런 불행이, 이렇게 의로운 사람에게 고난이 올 수 있는가? 하나님은 정의롭고 전지전능하신 분이 아닌가? 그러나 성서는 하나님을 한마디로 정의하지 않습니다. 그것은 창세기의 타락 설화에서부터 시작됩니다. 하나님이 전지전능하다면 타락할 인간을 만들지도 않아야 했을 것입니다. 악성을 가진 인간존재를 창조하시어 수많은 생명을 죽게 하는 인류 역사를 진행시킨 것은 차라리 잔인한 일일 것입니다. 성서는 어떤 복방망이 같이 뚝딱뚝딱 두들기면 만사가 해결되는 그런 하나님을 말하지 않습니다. 모세에게 나타난 스네(가시덤불) 가운데 계신 하나님, 성서의 하나님은 오히려 약한 것과 인간의 내면에 계십니다. 하나님은 룻이 시어머니를 따르기로 결단하는 그 심성 안에 계시고, 나오미의 룻에 대한 극진한 배려 안에 계시고, 보아즈의 약한 과부들을 위한 고엘로서의 책임의식 속에 계십니다. 곧 하나님은 도덕적 행위 속에 계시며 그 행위의 동력을 발생시키는 분이 되십니다. 그래서 인생의 비극을 행복으로 바꾸는 새 역사를 창조해나가는 하나님, 내면으로부터 나오는 힘의 근원이 하나님이라고 말하는 것입니다. 그래서 불행한 인간의 역사가 전도되며 정의가 수립되는 사건이 일어납니다.

오늘 룻의 이야기는 부조리한 인생, 모순투성이의 인생이지만 그 부조리하고 모순 덩어리인 인생 속에서나마 좋은 날이 오기를 억척스럽게 기다리며 사는 비운의 여인들의 삶의 경험, 특수한 계시를 받는 영웅도 아닌 평범한 인생의 경험을 소재로 불행의 극복과 하나님의 전정한 계시의 자리를 보여주었습니다. 인생의 행과 불행, 질병, 죽음, 좌절 같은 비극적 상황이 습격해오더라도 그런 것과 상관없이 인간답게 살아가는 의지를 실행하는 도덕적 행위자가 되는 삶을 지속하는 것, 그것이 불행에 대한 룻의 응답이었습니다.

룻의 하나님은 전지전능하게 저 하늘에서 인생을 조정하는 분이 아니었습니다. 인간의 공과를 측정해 보상하는 하나님이 아니었습니다. 룻의 내면에서 나오미와 동행하도록 결단하게 도우며, 나오미와 보아즈의 인간애를 생성시켜 나오미의 쓴 인생을 반전시키고 그들의 미래를 살맛나게 재건하는 그들 속에 계시고 숨어 계시는 하나님이었습니다. 룻과 나오미와 보아즈와 함께 그들의 인생을 섭리하시는 하나님이었습니다. 우리는 하나님을 유대의 인과응보론적 사고로 우리에게 응답해주시기를 요구하고 있지는 않습니까?

오래전에 들은 이야기로 끝맺음을 하려고 합니다. 어떤 사람이 자신의 여정에서 네 개의 발자국을 발견했습니다. 두 발자국은 자신의 것이고, 다른 두 발자국은 하나님의 것이었습니다. 그런데 어느 지점에서 발자국은 둘밖에 없었습니다. 그가 하나님께 "그때가 내가 가장 어려운 때였는데 왜 동행하지 않았느냐"고 물었습니다. 하나님은 "그때 나는 너를 등에 업고 있었다"고 답했습니다. 하나님을 믿고, 굳게 신뢰하며, 묵묵히 인생의 바른 길을 수행해나가는 도덕적 행위자들로 인해 이 세상은 이만큼 밝은 것이 되고 있습니다.

(1995년 8월 6일)

생존과 해방으로의 인도자
- 하갈의 하나님

창세기 16:7~12, 21:12~13

인생에 하나의 정답이 있겠습니까? 우리의 살아가는 여정에서 터져 나오는 수많은 문제를 놓고 동서고금의 현자와 석학들이 그 해답을 찾으려 많은 경전과 금언을 내놓았습니다. 그러나 우리는 여전히 무수한 인생의 질문을 쏟아내며 정답 없이 온갖 해답들만을 순례하고 있는 현실입니다. 성서도 그 많은 답들 중 하나일 것입니다. 그러나 그리스도인에게 성서는 그 해답을 얻는 근원이며 그것에 따라 사는 삶의 기반이라 하겠습니다. 그러나 성서는 문답 형식의 책이 아니며 더욱이 권위나 규범성으로 대답을 주는 책이 아닙니다. 성서와 더불어 살아온 삶의 역사, 곧 실존적이며 종교적인 지평에서 대답을 하고 또한 찾아 나가는 그러한 책입니다.

목원대 김경희 교수는 성서를 '그리스도인의 종교적 고향'이라고 말합니다. 성서는 고대 세계의 사람들이 살아가면서 깨닫고 체험하게 된 하나님의 존재, 하나님의 뜻에 대한 그들의 종교적 경험을 이야기하고 있다는 것입니다. 사람들이 하나님과 만나는 경험, 또 하나님의 뜻을 깨닫는 과정이 성서 텍스트와 전승의 맥을 이루고 있다는 것이지요. 예를 들면 '아브라함은 이삭을 제물로 바치는 것이 하나님의 뜻이 아님에 대한 깨달음을 가졌다'든지, '고난과 핍박 가운데 있던 히브리인을 이집트에서 탈출시킨 것은 하나님이었다'든지, '하나님에게 기름진 제물을 바치는 것은 오히려 하나님을 역겹게 하는 것이며 하나님을 진정 기쁘게 하는 것은 정의의 구현이다'라든지, '하나님은 의인을 사랑하고 죄인을 벌주시는 줄 알았는데 오히려 죄인과 창기가 의인으로 자처하는 사람들보다 먼저 하나님나라에 들어간다'라든지, '전적인 패러다임 전환을 예수가 말씀하셨다'라든지와 같은 선조들의 종교적 경험이 기록된 책이라는 것입니다.

김경희 교수의 통찰처럼 그리스도인은 성서 안에서 신앙 선조들의 종교적 경험과 만납니다. 우리는 선조들의 그 경험을 일상의 경험과 연결시키며 그것에 비추어 자신의 삶의 경험을 해석합니다. 또한 선조들의 종교적 경험으로부터 고생스러운 삶 안에서, 때로는 절망적인 상황 가운데서도 위로와 격려를, 살아갈 용기와 미래에 대한 희망을, 하나님에 대한 신뢰와 헌신을 이끌어냅니다.

그런데 선조들의 종교적 경험 안에는 그들의 윤리적 발언과 태도가 들어 있으며, 그것이 우리 사는 모습의 기본적 방향과 모델을 제시해줍니다. 인간 존엄성, 평등성, 정의, 평화, 약자와 소외된 이들에 대한 책임과 배려, 타인을 위한 봉사, 희생, 더불어 삶, 관용과 용서 등 기본적 윤리가 성서로부터 형성되어온 것입니다. 성서에서 나오는 윤리적 가치와 태도에 우리 삶을 비추어 살고 또 그렇게 살도록 요청받은 것이지요. 다시 말해 성서는 규범이 아닌 윤리적 본보기이며, 그래서 현재 우리의 대화의 파트너가 되는 것입니다.

오늘 읽은 성서 본문으로부터 우리는 믿음의 조상 아브라함과 사라의 여종인 이집트 여인 하갈의 종교적 경험, 그의 하나님과의 만남에 대한 이야기를 중심적으로 이야기를 나눠보고자 합니다. 기독교의 전통이나 오늘의 현실에서도 이 본문 메시지의 중심을 아브라함과 사라라고 생각하지요. 신약성서에서 사도 바울도 하갈은 '구원사를 방해한 말썽을 일으킨 자'로 해석하고 있습니다. 그러나 저는 오늘 이야기의 중심을 하갈에게로 옮겨보려 합니다. 다르게 말하면 성서 안에서 주류가 아니고 비주류인, 구원사의 라인에 선 사람이 아닌 라인 밖에 있는 사람의 하나님 경험을 보려고 합니다. 이전에도 하갈 이야기를 한 적이 있지만 오늘은 하갈의 하나님 경험을 세밀히 찾아보고, 그것이 오늘 우리와 무슨 상관인지를 생각고자 합니다. 이 이야기는 대략 주전 2000년경부터 1200년경을 그 배경으로 하고 있으며 문서화된 것이 주전 950~700년경입니다. 따라서 주전 2000년경에서 700년 사이의 이야기와 신학이 모두 담겨 있고 우리와 4,000년 세월의 간격이 있습니다. 인간의 문제는 고대나 지금이나 별반 다를 게 없어 보입니다만 우리와 직선적으로 언결하는 섯은 소심스럽기도 합니다.

하갈 이야기는 이야기의 도입부인 창세기 16장과 종결부인 21장에 나옵니다. 두 본문은 매우 유사한 부분이 많으면서도 각각 특수한 부분을 가지고 연결된 내용입니다. 16장은 이집트 여인 하갈이 어떤 상황에서인지 모르지만 사라의 몸종으로 아브라함과 사라가 이집트에서 가나안으로 올 때 함께 따라왔고 사라가 아이가 없어 씨받이로 이용되면서 일어나게 되는 이야기를 전개합니다. 당시는 일부다처제도였으며, 신부가 몸종을 데리고 결혼하고 아내가 자식이 없는 경우 몸종을 남편에게 주어 아이를 낳게 했습니다. 그 아이는 당연히 부인의 아이가 되었고 이를 상징하기 위해 몸종은 부인의 무릎에서 해산하는 관습도 있었답니다. 이런 사회제도와 관습을 잘못된 것으로 보고 신약시대에 이르러는 없어졌지만 아직도 그런 풍습의 여파는 남아 있습니다. 이런 제도 안에서 본 부인과 첩 사이의 갈등, 이복형제 간의 갈등이 생겨났고, 아이 낳지 못하는 부인과 씨받이 여성 모두가 가부장제의 희생자로 고통의 세월을 살아야만 했습니다.

하늘의 별처럼 수많은 후손을 받으리라는 하나님의 약속은 지체되어 사라가 아이를 낳지 못하자 결국 몸종 하갈을 남편 아브라함에게 주었습니다. 하갈이 임신하게 되었는데 임신한 하갈이 교만해져 사라를 업신여겼고 사라는 위험과 분노로 하갈을 학대하게 되었으며 이를 견디지 못한 하갈은 광야로 도망을 칩니다. 하갈이 도망친 곳은 수르라고 하는 곳의 샘 곁이었습니다. 그곳은 이집트 경계지역이며 하갈에게는 고향으로 가는 길목이었습니다. 그런데 여기서 하나님의 사자가 나타나 하갈에게 사래(사라)에게 돌아가 그에게 복종하며 지내라는 것과 하나님이 하갈의 고통을 들으셨다는 것을 전하며 두 가지 약속을 줍니다. 하나는 많은 자손을 주겠다는 것이고, 다른 하나는 아들의 이름을 이스마엘(하나님께서 들으심)로 지을 것과 이스마엘이 큰 민족을 이룰 것이며 자유롭고 야성적이며 호전적인 삶을 사는 베두인의 조상이 되리라는 것이었습니다. 하갈은 자신이 만난 하나님을 '나를 보시는 하나님'이라고 외쳤고, 그 샘터를 '브엘-라이-로이', 즉 '나를 보시는 살아 계시는 하나님의 샘'이라고 불렀습니다. 여기에 제의장소나 이스마엘 족속의 기원에 관한 원인론적 설명이 있지만 이야기의 중심은 여자들의 갈등 문제입니다.

창세기 21장은 16장과 매우 비슷한 상황을 전하고 있습니다. 하갈은 사라에게 돌아왔고 사라도 하나님의 약속대로 임신해 이삭을 낳습니다. 결국 사라와 하갈의 긴장·적대관계가 더 고조되고 하갈은 더욱 고통을 당합니다. 이삭과 이스마엘의 상속 경쟁이 예민해지는 상황에서 사라는 아브라함에게 하갈과 이스마엘을 추방할 것을 요구합니다. 아브라함은 16장과 달리 심각히 고민하다가(아들 때문에?) 하나님의 권유를 따라 두 모자를 쫓아냅니다. 21장 14절은 아브라함이 다음 날 아침 일찍 얼마간의 먹을거리와 물 한 가죽부대를 가져다가 하갈의 어께 메워주고 두 모자를 함께 내보냈다고 기록하고 있습니다. 이렇게 하갈은 해방이 아닌 추방을 당하게 되지요. 하갈은 브엘세바 빈들에서 정처 없이 방황하는 신세가 됩니다. 브엘세바 들은 수르와 달리 이집트 경계지역도 아니고 물 한 방울도 없는 사막입니다. 즉, 삶과 죽음의 양극성이 있는 곳이었습니다. 물도 다 떨어지고 죽게 될 상황에서 하갈은 대성통곡합니다. 그런데 다시 하나님의 사자가 등장해 하갈을 위로하고 이들이 큰 민족을 이루게 될 것을 약속합니다. 그제야 하갈의 눈이 밝아져 샘물을 보게 되고 아이와 함께 살아납니다. 21장 20절은 '그 아이가 자라는 동안에 하나님이 그 아이와 늘 함께 계시면서 돌보셨다. 그는 광야에서 살면서 활을 쏘는 사람이 되었다. 그가 바란 광야에서 살

때 그의 어머니가 그에게 이집트 땅에 사는 여인을 데려와 아내로 삼게 했다'라고 끝맺고 있습니다.

두 본문에 나오는 하갈의 이야기를 더 자세히 상상력을 동원해서 읽어봅니다. 하갈은 종족으로는 이방인인 이집트인이었고 신분으로는 노예(종)였으며, 성으로는 여성이었기에 3중적 차별구조의 고통을 안고 살아야 했습니다. 그럼에도 불구하고 하갈은 늘 자유를 구가하며 인간적인 삶을 살기를 희망한 여인이 아니었나 싶습니다. 그가 임신하자 교만해져 사라를 경멸했다는 기록에 대해 여러 가지 해석이 있습니다. "노예 주제에 아무리 임신했어도 교만해지면 안 되지", "어떤 경우에도 교만은 죄야", "역시 신분은 못 속여. 노예 주제니까 제 입장 달라졌다고 교양 없이 굴었지", "사라의 학대는 정당한 것이야" 등의 해석은 어떻게든 주류와 정통을 정당화하려는 욕망의 일환으로 보입니다. 그러나 하갈은 씨받이로 이용당한 억울함을 갖고 있습니다. 한낱 도구로 취급당한 자신을 한 인간으로 세우려는 몸짓이 사라를 경멸하는 것으로 나타났을 것입니다. 하갈은 사라의 권력구조에 도전한 것입니다. 노예제도, 씨받이제도 이런 것들로 자신의 인간존재를 비참하게 끝낼 수 없다는 생각이 들지 않았을까요? 그래서 사라를 경멸하고 교만해진 것이지요.

그러나 그의 이런 도전에 하나님은 전혀 개입하지 않습니다. 그리고 그의 도전은 그런 제도를 무력화시키기는커녕 더 강화시켰습니다. 결국 그는 자유를 위해 해방을 위해 도망을 쳤습니다. 그런데 수르 광야에서 방황할 때 하나님의 사자를 만나지요. 하지만 그 하나님과의 만남은 하갈로서는 예상할 수 없었고 용납하기도 힘든 결과를 가져왔습니다. 하나님은 하갈을 "사래의 여종 하갈아"라고 여전히 계급구조와 권력구조를 인정하는 의미를 갖고 부르면서, "네 여주인에게로 돌아가 그녀의 손아래에서 학대를 감수하라"고 한 것입니다.

이 16장 9절은 해석이 난감하기 짝이 없는 구절입니다. 억압구조로부터 해방을 원하는 용기 있는 여성에게 얼마나 두려운 말입니까? '학대를 받으라'의 '학대'라는 단어는 히브리인이 이집트의 노예생활에서 당하던 학대와 같은 단어입니다. 출애굽의 이야기로 보면, 노예의 고난을 보고 구출하러 오신 하나님이 억압자 파라오와 동일시되어 종살이를 계속하면서 학대받고 살고 있으라고 하시는 격이 되는 것입니다. 하갈 이야기를 출애굽 이야기의 예시로 많이 언급하고 있는 유니온 신학대학 필리스 트리블 교수는 이 구절의 모호성이 결국 하나님이 학대를 승인하는 것으로 결론지을 수 있게 한다고 말합니다. 그럼에도 하갈에게 수많은 자손을 주겠다는 것과 아들의 출생과 이름과 장래의 삶을 담은 수태고지를 하고 있음을 보게 된다고 하지요.

21장에서 하갈은 자유를 얻게 되지만 그것은 추방에 의한 것이지 하갈 스스로 추구한 것은 아니었습니다. 그리고 얻어진 자유와 해방의 상황에 주어진 것은 극한적인 생명의 위협이었습니다. 물 한 방울 없는 사막에서 죽어가고 있는 아이를 보며 대성통곡밖에 할 수 없는 하갈은 격정에 찬 모성으로 나타납니다. 권력구조에의 도전보다도 급박한 생존유지의 상황에서 죽어가는 자식을 살리고자 하는 절박한 모성, 그의 울음소리는 하늘에 울려 퍼졌을 것입니다. 하갈이 직면한 생존에의 절박함은 목마름, 배고픔, 죽음의 위협

과 더 나아갈 길이 없음에 대
한 공포였습니다. 무엇보다
아들의 목마름과 죽음 앞에 있
는 처절함이었습니다.

이 절박한 상황에서 하나님
의 사자가 나타났습니다. 그는 하갈을 위로하고 다시 아들이 큰 민
족을 이룰 것이라는 미래의 약속을 알려줍니다. 그리고 곁에 있는
샘물을 보게 합니다. 분노와 절망으로 곁의 물을 못 본 하갈이 물을
보게 되고 아들의 생명을 살립니다. 이제 드디어 생존을 유지시켜
주고 삶에 새 힘을 주며 위로를 주는 하나님을 만난 것입니다. 21장
에서 하갈의 추방을 유도하는 하나님의 모습에서 우리는 '하나님
은 가진 자들의 신이구나'라고 생각할 수 있지만, 하갈이 사라의 곁
과 그 집에서 떠난 것은 끝없는 학대의 고통, 질투와 갈등의 고통에
서 벗어나는 일입니다. 예속의 굴레에서 벗어나고 종의 신분을 넘
어서는 해방의 사건이었습니다. 종살이를 벗어난 자유로운 이집트
인, 자기 정체성을 찾게 된 기쁨을 가질 수 있었을 것입니다. 독립된
인간이 된다는 것은 얼마나 큰 사건입니까?

하갈이 만난 하나님은 비록 해방에 애매한 역할을 하고 있지만
이 이야기의 전반에 흐르는 하나님의 모습은 하갈을 지극히 사랑
하신다는 것입니다. 당시 고대 근동사회에서 신은 권력자, 가진 자,
주인(여주인)을 지지하는 신이었고 노예를 지지해주고 힘주는 그런
신은 아니었습니다. 야훼 종교 역시 아브라함과 사라의 하나님이
지 하갈의 하나님이기는 어려운 상황이었습니다. 그런데 성서에는
야훼 하나님이 하잘것없는 여종 하갈을 부르고, 찾아가고, 위로하

고, 그리고 탄생고지와 미래의 희망을 약속하는, 하갈을 사랑하시는 하나님으로 나타나고 있습니다. '사래의 여종 하갈아'라는 말은 비록 계급의식이 배여 있긴 하지만 성서에서 모세나 아브라함을 비롯해 여러 예언자를 부르시는 부름과 동일합니다. 이를 통해 하나님 사랑이 노예에게까지 열려 있다는 사실을 알려줍니다. '사라의 손아래에서 학대를 참고 견디라'는 말이 해방적 하나님과 모순되는 한계는 아마도 당시 사회문화적 한계 안에 쓰인 것이기 때문일 수도 있을 것입니다. 학자들은 이 구절의 난감함을 해결하기 위해 많은 연구를 했습니다. 이경숙 교수는 여러 학자의 견해를 이렇게 정리했습니다. "16장과 21장 두 설화는 원래 같은 기본 설화에서 나왔다. 이야기의 등장인물, 두 여자의 경쟁과 질투, 계급 간의 학대, 도주 등이 공통된 내용이다. 두 이야기는 차이도 있고 비슷하기도 한데, 21장이 묘사가 훨씬 감동적이고 심리묘사가 뛰어난 것으로 보아 후대 작품으로 생각된다. 대부분의 학자들이 16장을 주전 950년경의 J기자 것으로, 21장을 주전 700년경의 E기자 것으로 생각한다. 하나님이 잔인하다고 생각되는 16장 9절의 명령은 하갈이 사라의 곁으로 돌아가야만 두 이야기가 자연스럽게 연결되기 때문에 이야기의 연결을 위해 후대 설화자가 삽입한 것이다."

하갈의 이야기는 학대받는 종의 신분에서 해방되고 생존의 위협이 절박한 상황에서 구출되는 생존유지의 이야기가 인생여성으로 엮어져 있습니다. 생존과 해방이라는 화두는 여성신학에서 여성의 경험을 이야기할 때 등장하고 있습니다. 1세계 여성의 경험이 가부장적 구조로부터의 여성해방에 더 집중하고 있다면, 제3세계 여성 특히 흑인 여성은 생존의 문제가 포괄되지 않은 해방은 의미 없다

고 못을 박습니다. 그들은 흑인의 삶에서 생존이 얼마나 중요한 것
인지를 주장합니다. 그들을 억압하는 구조를 탈출하거나 부셔버릴
수 없는 무력한 상황에서 그들이 살아남아야 하는 생존의 문제는
너무나 절실하다는 것입니다. 흑인 어머니들은 주인집 음식부스러
기를 모아 자녀들을 기르면서 흑인 공동체를 유지시키고 그들의
미래, 곧 큰 민족이 될 꿈을 키워냈다는 것입니다. 이러한 '흑인 여
성 파워'의 모델이 바로 하갈입니다.

구조개혁을 향한 해방운동이 신앙의 우선적 과제라는 입장과 긴
급한 생존문제를 우선시해야 한다는 논쟁은 양자 모두를 아울러야
한다는 포용의 방향을 지향하려 하지만 충돌과 갈등이 빚어지기도
합니다. 많은 비약이 있긴 합니다만, 이런 갈등의 현실이 오늘 우리
사회나 교회 안에도 있다고 생각합니다. 예를 들면, 무력한 사회 주
변부 사람들이 생존을 위해 지리하리만큼 끈질긴 투쟁적 행동을
하는 것에 표피적으로 거부감을 느끼는 편견을 가졌거나, 혹은 일
상적 삶의 차원들, 개인적 안정과 억압 없는 평안한 생활의 문제에
매달리는 평범한 사람들의 기원에 대해 비난하거나 하는 현상들입
니다. 우리는 용산참사 사건을 잊고 있지만 저들은 아직도 시신의
장례도 치르지 못한 채 매일 매순간 억울함을 품고 생존권의 보장
을 요구하는 일로 살아가고 있습니다. 사회 주변부인 그들, 사회에
서 무력한 그들의 투쟁은 마치 하갈의 모습과도 유사하며, 그들의
하나님 또한 해방에 한계적인 하갈의 하나님 같아 보입니다. 그러
나 다른 한편 일상적 삶에서 평안을 찾고 서로 사랑하며 충실하게
기도하며 살고자 하는 이들은 저들의 투쟁적 태도에 식상해 합니
다. 더욱이 교회 안에서 이런 이야기를 말하는 것에 대해 불편해 하

고 그것이 신앙의 이야기는 아니라고 말합니다. 반면 이러한 사고에 대해 해방 지향의 사람들은 저들이 형제의 고난에 참여하지 않고 있음을 비난하기도 합니다.

저는 우리가 때로는 생존의 위협 아래 있게 되기도 하고 일상적 삶의 무게에 짓눌려 울부짖게 되는 때도 있으며, 때로는 억압적이고 학대의 고통에 시달려 해방적 투쟁을 해야 하는 상황에 처하게 될 때도 있는, 하갈과 같은 인생여정을 가질 수 있다고 생각합니다. 생존과 해방, 이런 상황은 우리 삶의 여정에서 겪게 되는 생의 과정일 것입니다. 우리는 개인적이고 일상적인 삶의 안정을 위해 열심히 기도하고 노력해야 할 것이지만 동시에 사회구조적 평화와 학대 없는 세상의 정의를 위해서도 기도해야 합니다. 그렇게 사는 것이 하나님의 자녀로서의 삶의 모습일 것입니다.

하나님은 하갈의 학대받음을 부당하게 보셨고 그의 자유로움을 위해 길을 인도하셨으며 그의 안정된 미래를 위해 약속해주셨습니다. 하나님이 그런 사랑과 보살핌의 하나님이라는 것은 바로 그러한 삶을 자녀 된 우리에게도 요구하고 계신다는 말입니다. 우리가 자신의 일상적인 생존적 삶과 평안을 위해 기도하면서 동시에 용산참사 투쟁자들의 고통을 안타까워하며 그들에게 지지를 보낼 수는 없는 것일까요? 왜 꼭 신앙의 이분화가 일어나야 하는 것일까요? 무력한 자들의 삶의 조건변화를 위한 몸부림에 하나님의 사랑이 분명 함께하신다면 그것은 우리에게도 그런 삶을 살라고 하시는 요청이 아니겠는지요?

이야기를 조금 더 진전시켜보겠습니다. 오늘의 하갈은 누구일까요? 필리스 트리블 교수는 하갈이 버림받은 모든 여성, 지배계층 남성과 여성에게 이용당하고 학대받는 흑인 여성, 대리모, 법적 보호를 못 받는 불법 체류 외국인, 소외된 여성, 미혼모, 집 없는 여성 등을 상징한다고 말합니다. 저는 불의한 구조 속에서 학대받고 또한 생존의 절박함 아래 있는 모든 이들을 생각하게 됩니다. 여러분은 생존의 절박함이 어떤 것인지 아십니까? 저는 어렸을 적에 지독한 가난을 경험해서 어렴풋이 알고 있습니다. 제 어머니는 36세에 홀로 되셔서 올망졸망 어린 딸 넷을 기르셨습니다. 먹을 것이 없어 이집 저집 친척집을 기웃거려 어둑한 저녁에 쌀 됫박을 얻어오시던 어머니의 모습을 잊을 수 없습니다. 극한적 가난에 처한 사람들, 특히 가난한 임신한 여성의 몸은 생존의 위협을 더 느끼지요. 한 끼만 걸러도 온몸이 고통스러워지는 배고픔에 시달립니다. 지금 북한의 임산부들, 북한의 아이들은 어떤 고통 속에 있을까요? 배고픔, 목마름, 소외됨, 나아갈 길이 막힌 삶의 상황, 절박한 생존의 위협에 놓인 이들을 하갈의 하나님이 찾아주시기를 기원합니다. 죽음의 문턱 앞에서 또는 삶의 고통의 절박함 앞에서 울부짖는 기도를 우리는 감히 기복신앙이라 비난할 수 없습니다. 한국 교회의 왜곡된 기복신앙행태야 비판받아야 하지만 생의 절박함 앞에서 부르짖는 기도를 외면할 수는 없습니다. 오히려 귀 기울이고 하갈의 하나님이 함께해주시기를 기도해야 할 것입니다.

이용당하고 학대받는 자로 성서에 가장 먼저 나오는 하잘것없는 이집트 여인 하갈, 그의 이야기는 억압자의 관점에서 기록되어 있어 그의 해방적 차원은 한계가 있습니다. 그럼에도 그가 자신의 억압구조를 넘어서려고 계속 투쟁하며 산 모습에 성서는 격려와 칭찬을 아끼지 않습니다. 힘없는 자들의 저항이 언제나 무력하게 끝나고 오히려 더 억압적 상황을 만들어내는 이 땅의 역사 현실을 하갈을 통해 다시 직시하게 됩니다. 이러한 현실이 바로 비주류, 주변적 사람들의 신앙의 경험이라 하겠습니다. 여기서 우리는 우회적으로 하갈을 찾아와 위로하고 인도하시는 하나님을 통해 사라와 아브라함의 학대와 편견과 신분차별이 불의한 행위이며 잘못된 것임을 성서가 말하고 있음에 귀 기울여야 할 것입니다. 그리고 하갈의 자유와 해방을 도우시는 하나님을 바라 볼 수 있어야 합니다.

우리는 하갈을 만나시는 하나님을 통해 성서는 야훼 하나님이 하잘것없는 여종까지도 사랑하고 보살피시는 사랑의 하나님이며, 신분차별을 철폐하시는 하나님이며, 노예의 자유와 해방을 인도하시는 하나님이며, 이방민족도 보살피시고 세우시는 하나님이며, 생존의 위협에 놓인 모든 사람에게 위로와 생명의 힘을 새롭게 주시는 하나님임을 분명히 전하고 있음(이경숙)을 알 수 있지요. 그리고 나아가 하나님은 모든 차별을 뛰어넘어 인간 모두가 각자 독립된 해방의 길을 찾도록 도와주시는 분이라는 하나님 속성의 지평을 활짝 열어놓고 있습니다.

성서에서 중심은 아니지만 잊히지 않는 인물 하갈, 그는 다양한 방식으로 믿음을 형성하고 믿음에 도전했습니다. 성서에서 믿음의 흑인 여성 조상을 회상하는 일은 주변부에 사는 이들의 경험을 우리의 것으로 새롭게 경험할 수 있는 연결지점을 찾는 일입니다. 우리 삶의 생존의 차원도 해방의 차원도 하나님의 사랑과 인도하심이 함께하는 길임을 하갈의 이야기는 말해주고 있습니다. 그 길을 가는 하갈에게 하나님은 부단한 노력과 인내를 요구하고 있음을 봅니다. 그런데 하나님께서는 오늘 우리 새길 공동체에게는 하갈에게 요구하신 끈질긴 노력과 인내 위에 겸손과 한마음 되는 화합을 요구하고 계시는 것이 아닌가 생각됩니다. 겸손하고 한마음 되는 화합을 위해 노력하는 우리에게 하갈의 하나님께서 위로와 새 힘을 주시고 함께하시리라는 믿음을 가져봅니다.

(2009년 9월 14일)

모태 공간, 어머니 교회

예레미야 31:15~17, 21~22

계절의 여왕이라고 하는 5월은 가정의 달입니다. 어린이 날, 어버이 날, 스승의 날 등 우리가 이 세상에 태어나 중요한 만남을 한 가족과 스승에 대한 감사와 깊은 사랑을 재확인하고 진정한 관계를 다지는 시간을 갖게 됩니다. 대체로 이 시기에는 모성이 가장 고양되고 미화됩니다. '자기 모두를 다 바쳐 희생하는 어머니'의 모습은 우리 인생의 영원한 고향이요 생명의 근원이기 때문일 것입니다. 저도 평생 자신을 희생하며 사신 어머니에 대한 기억을 이 세상 떠나는 날까지 잊을 수 없을 것 같습니다.

그러나 지금 우리 현실은 그런 희생적 모성을 고양하기엔 생활 구조가 옛날과는 너무나 달라졌고 그러한 모성 찬양이 자칫 여성을 계속 희생의 자리에 머무르게 하는 여성 억압기제로 작용한다는 점에서 심각하게 재고해야 할 문제이기도 합니다. 지금은 전통적 모성상을 넘어선 새로운 모성상이 모색되고 있으며 모성의 사회적 확대도 어느 정도 사회제도적 차원에서 이루어지고 있습니다. 그럼에도 불구하고 요즘 직업을 가진 많은 어머니들이 희생적 어머니가 되지 못하고 있다는 죄의식을 갖고 있다고 합니다. 자기 스스로도 그러하거니와 사회의 시선도 희생적 모성을 강요하고 있기 때문입니다. 요즈음 자녀를 좋은 고등학교나 대학에 보내는 조건 중 하나가 '엄마의 정보력'이라고 합니다. 이것은 희생적 모성의 변형된 형태입니다. 어떤 면에서 지금 우리 사회에 왜곡되고 변형된 희생적 모성이 판치면서 아이들을 더 괴롭히고 있다고 생각됩니다. 건강하고 새로운 모성상이 재정립될 필요성이 크다 하겠습니다.

근래 어머니에 대해 다시 생각하도록 많은 관심을 촉발시킨 신경숙 님의 소설『엄마를 부탁해』는 이런 실정을 보여줍니다. 작가는 '자식을 위해 자신을 모두 내어주고 온몸과 마음을 다 바치는' 전형적인 희생적 모성으로서의 어머니 모습을 가슴 저리게 그려내고 있습니다. 그러나 그 어머니가 늙고 병들어가면서 그를 보살피는 일은 먹고살기 바쁜 자식들의 삶에 걸림돌이 됩니다. 이렇게 거추장스러운 존재가 된 어머니는 치매를 앓게 되었습니다. 어머니는 과거 어느 지점에인지 강렬히 남아 있는 아들이 있던 곳을 배회하며 걸인이 되어 떠돌고 자녀들은 우왕좌왕 어머니를 찾아 헤매지만 도저히 만나지 못합니다. 그 와중에 해외여행을 가게 된 둘째 딸이 여행지에서 들른 성모 마리아상 앞에서 '엄마를 부탁해요'라고 기도드리는 것으로 소설이 마무리됩니다. 이 소설은 많은 나라 말들로 번역될 정도로 세계인의 공감을 얻고 인기를 끌게 되었다는 보도를 보았습니다. 그러나 한편으로는 여전히 희생적 모성이 강조되고 미화되는 전통적 어머니상에 머물러 있다는 혹독한 비판적 평가도 있습니다. 저는 양면적 평가 모두가 일리 있다고 생각됩니다. 작가는 성모 마리아에게 엄마와 함께 모성에 대한 결론도 부탁하는 것 같습니다.

모성에 대한 양극적 이해가 갈등 형태로 나타나고 있는 현실이지만, 분명한 것은 인류를 살아남게 하는 힘은 사랑으로 보살피고 양육하며 생명을 살리는 가치에 있다는 사실입니다. 인간은 사랑과 보살핌과 양육 받음으로 인해 생명을 유지하고 역사를 이어나가기 때문입니다. 따라서 모성성을 여성을 억압하는 기제가 아니라 인간을 살리는 가치로서, 남성이든 여성이든 관계없이 모두에게 인간의 보살핌과 살림의 가치로서 어떻게 구현될 수 있을 것인가는 오늘처럼 죽임의 문화가 지배하는 세상에서 매우 중요한 일입니다.

이런 맥락에서 저는 교회공동체가 모성적 가치를 보존하고 확장하는 힘을 가질 수 없을까를 생각했습니다. 그러다 우연히 어느 날 아침 TV에서 우리나라 최고 건축가로 꼽히는 고 김수근 선생의 건축물을 소개하는 프로를 보게 되었습니다. 그분의 건축물 가운데 몇 개의 종교 건축물은 독특한 양식과 내용을 담고 있음을 알게 되었는데, '경동교회' 건축물이 중점적으로 소개되었습니다.

경동교회 건축물은 뾰속 첨탑이 돋보이는 일반적인 교회 건물과는 달랐습니다. 우선 교회 건물을 다양한 모양의 벽돌을 쌓아올려 지었고, 뾰족한 형태가 아니라 기도하는 손들의 형상으로 첨탑을 표현했으며, 교회로 들어가는 문을 정면이 아니라 뒷면에 자리하게 했으며 낮은 돌계단을 올라 그 문에 다다르는 독특한 구조였습

니다. 극히 짧은 동안이지만 계단을 오르면서 마음을 가다듬고 자
신을 돌아보는 약간의 엄숙함이 생길 수 있는 계단이 주는 의미가
좋았습니다.

　교회 내부는 창문이 거의 없이 오직 제단 위에 뚫려 있는 하늘의
빛 자연광을 받으며 약간 어두움에 싸여 있어 잔잔하고 엄숙하며
신비한 분위기를 주었습니다. 그런데 참으로 독특하게도 김수근
선생이 설계한 교회의 내부 공간은 ‘모태 공간’을 상징화하고 있다
는 것입니다. 그분이 확실하게 그런 상상을 했는지는 정확하지 않
지만, 교회를 어머니의 자궁으로 상징화했고 그 안에서 태아가 편
안함과 충분한 양육을 받고 있는 상태를 상상해 나타내고자 한 것
으로 충분히 해석될 수 있는 공간의 모습이라는 것입니다. 1970년
대 이 교회를 건축하면서 어떻게 이러한 모태 공간 개념을 가질 수
있었을까? 저는 놀라움을 금하지 못했습니다. 교회가 어머니의 자
궁이라면 교회공동체 안에서 생명을 살리는 모성적 가치가 무한히
생성되어야 하고 또 그렇게 될 수 있을 것이라는 생각이 들었습니다.

　실제로 초대교회 교부들은 흔히 성령을 어머니로 불렀을 뿐만
아니라 그리스도를 어머니로 이해했습니다. 이 전통은 초대만 아
니라 중세의 신비사상가에게는 매우 흔한 상징으로 나타납니다(힐
데가르트, 줄리앙, 에카르트 등). 그리스도를 어머니로 본다는 것은 그
리스도의 인간됨을 그의 모성성과 동일시하는 것입니다. “구세주
는 우리의 참된 어머니이며 그 안에서 우리가 끊임없이 태어나고,
그를 떠나서는 우리가 살아갈 수 없습니다. 어머니는 첫째, 사랑하
고 먹여주며, 둘째, 출산을 통해 창조하고 구원합니다. 이 두 가지
가 그리스도의 구속적 역할입니다.” 이러한 해석을 서슴지 않았던

것입니다. 우리의 믿음이 그리스도의 사랑에 의해 내가 살고 존재하며 내 영혼이 양육된다는 데 이르면 자연스럽게 그리스도를 사랑하고 양육하는 어머니로 이해하게 되겠구나 생각이 들었습니다.

1960년대에 이르러 여성신학은 어머니 하나님을 성서로부터 찾게 됩니다. 호세아서에는 하나님이 이스라엘을 향해 "내가 너를 양육하고, 품에 안고, 걸음마를 시키며 키웠다"라고 하며, 이사야서에는 "나는 너를 내 태에서 조성한 자"라고까지 하고 있습니다. 그러나 이런 표현을 넘어 하나님의 속성이 속속들이 어머니라는 것을 보게 됩니다. 필리스 트리블 교수는 수사학적 연구를 통해 하나님의 자비와 여성 신체기관인 자궁의 언어적 일체성을 탁월하게 밝혔습니다. 하나님의 자비를 나타내는 히브리어 '라하밈'은 복수단어인데 그 어원인 단수형 '레헴'은 자궁이라는 것입니다. 하나님의 자비는 어머니의 자궁이라는 어원에 줄을 대고 있으면서 구체적인 명사 자궁은 추상명사인 하나님의 자비로 표현된다는 것입니다. 트리블 교수는 "자궁은 통제하거나 지배하는 곳이 아니라 무한으로 수용하며 양육하고 자원을 한없이 제공하는 곳"이라고 설명합니다. 그러므로 하나님의 자비는 무한한 받아들임, 풍요한 생명력으로 양육함, 한없는 은총의 제공이라고 하겠습니다. 하나님의 자비에 힘입어 만물이 양육되고 새 생명을 얻어 살아나는 것입니다. 그래서 하나님의 자비는 바로 어머니의 자궁 같은 것입니다.

한걸음 더 나아가 우리 교회에도 많이 오셨던 김이곤 교수는 하나님이 이집트 파라오의 학정 아래 신음하는 히브리 민족의 고통을 보고 듣고 '하나님의 자비', 즉 '하나님의 자궁'이 떨려 히브리 민족을 구원하시기로 작정하고 찾아오셨다고 해석합니다. 이때도

'레헴'이라는 어원이 사용되고 있다는 것입니다. 이것은 자궁의 생명력이 비단 개인의 차원뿐만 아니라 사회적·민족적 차원까지 확대되며, 하나님의 역사 영역이 개인과 역사 차원 모두에서 전개됨을 시사해주고 있습니다.

김수근 선생이 이런 신학적 내용을 모두 알았던 것은 아닐 것입니다. 그럼에도 불구하고 그가 교회 공간을 모태 공간으로 상징화한 것은 교회라는 곳이 생명의 탯줄·젖줄이 되며 생명을 잉태시키고 양육하고 살려내는 곳이요, 거기서 평안과 위로와 힘을 받게 된다는 자신의 믿음을 표현한 것이리라 생각됩니다. 자궁은 생명체를 잉태하고 양육하고 완성시키는 곳입니다. 생명을 살리고 온전하게 하는 일을 하는 공간이지요. 곧 교회 안에서는 힘없고 죽어가는 생명이 새 힘을 얻고 건강하게 양육되며 생명력이 넘쳐흐르는 새로운 생명으로 변화되는 일이 일어나야 하며 그러한 말씀과 사귀임이 넘쳐나야 한다는 말입니다. 따라서 교회는 특정한 장소가 아니라 하나님의 자비가 베풀어지는 곳 곧 모든 억압과 고통과 죽임의 세력이 위협하는 생명력을 회복시키고 살림의 역사를 이루는 모든 공간이라고 하겠습니다. '살림'은 '죽임'의 반대말입니다. 죽임은 자연적인 죽음 혹은 죽은 상태를 뜻하는 정적인 의미로서의 죽음과는 달리 강제로 그리고 의도적으로 생명을 빼앗는 동적인 행동과 상황입니다. 교회 공간 곧 모태 공간은 이런 죽임의 세력을 거부하고 살림을 이루어야 하는 곳입니다.

우리의 역사와 주변 상황을 둘러보면 말할 수 없이 많은 죽임이 일어나고 있음을 알 수 있습니다. 역사 속의 일을 일일이 들추는 것은 차치하더라도 지금 우리 안에 일어나고 있는 죽임의 사건이 얼마나 많습니까? 탐욕과 거짓에 얽힌 부도덕으로 진실 된 삶에 대한 기대와 희망의 생명력을 죽여버리는 죽임의 행진이 매일 보도되고 있습니다. 이보다 더 절박하게 사회의 총체적 부조리로 인해 특히 교육 현실의 심각한 왜곡으로 인해 우리의 귀한 아이들이 연이어 자살하는 안타까운 상황 속에서도 참 우리는 뻔뻔스럽게 살고 있습니다. 보도에 의하면 OECD 국가 중 어린이 행복지수에서 우리나라는 하위급, 100점 만점에 69점이라고 합니다. 자살충동을 느낀 아이들이 12%, 불만족하다는 아이들이 50% 가깝다는 것입니다. 우리 아이들이 이렇게 불행해 하는 것은 순전히 어른들의 잘못 때문이 아닙니까?

광우병의 위험에 휩싸인 소고기를 대책 없이 수입하면서 국민의 건강은 안전하게 지킨다는 기만된 논리를 철면피하게 공포하는 정치인의 소행은 우리 늙은이들은 그렇다 치고 우리의 미래가 되는 후손을 죽임으로 위협하고 있지 않습니까? 문 밖을 나서거나 밤길을 걷는 여자아이나 여성은 두려움에 떨고, 성폭행·강간·살인이 빈번히 일어나는 죽임의 세상을 무능하게 당하고만 있는 이 현실을 어떻게 감당해야 하나요? 그뿐입니까? 후쿠시마 원전사고의 참혹힌 재난과 고통을 보면서도, 그것을 통해 많은 생을 살아가야 하는 아이들의 참혹하고 불행한 미래를 뻔히 보면서도 원전을 더 세워야 한다고 가장 안전한 에너지 방식이라고 국익을 위해 여전히 홍보해야 할 재정자원이라고 기막힌 이론을 내세우는 용서할 수 없는 어른인 우리입니다.

저는 후쿠시마 원전사태 이후 우리의 삶이 근본적으로 달라지지 않으면 안 되겠구나 하는 생각이 깊어졌습니다. 핵 관련 책을 찾다가 소설 한 권을 읽게 되었는데, 구드룬 바우제방이 쓴 『핵폭발 뒤 최후의 아이들』이란 책입니다. 독일의 한 지역을 배경으로 핵폭발 사건을 가상적으로 쓴 소설이지만 결코 그것은 가상의 세상이 아니었습니다. 제가 그 책에서 가장 충격 받은 것은 핵폭발에 노출된 임산부가 눈 없는 아이를 출산한 장면이 아니라 핵폭발로 상처투성이가 되어 죽어가는 아이들에게 주인공이 "죽어서 하늘나라에서 부모님과 만나 행복하거나"라고 하자 "뭐? 부모님들? 그 어른들은 천벌 받을 사람들이야"라고 울부짖는 장면이었습니다. 이 구절에 강한 충격을 받은 후 저는 '우리 어른들이 무슨 일을 저질러놓은 거지? 눈에 넣어도 아프지 않을 아이들에게 이렇게 참담한 미래를 넘겨주다니? 잔혹한 죽임의 미래를 넘겨준 사람들 속에 나는 들어 있지 않다고 생각했는데 나 역시 똑같은 범인이구나'라고 깨달았습니다.

저는 손자들을 보살피면서 자주 우명미 자매님을 생각합니다. 자매님은 오랫동안 투병생활을 하면서 "내가 이 세상을 떠나는 것은 하나도 아쉬울 게 없는데 단 한 가지 손자 정민이가 자라는 모습을 못 본다는 것이 안타깝다"고 말했습니다. 저는 가끔 정민이를 한 번 보았으면 하는 마음이 듭니다. 우명미 자매님 대신 그 아이가 자라는 모습을 보고 기쁨을 가지는 것이 한 공동체 식구로서 정을 함께하는 일인 듯해서입니다. 요즈음 저도 자매님과 같은 심정을 가집니다. 우리는 이렇게 손자손녀세대를 그리워하면서 여생을 지내고 있습니다. 요즈음 새길 안에서도 3세대가 많이 태어나 할아버지할머니들이 싱글벙글하시는 모습을 많이 봅니다. 이렇게 소중한 후손에게 죽임의 문화를 물려준다면 우리는 얼마나 큰 죄악을 범하는 것이겠습니까? 어린이날 좋은 선물만 생각할 것이 아니라 살림의 세상을 물려줄 생각을 해야 할 것입니다.

오늘 성서 본문에 라헬의 통곡 이야기가 나옵니다. 라헬은 잘 아는 대로 이스라엘 조상 야곱이 가장 사랑한 부인입니다. 라헬은 오랫동안 아기를 갖지 못하다가 늦게야 요셉과 베냐민을 낳았습니다. 그러나 애지중지한 요셉은 형들의 간계로 이집트로 팔려갔고 형들은 요셉이 죽었다고 말했습니다. 아들을 잃은 라헬이 애간장이 녹아나는 통곡을 합니다. 자식 잃은 어미의 통곡입니다. 오늘 본문 예레미야서의 라헬은 자식 잃은 모든 부모의 상징이 되고 있습니다. 예레미야는 기원전 721년 아시리아의 침략 당시 포로로 잡혀간 아들들을 위해 무덤을 배회하면서 통곡하는 어머니들을 라헬의 통곡하는 영혼과 일치시키고 있습니다. 세상에 수많은 슬픔 중에서도 자식 잃은 슬픔이 가장 클 것입니다. 성서는 라헬이 위로받기를 거절했다고 표현하는데 자식 잃은 슬픔은 그 무엇으로도 위로되지 않는다는 뜻일 것입니다.

고려 말 원나라로 공녀로 끌려가는 수많은 딸들을 보내면서 소리친 어머니들의 통곡이 천지를 뒤흔들었다고 합니다. 일제강점기에 정신대로 잡혀간 딸들 때문에 혹은 징병으로 끌려간 아들들을 보내며 소리친 어머니들의 통곡이 역사의 바닥에 아직도 그대로 고여 있는 듯합니다. 이들의 절규는 마치 성서 라헬의 통곡과 같은 소리였을 것입니다. 이대 박경미 교수는 이 어머니들의 통곡과 비명은 억울함과 악마적 상황에 대한 고발이며 동시에 이 죽임의 절망 앞에서 다시는 이런 죽임이 되풀이되어서는 안 된다는 강력한 갈망의 울부짖음이었다고 해석합니다. 죽임의 절망 앞에서는 통곡밖에는 방법이 없지요. 그러나 그 통곡으로 인해 새로운 역사가 동트게 됨은 인간사의 풀 수 없는 수수께끼이며 아이러니라 하겠습니다.

돌이켜보면 예수도 통곡의 울음소리와 함께 태어납니다. 이는 예수의 생애가 인류 역사의 깊은 고통과 결부되어 있음을 암시함과 동시에 그의 태어남이 권력자와 가진 자와의 충돌과 갈등을 불가피하게 일으킬 것을 예시합니다. 그것은 권력자의 방식이 죽임이라면 예수의 방식은 살림의 그것이기 때문입니다. 예수의 출생에 대한 헤로데의 대응은 두 살 이하의 영아학살이었고 이로 인해 라헬의 통곡소리가 온 베들레헴을 흔들었다고 성서는 기록하고 있습니다. 더 소급하면 이는 모세의 탄생 이야기와 맞닿아 있습니다. 히브리 민족을 말살하기 위해 파라오는 두 살 이하의 영아를 모두 학살하라는 죽임의 정책을 엄포합니다. 그리하여 라헬의 통곡이 역사 안에 다시 울려 퍼지게 됩니다. 그러나 지혜로운 여인들 히브리 산파, 미리암, 애굽공주 등에 의해 모세는 갈대상자 속에 생명을 보존했고 히브리 민족의 해방 인도자로 출현할 수 있었습니다. 모세의 히브리 민족 해방 사건은 천 년을 지나 예수의 인류 해방 사건으로 이어졌습니다.

그런데 라헬의 통곡으로 죽임의 세상이 살림의 세상으로 반전되었다고 예언자는 고백합니다. 하나님이 새 역사를 열기 시작했고 그 새 세상은 ‘여자가 남자를 안으리라’는 완전 새로운 질서의 세계가 된다고 말합니다. 이 표현은 정말 낯섭니다. 21세기도 아닌데 여성신학도 모르면서 예레미야는 어떻게 새 세상을 이런 표현으로 상징했을까 상상과 해석이 어려워집니다. 분명한 것은 이제는 흑암 같던 암울한 시대는 끝난다는 것이며, 포로로 잡혀갔던 아들들이 살아 돌아오고 흩어졌던 자들이 다시 돌아와 모이고 국가의 명예가 회복되고 우는 자를 기뻐 춤추게 하며 새날을 축하하는 그런 날이 온다는 것입니다. 아이들이 돌아오는 길에 푯말을 세워 길을 찾게 하고 어린아이가 죽음이 아니라 새 생명으로 살아 태어남을 노래하자는 것입니다. 삶의 환경이 완전히 반전되어 전쟁·테러·잔학성은 없어지고 상처 받은 자와 약자를 보살피는 공동체 안에서 생명의 풍요를 느끼게 될 것을 예언하고 있습니다. 모든 새 질서는 '여자가 남자를 안으리라'는 것으로 상징됩니다. 어떤 학자들은 '여자가 용사를 안으리라'로 해석하기도 합니다만, 아무튼 미래 세계의 질서, 남녀관계의 새로움, 회복된 사회의 모습은 놀라운 여성의 새로운 역할로 재건되고 기쁨이 넘치는 세상, 평화의 세상이라는 것입니다. 예레미야는 세상의 생명을 다시 살아나게 하는 힘으로 모든 관계를 바로잡는 것은 어머니처럼 자녀를 사랑하는 하나님에게서 가능하다는 것을 분명하게 보여줍니다. 예레미야의 하나님은 우는 하나님, 위로하는 하나님, 보살피는 하나님으로 나타납니다.

우리를 둘러싸고 있는 죽임의 현실을 보면서 이 세력들을 굴복시키고 아이들의 미래를 생명의 세상으로 열기를 간절히 바라게 됩니다. 죽임이 물러가도록 라헬처럼 우리도 통곡하고 비명을 지르면서 악의 세상을 드러내어야 하며 생명의 새 세상을 갈망해야 하겠습니다. 이제 비록 개인적 차원에서는 '내 새끼 위해 내 모든 것을 희생한다'는 전통적 모성상을 가진다 하더라도 교회 공동체는 그 차원을 넘어선 사회적 모성성을 이루어나가 소중한 우리 아이들을 살려야 합니다. 우리 아이들의 미래 생명을 살리기 위한 공동체적 사회안전망을 넓히는 사랑을 해야 한다는 말입니다.

'여자가 남자를 안으리라'는 새로운 질서의 한 단면을 상상하며, 우리 아이들을 죽이는 이 경쟁세상에서 김용택 시인의 「좋은 엄마」를 떠올립니다.

좋은 엄마는 나를 강가에 데려다줍니다.

좋은 엄마는 나를 나무에 기대게 해줍니다.

좋은 엄마는 나를 흙과 바람과 풀잎에게 데려다줍니다.

좋은 엄마는 나를 친구에게 데려다줍니다.

좋은 엄마는 해가 지면 나를 부르러 강가에 옵니다.

이슬아 밥 먹어라.

달빛아 밥 먹어라.

나를 부르러 강가에 옵니다.

시인은 생태적 감수성에 젖은 새 세상의 질서를 노래하고 있습니다. 생태적 감수성으로 아이들을 키우고 광우병 들지 않게 소를 기르고 원전 같은 건 꿈에도 생각하지 않는 좋은 세상, 새 세상 말입니다.

슐라이에르마허는 "하나님 은총의 경험은 교회의 협동적 성격을 통해서 현현된다"라고 말했습니다. 하나님의 은혜로서 형성되는 협동적 삶이 곧 기독교적 삶이라고 합니다. 성령이 충만했던 초대교회 공동체는 구성원을 치유하고 양육하고 교육하면서, 당시 세상과 다른 '예수 안에서'라는 질서를 이루어나갔습니다. 교회는 어머니가 되어야 합니다. 모태 공간인 교회에서 우리의 아이들을 살려내고 온 지구를 살리는 살림의 일을 일으켜야 하겠습니다. 우리의 어머니 하나님이 지금 우리 안에서 이 일을 하고 계시고 우리가 함께하기를 원하고 있기 때문입니다.

(2012년 5월 8일)

누가 이 바윗돌을
옮길 것인가

마가복음 16:1∼4

6월은 아무래도 한반도의 통일, 평화정착, 남북한 관계 등과 같은 문제들을 생각하게 됩니다. 지난해(2000년) 6월 15일 50여 년 고착되어온 한반도의 분단과 냉전체제를 일거에 무너뜨릴 것 같았던 남북 정상의 만남이 이루어진 사건이 있었기에 올해 6월은 더욱 그러한 문제들을 생각하게 되고, "아아 잊으랴 어찌 우리 이날을……"이라고 기억하고 또 기억해온 6·25가 바로 내일이기에 오늘은 더욱 그러한 문제에 관심하지 않을 수 없겠습니다.

지금 남북관계는 1년 전과는 너무도 달라졌음을 우리 모두 느끼고 있습니다. 1년 전 남북 정상회담으로 전쟁이 없고 이산가족이 만나고 통일이 곧 이루어질 것 같은 유토피아적 희망에 부풀었습니다. 남북 역사에 새로운 시대의 시작이 선포되고 한반도 냉전구조를 해체하는 길이 열리는 한반도 정세의 역사적 전환이 일어난다고 생각했습니다. 그러나 지난해 10월 이후 남북관계는 소강상태에 들어갔고 올해 초부터는 정체상태에 빠졌습니다. 미국 부시 정권이 엄격한 상호주의로 핵, 미사일과 연계해 북미대화나 지원을 고려한다는 북한에 대한 강경정책을 내세워 북미관계의 갈등이 증폭되었고 결국 한반도 평화와 통일은 다시 미궁으로 빠진 듯합니다.

이러한 상황에 북한 상선의 영해침범사건은 남한의 정서를 더욱 긴장시켰고 금강산 관광사업의 적자 현실 또한 IMF 이후 어려운 경제를 더욱 어렵게 만든다는 비판으로 부정적으로 흐르고 있습니다. 더욱이 북한에 "퍼붓기 식 지원을 한다", "북한 김 위원장의 답방을 여러 차례 요청한 것은 굴욕적 외교 행태다", "북한 상선의 침입에 대한 미온적 태도는 국가 안보에 위협을 크게 했다", "정부의 햇볕정책은 근본적으로 잘못된 것이다"라는 등등의 비판이 김대중 정부의 통일정책에 퍼부어지면서 남한 내의 남북관계에 대한 여론의 분열이 오히려 커졌습니다. 또한 국내 극우 보수 언론과 정치인은 정부를 비난할 꼬투리를 제대로 잡았다고 생각하고 비난의 강세를 펴고 있어 통일 문제에 어느 정도 성과를 거둔 김대중 정부의 노력 자체를 폄하하는 여론을 확산시키고 그래서 사람들은 그 여론에 동요되고 있습니다.

이처럼 어렵고 복잡한 현실에서도 우여곡절 끝에 금강산 관광사업이 육로로도 열리게 되고 남북 고위급회담이 재개될 전망이며, 북미회담의 최대한 성과를 이루려는 노력이 남북관계를 다시 활성화시킬 힘으로 희망을 주고 있습니다. 돌이켜보면 남북 정상회담의 의미는 정말 큽니다. 전쟁의 위협에서 평화로운 삶으로, 불신과 증오와 반목의 관계에서 화해와 협력의 관계로 한반도를 바꾸는 이정표를 세운 것입니다. 남북의 실체를 스스로 다시 보게 했으며, 통일은 미루더라도 온갖 사회모순 구조의 근원이 되었던 냉전이 사라지고 한반도에 평화가 정착된다는 것은 대단한 전환이요 남북 국민의 삶을 새롭게 하는 대전환의 사건이기 때문입니다.

그럼에도 남북관계가 발목 잡히고 더 진전되고 있지 못함은 안타까운 일입니다. 우리는 일반적으로 남북관계의 활성화 지체가 부시 행정부의 강경 대북정책 때문이라고 생각합니다. 그것은 물론 맞는 말입니다. 그러나 그 못지않게 남한 내부의 여론 분열 또한 남북관계를 더 진전시키지 못하게 하는 큰 요인으로 작용한다는 사실을 깊이 생각해야 합니다. 한 신문기자가 지적한 것처럼 실은 남한 내부의 정부 대책에 대한 광범위한 반발이 한반도 평화 정착에 부정적 요인으로 작용하고 있습니다. 한반도 평화정착을 이루어내어야만 한반도인의 미래 삶이 보장된다는 관점에서 보면 정부의 통일정책에 대한 비난은 문제가 있습니다. 이 문제는 그야말로 당리당략적 차원을 넘어서야만 합니다. 야당 자체 안에서도 남북관계의 답보현상이 남북한 자체의 내부 사정에 기인한다는 분석과 보안법 개정 등을 통해 남북관계에 열린 태도를 가져야 할 때이므로 당의 정책에 문제가 있다는 지적이 나왔습니다. 다시 말해서 주변정세의 불안정이 남북 화해·협력을 깨트리는 이유는 못 되는 것이고 그렇게 되도록 해서도 안 된다는 말입니다.

1980년대 초 미국과 옛 소련의 신냉전이 벌어지자 동서독은 각각 옛 소련과 미국에 대해 동맹으로 군사·안보 의무를 충실히 하면서도 동시에 실용주의적 교류 협력을 민족 차원에서 확대해나갔다는 것을 주의 깊게 참고해야 합니다. 이런 관점에서 북한의 김 위원장도 답방을 조속히 시행해야 합니다. 그의 답방이 중요한 것은 안정된 남북관계가 지속된다는 확인이 되고 긴장이 완화되고 다시 교류 협력이 확대되도록 하는 지름길이기 때문입니다.

저는 어느 정치집단을 비난할 생각은 조금도 없습니다. 다만 50여 년 고난과 고통 속에 살아온 한반도인의 미래를 절실하게 생각해야 하는 이때에 지금 우리가 무엇을 해야 할까 진실하게 생각해야 한다는 생각입니다. 정말 지금 우리는 무엇을 해야 하겠습니까? 제가 아는 30대 부부가 초등학교 5학년과 1학년에 다니는 딸과 아들과 나눈 대화가 참 의미 깊게 느껴졌습니다. 아이들이 6·25에 대해 설명해 달라고 하니까 아버지가 설명을 시작했습니다. 아버지는 "6·25전쟁은 1950년 6월 25일 새벽에 북한 군인이 남침을 해왔고 그래서 남한 사람들이 많이 죽었어. 유엔군은 우리를 돕기 위해 한국에 와서 함께 싸워준 고마운 분이야"라는 식으로 이야기했습니다. 부엌일을 하던 어머니가 아이들에게 와서 이야기를 수정했습니다. "6·25전쟁은 지금까지는 북한이 남한을 침략했다고 알려져 있지만 최근 역사학자들이 그 원인을 여러 가지로 연구하고 있는 중이야. 어쨌든 일본의 식민 지배를 받다가 해방된 우리나라에서 미국과 소련 등 강대국의 세력 영향 때문에 전쟁이 일어나게 되있어. 선생은 참으로 비참한 상황을 만들어 남한과 북한의 많은 사람들이 죽임을 당했고 남북이 분단되었어. 많은 이산가족이 생겨났고 지금까지 이별의 고통과 한을 품고 살고 있지. 이처럼 전쟁은 같은 민족끼리 적대시하고 대립하는 비극을 초래했단다. 분단과 이산과 정치적 대립으로 우리 민족은 커다란 시련과 불행을 겪게 되었으므로 전쟁은 결코 다시 일어나서는 안 돼. 우리는 평화를 이루기 위해 전심으로 노력해야 해.”

저는 이러한 설명의 차이가 작은 것 같지만 매우 크고 오늘 우리에게 중요한 점을 시사해준다고 생각합니다. 우리가 기억하는 6·25 전쟁은 어려서부터 “상기하자 6·25, 쳐부수자 공산당”을 외치며 적대감과 증오심에 가득 차서 죽임을 향해 돌진하는 기념노래와 함께 이어져왔습니다. 멸공통일을 삶의 최대 목표로 생각하도록 만든 반공교육을 받으면서 피가 끓어오르는 울분을 동족인 북한에 퍼부으면서 살아왔고 6월이 오면 그 일을 극한으로 상기하게 했습니다. 그러나 지난해 6월은 이제 증오의 6월을 종식하고 완전히 다른 6월을 새롭게 보여주었습니다. 그래서 모두들 금세 북한을 친근하게 이야기하고 김정일 신드롬까지 일으키기도 했습니다. 그런데 남북관계가 다시 답보상태에 빠지자 다시 전쟁과 대립의 6·25 감정이 고조됨을 보게 됩니다. 여러 형태의 전쟁기념 행사가 치러지고 있습니다. 제 손자가 다섯 살인데 이 아이가 다니는 어린이집에서도 전쟁기념관 관람을 갔는데 관람자들이 너무 많아서 들어가지 못하고 결국 국립묘지를 방문하고 왔다 합니다. 지금 적대감의 6·25를 기념하게 하는 것은 커다란 살못을 저지르는 일입니다.

이제는 적대관계를 상기하는 6·25가 아니라 세계정치의 역학관계에서 발생한 한국전쟁으로 그 이름도 바꾸고 전쟁의 기념은 평화를 위해서만 해야 합니다. 평화를 지향하는 의식과 교육의 확대가 무엇보다 요구되는 때입니다. 이 지점에서 우리는 남북의 관계를 다시 생각하고 정립해나가야 합니다. 저는 오늘 한반도의 상황에서 가져야 할 우리의 생각과 태도를 정치사상가 한나 아렌트에게서 배울 필요가 있다고 생각합니다. 유대인 아렌트는 유대인의 무정치적 의식 때문에 동족이 그 비참한 파국적 희생을 당하게 된 것이라고 주장합니다. 아렌트는 유럽 유대인이 학살당한 이유를 당시의 유럽 세계가 당면했던 불행의 원인을 유대인에게 뒤집어 씌워서 그들이 희생제물이 되었다는 '희생양 이론'에 반대합니다. 그리고 유대인에 대한 적대감 때문에 필연적으로 제물이 될 수밖에 없었다는 '반유대주의 이론' 등으로는 유대인이 학살당한 이유를 결코 설명할 수도 대답할 수도 없다고 말합니다. 그는 오히려 서구 세계의 정치적 현실에 대한 유대인의 무관심과 당시 사회에서 차지하고 있던 유대인의 특수한 상황에 대한 유대인 자신의 정치적 무관심이 큰 원인이며, 여기에 유럽 국민의 반유대주의가 결합된 결과로 유대인 학살의 비극이 참혹하게 일어났다고 말합니다.

아렌트는 이것을 유대인의 '무세계적 실존' 또는 '세계소외'라고 표현합니다. 그것은 곧 유대인들이 정치적 현실에 대해서는 지극히 무관심하게 살면서 모든 불행을 남의 탓으로 돌리는 배타적인 자기중심적 사고와 태도를 말하는 것이지요. 다시 말해서 유대인이 자신의 현실적 삶의 자리에서 당면한 정치적 상황을 이해하고 그것에 참여해야만 한다는 것입니다. 개인의 삶이 세계 정치현실과 분리된 배타적인 자기중심적 사고로 갇혀버리는 것이 잘못된 역사를 사조하는 가장 근본적인 원인이라는 것이지요. 아렌트는 바로 유대인이 그러한 배타적 자기중심주의에 빠졌음이 큰 잘못이라고 강하게 지적합니다. 그래서 아렌트는 "역사를 바꾸지 않은 책임은 바로 지금의 나에게 있고, 미래 파국적 역사는 내가 자초한 것이 된다"고 말합니다.

과거의 역사를 인간 스스로가 만든 것이라고 본다면 미래의 역사 또한 인간 스스로가 만드는 것이라고 이해할 수 있습니다. 이렇게 볼 때 유대인의 비극적 종말의 책임이 유대인의 무(無)세계적 실존에 있다고 보는 아렌트의 역사 해석은 바람직한 미래를 위한 우리들의 실천적 관심과 결부된다고 하겠습니다. 유대인이 겪은 파국적 역사의 책임이 절반 정도는 유대인 자신에게 있다는 것을 이해할 때만 유대인이 과거의 과오를 청산하고 자기 책임 아래 미래의 역사를 적극적으로 만들어갈 수 있다는 것입니다.

아렌트의 이러한 주장은 유대인에게서 비판을 받기도 했지만 우리는 이러한 사상과 태도를 우리의 역사에 적용하면서 깊이 생각해야 할 것입니다. 아렌트에게 개인은 역사 안의 개인입니다. 그는 부당한 사회나 정치에 대해 개인 스스로가 저항하지 않는다면 그 부당한 사회와 정치의 책임 일부는 바로 개인 자신에게 있다는 확고한 신념을 가지고 있습니다. 모든 역사적 사건은 앞선 원인 때문에 일어나기는 하지만 그것이 필연적으로 일어나야 할 이유는 없다고 말합니다. 앞선 원인과 뒤의 결과 사이에는 엄밀한 인과성을 상정하기 어려운 크나큰 '간극(間隙)'이 존재한다는 것이지요. 그 간극은 인간의 행위를 통해 메워질 수 있다는 것이 아렌트의 주장입니다. 그런 의미에서 어떤 역사적 사건 또는 현상의 원인은 엄밀한 의미에서 볼 때 원인이라기보다는 그 위에서 인간의 행위가 행해지는 조건이라고 보는 것이 타당하다는 것입니다.

지금 한반도의 통일을 생각하고 민족의 미래 역사 전개를 새로이 펼칠 계기를 맞은 우리에게 아렌트의 사상은 깊이 생각해야 할 매우 중요한 관점을 제시하고 있습니다. 우리는 지금까지 한반도에 평화 정착이 되지 않은 이유를 강대국의 세력에게서 찾았습니다. 평화 정착의 관점보다는 배타주의적 개인의 이기심에 집착했고, 오늘의 세계 상황에서 정치적 현실의 한반도 운명을 생각하지 않는 '무세계적 실존'의 태도를 가지고 있기 때문입니다. 통일을 이야기하면서도 나의 삶과는 크게 상관이 없다고 생각하는 것이 우리의 일반적인 태도입니다. 이런 태도는 바로 세계소외로 인한 비극의 민족 미래를 가져올 수도 있습니다.

오늘 성서 본문은 향유를 들고 예수의 시신에 그것을 바르려고 새벽바람을 가르며 예수의 무덤을 향해 세 여자가 달려갔는데 그들은 가면서 무덤 앞에 놓인 매우 커다란 돌을 누가 치워줄 수 있을까 심히 염려하면서 갔는데 놀랍게도 그 돌이 이미 굴려져 있었다는 예수의 부활 사건과 관련되는 빈 무덤 발견 이야기입니다. 기독교 발생의 근원이 되는 예수의 부활 사건은 성서에서 빈 무덤 이야기와 예수께서 제자들 앞에 나타난 현현 사건 등으로 이야기되고 있지요. 부활절에나 적합할 것 같은 본문은 앞에서 나눈 이야기와는 별 상관이 없어 보입니다. 그러나 저는 예수의 무덤 앞에 놓였던 큰 돌이 굴려진 사건을 보면서 한반도의 통일이라는 이 거대한 돌이 어떻게 굴려질 수 있을까를 생각해보았습니다.

저는 이 여인들이 예수의 죽음과 부활 사건 사이에 있는 인과성의 긴극을 메우고 있다고 생각했습니다. 사실 죽음과 부활 사이에 인과성은 없다고 하겠습니다. 그러나 죽음이 있어야만 부활이 있다는 역설적 인과성이 오히려 더 철저하게 있습니다. 기독교는 이 역설적 인과성을 부활 사건의 근원으로 생각합니다. 예수 부활의 증거가 되는 빈 무덤 이야기는 복음서들에서 대부분 여성들과 연

결되어 있으며 빈 무덤을 처
음 발견한 자들로 나타나기
때문에 여인들이 부활의 첫
증인이 되고 있습니다.

　여인들이 부활의 첫 증인
이 되는 배경이 무엇일까 생
각해봅니다. 사실 그냥 보면 여인들은 믿음이 크게 있어 보이지 않
아요. 그들이 예수가 예언한 대로 사흘 만에 다시 살아난다는 말을
믿었다면 시신에 향유를 바르려고 무덤으로 달려오지는 않았을 것
입니다. 더구나 8절에 보면 천사가 예수의 부활 소식을 알리면서
제자들에게 전언할 것을 당부하는데 여인들은 너무 놀라고 무서워
서 아무 말도 못했다고 기록하고 있습니다. 이처럼 이 여인들은 훌
륭하고 담대한 믿음을 가진 자들로 보이지 않습니다.

　마가의 기록이 여기서 갑자기 끝나고 그 이후의 구절은 후대의
삽입이라고 하는데 이 갑작스러운 문장의 끝마침이 마가가 갑자기
심장마비를 일으켰기 때문이라거나, 여인들을 부정적으로 묘사한
것은 이 복음서를 읽고 여인들이 반성해 진정으로 복음을 전파하
기를 기대해서라는 등의 해석이 있습니다. 아무튼 마가복음 전체
에서 예수의 참된 제자의 모습을 실행하는 모델로 묘사된 여인들
이 부활 사건의 끝에 이르러서는 부정적 모습으로 이야기되고 있
다는 것은 여성이 결코 완전한 믿음을 실행한 자들로 미화되고 있
지 않다는 것을 말해줍니다. 그럼에도 불구하고 여인들이 부활 사
건의 첫 증인임은 확실한 사실로 기록되어 있어요. 더욱이 마가복
음에는 세 여인의 이름까지 정확하게 나와 있으며 여인들과 관련

된 빈 무덤 이야기와 관련되는 상당한 이야기들이 전개되고 있지요. 이는 여인들이 빈 무덤을 발견했다는 이야기가 상당히 널리 퍼져 있는 전승임을 드러내 보인다고 할 수 있지요.

왜 여인들이 예수 부활 이야기의 주역으로 등장했을까요? 이렇게 한번 상상해봅시다. 이 여인들의 가슴에는 예수가 살았을 당시 그들에게 행한 큰 은혜의 사건들이 충만해 있었을 것입니다. 결코 잊을 수 없는 사랑과 해방과 자유를 예수로부터 경험하게 된 그들은 예수를 잊을 수 없었고 그들 마음속에서 예수는 늘 살아 있는 존재였습니다. 그들의 삶은 예수를 따르는 것이었고 예수의 삶의 방식대로 살고 실천하는 것이었습니다. 그들은 예수에 대한 충만함으로 로마 병정의 감시도 또한 매우 큰 무덤 앞의 돌문도 상관하지 않고 무덤을 찾아갔던 것이지요. 그 결과 돌문은 이미 열려 있었고 무덤은 빈 무덤이며 예수가 다시 살아나셨다는 천사의 전언을 듣는 부활 사건이 발생한 것입니다. 그래서 기독교 부활 신앙의 태동은 바로 이 여인들의 행함으로부터였다고 말할 수 있습니다.

기독교를 출현시킨 새 역사를 만들어낸 것이 바로 이 여인들입니다. 그들이 일상 안에서 예수를 기억하고 그의 교훈을 따르고 삶의 방식을 실천하고 여기에 하나님이 함께하심으로 부활 사건이 일어난 것입니다. 여성들의 적극적 실천과 하나님의 역사가 만나서 역사를 일으켰다는 말입니다. 참 묘하게도 성서에서 여성들의 치유 사건은 다른 치유 사건과는 다른 특성을 보입니다. 대부분의 치유 사건이 예수의 권능에 의해 일어나는 것과 달리 여성들의 치유사건은 여성 자신의 적극적인 참여와 행함에 예수의 권능이 합해져 일어나고 있습니다. 대표적인 사례로 수로보니게 여인이 자기 딸의 치유를 위해 예수와 논쟁을 벌여 이를 성취한 이야기, 12년 간 혈루증을 앓던 여인이 무리 가운데서 예수의 옷자락을 직접 만져서 결국 치유된 이야기 등을 들 수 있습니다. 즉, 지극히 주변화되어 있던 여성이 새 역사를 이루기 위해 적극적으로 일하고 행동하는 그 속에 하나님이 함께 참여하고 있는 것을 볼 수 있습니다.

무덤 앞에 있던 그 큰 바위도 하나님이 기적으로 굴렸다든가 천재지변으로 굴려졌다든가 하는 초자연적 기적을 이야기하지 않습니다. 여인들이 열심히 일상적으로 경험 속에서 얻은 지혜대로 향유를 들고 새벽바람을 가르며 그 큰 돌을 옮길 것을 걱정하면서 힘껏 무덤을 찾아온 행위 자체가 있고 그리고 돌은 옮겨진 것입니다. 성서에는 아무런 설명이 없지만 우리는 하나님이 여기에 함께하심을 보게 됩니다. 앞서 말했듯이 한나 아렌트는 역사의 원인과 결과 사이의 간극을 메우는 것이 사람들의 행위라고 했는데, 저는 사람들의 행위와 그에 함께하시는 하나님의 역사라고 말하겠습니다.

성서 본문과 아렌트의 사상과 한반도의 역사적 상황을 서로 연관시켜 생각해봅시다. 우리 앞에 놓인 민족의 과제를 더 이상 강대국 탓으로만 돌리는 헛된 짓을 반복할 것입니까? 아니면 정치인의 정치세력 확보를 위한 수단으로 방기할 것입니까? 아니면 얼마의 통일기금을 내거나 북한 지원모금을 내면 내 할 일은 다하는 것이고 내 일상은 통일과 상관없이 '무통일 정치의식의 실존'으로(아렌트의 '무세계적 실존'의 개념으로) 살 것입니까? 앞으로 남북관계는 더 복잡하고 미묘한 상황으로 전개될 가능성이 높습니다. 특히 국내 여론의 분열은 더 첨예화될 수 있습니다. 대선을 치르면서 우리는 틀림없이 또다시 색깔론의 소용돌이를 겪게 될 것이기 때문입니다. 무슨 일이 있어도 한반도에 평화를 정착시켜야 하며 우리의 새역사를 만드는 데 개개인의 참여가 있어야 함을 중요하게 생각하지 않으면 또다시 비극의 역사가 되풀이될지 모른다는 무서움마저 듭니다. 우리의 운명을 누구에게 맡기고 구경만 하겠습니까? 아렌트의 말대로 역사적 사건의 인과성의 간극을 누가 어떻게 메울 것입니까? 우리의 역사를 우리가 만들지 않으면 우리가 살게 될 미래 역사를 누구에게 책임지울 것입니까?

성서의 여인들이 예수를 그들 일상의 삶 속에 따라갔듯이 그리고 개개인이 정치 공동의식을 이루는 참여자가 되어야만 비극의 역사를 바꿀 수 있다는 아렌트의 주장처럼 지금의 우리는 일상에서 통일 정치의식을 가지고 살아야 할 때임을 인식해야 합니다. 아렌트는 민족의 운명에 대한 민족 구성원 개개인의 무정치성을 한탄합니다. 통일의 길목에 들어선 우리도 '무통일 정치의식'으로 그러한 한탄의 상황을 맞게 될 수 있음을 생각해야 합니다. 무엇보다 너무 깊이 내면화된 반공 이데올로기, 그리고 북에 대한 적대감, 주적 개념을 털어내어야 합니다.

저는 젊은 어머니가 어린 자녀를 데리고 평화기행을 하는 모습에서 희망을 볼 수 있었습니다. 평화가 무엇인가를 그리고 평화의 세상을 오게 하기 위해 어떤 삶을 살아야 하는가를 열심히 아이에게 이야기하는 모습에서 바로 일상적 삶 속에서 정치 과제를 풀어낼 수 있는 한 방법을 볼 수 있었습니다. 유대 민족처럼 고난과 비극의 역사를 살아온 우리도 아렌트의 주장처럼 우리가 우리의 역사를 만들 것이라는 책임의식으로 굳건히 서야 할 것입니다. 여인들의 적극적이며 성실한 예수 따름이 무덤 앞의 커다란 바윗돌을 옮기는 작용을 했듯이 남북의 새 역사를 갈망하며 평화를 추구하는 우리의 온갖 노력에 하나님은 함께 참여하실 것입니다. 그래서 우리를 가로막고 있는 거대한 바윗돌은 이미 굴려지기 시작하고 있을 것입니다.

(2001년 6월 24일)

하나님의 모습을 찾아서

출애굽기 34:6~7, 느헤미야 9:17

눈에 보이지 않는 하나님을 믿는다는 것이 그렇게 쉬운 일은 아닙니다. 예수의 제자인 도마가 부활하신 예수의 손에 있는 못 자국을 확인하고 창에 찔린 옆구리를 확인한 후에야 주의 부활을 믿었다는 성서 기록을 읽을 때, 그의 믿음 약함을 비난하기에 앞서 나도 그와 같을 것이라는 생각이 듭니다. 많은 신자들이 기도의 응답을 받는다던가 아니면 기도나 환상이나 꿈 등을 통해 하나님을 만나거나 음성을 들음으로써 확신을 가지기 원하고 노력하기도 합니다. 자신이 믿는 신을 확인하는 것은 이 세상의 삶에 대해 의미를 갖게 하며 영원한 나라에서의 삶에 대한 희망도 확인하게 하기 때문에 인생의 모든 불확실을 넘어서 확신에 찬 힘 있는 삶을 살게 하는 원동력이 될 것입니다.

사실 성서는 이미 하나님을 증거하고 있으며 더욱이 신약성서는 예수를 보는 것이 바로 하나님을 보는 것임을 밝혀놓고 있습니다. 그럼에도 우리는 늘 하나님에 대한 확신을 직접적인 체험으로 갖기를 원하는 경향이 있습니다. 오늘 저는 하나님의 존재를 증명해내거나 그래서 확신을 갖자는 말을 하려는 것이 아닙니다. 오히려 하나님을 존재론적으로 증명해내는 것은 무모한 신앙이며 우리 내면에 늘 함께하시는 하나님을 재발견해야 함을 말씀드리고자 합니다. 그래서 먼저 성서에 나타나 있는 하나님의 모습을 찾아보려 합니다.

성서는 이스라엘 백성이 삶의 과정에서 영원하신 하나님을 만나기 위한 노력과 하나님을 만난 경험을 기록한 책이라고 할 수 있습니다. 그래서 우리는 성서를 통해 하나님의 모습을 찾아볼 수 있습니다. 그런데 성서가 보여주는 이스라엘 백성의 하나님 경험은 매우 다양합니다. 우선 하나님의 자기 계시적 차원에서 표현된 모습은 신인동형(神人同形)적으로 하나님이 마치 사람처럼 나타납니다. 흙을 빚어 사람을 만들고, 입김으로 코에 생기를 불어넣고, 타락한 인간을 불쌍히 여겨 옷을 지어 입히는 등 인간의 모습으로 표현되고 있습니다. 다른 한편으로 하나님은 인간과는 완전히 다른 차원에서 초월적으로 말씀으로만 천지를 창조하고 있으며, 저 높은 곳에서 명령하는 신으로 나타납니다. 신인동형적인 하나님 모습은 원시적 고대 문명의 신 이해로, 초월적 신상은 인류 역사와 문명이 좀 더 진행된 후대의 신 이해로 생각합니다.

그러나 비록 초월과 내재의 하나님 이해가 긴장되게 병행해 표현되고 있다 할지라도 이스라엘 곧 히브리적 하나님 이해는 철저하게 그들 역사 안에서 그리고 그들의 삶 속에 함께 살고 그 삶을 간섭하는 하나님으로 표현되는 것이 지배적입니다. 고된 노역의 노예생활로부터 해방시키시고, 광야에서는 불기둥·구름기둥으로 함께하며, 만나를 먹이시고, 샘물을 솟아나게 하는 그런 하나님인 것입니다. 또한 이스라엘 사람들 편에서 고백하는 하나님 모습은 창조주, 해방자 하나님, 또는 하나님과의 관계에서는 아버지 하나님, 어머니 같은 하나님, 부모와 같은 하나님, 이스라엘의 신랑 되신 하나님, 남편 되는 하나님 등으로 표현되고 있습니다. 하나님의 속성을 나타내는 표현으로는 공의로우신 하나님, 사랑이신 하나님, 자비로우신 하나님, 은혜로우신 하나님 등의 고백이 있습니다. 그리고 하나님을 반석, 산성, 독수리, 빛, 물 등 수없이 많은 은유적 표현으로 나타내기도 합니다.

우리는 보통 하나님을 아버지로 혹은 전지전능자로 부르거나 몇 가지만의 하나님 심상(imagery)이 있다고 생각하지만 실제로 하나님의 심상은 인류의 숫자만큼이나 다양하다고 하겠습니다. 이 같은 하나님 경험의 다양함은 '아버지 하나님'은 물론 어떠한 하나님의 모습으로도 완전하게 하나님을 표현할 수 없다는 말이 됩니다. 이는 신학자 폴 틸리히는 "하나님에 대한 표상은 결코 하나님 자체는 아니다. 인간의 언어로는 하나님을 완전하게 표현할 수 없다. 인간이 하나님에 대해 말하는 것은 모두 인간 경험의 언어이므로 한계 언어이다. 인간이 경험한 한계 안에서밖에는 더 표현할 수 없기 때문이다. 인간 경험의 언어는 궁극적인 것을 모두 표현하지는 못한다"라고 말했습니다. 또한 종교적 언어란 인간의 경험과 궁극적 진리 사이를 상관시키는 관계고리라고 말했습니다. 상관관계의 방법(method of co-relation)으로 궁극적인 진리와 하나님에 대해 표현한다는 것입니다.

하나님 모습의 다양함과 그 표현이 갖는 한계와 함께 생각해야 할 측면은 우리가 경험하는 하나님 모습은 삶의 조건과 상황에 영향을 받는다는 점입니다. 예를 들어 성서는 하나님을 '평화의 왕', '평화의 하나님'으로 고백하는데, 이는 평화에 대한 강한 갈망이 있는 상황에서 하나님을 만나 이렇게 고백한다는 것입니다. 오늘은 종려주일인데 예수께서 나귀새끼를 타고 예루살렘성에 입성하셨을 때 아이들과 민중이 "호산나"를 부르며 환호했다고 합니다. 수난을 앞두고 예수의 인기가 절정에 달한 순간을 보여주는 장면입니다. 여기서 나귀새끼를 타신 예수의 모습은 겸손하게 오시는 평화의 임금을 상징합니다. 갈등과 소요와 민란이 끊이지 않던 당시의 사회적 상황에서 예수의 오심은 그곳에 평화를 이루기 원하는 민중의 희망을 반영하고 있기도 합니다. '샬롬'이라고 하는 성서의 평화 개념은 세계적으로 평화를 가장 적절히 나타내는 표현으로 인정되어서 세계적 언어로 사용되고 있습니다. 역설적이게도 가장 평화롭지 못한 나라 이스라엘에서 평화에 대한 가장 이상적인 개념이 생겨난 것입니다. 우리가 애송하는 고린도 전서 13장 소위 '사랑의 장'은 바울이 교회의 복잡한 질서와 갈등을 정비하기 위해 사랑을 강조한 것입니다. 믿음, 소망, 사랑 가운데 사랑을 제일로 꼽고 있습니다. 그런데 오랫동안 감옥에서 살고 있는 사람은 고린도 전서 13장을 "그중에 제일은 희망입니다"라고 고쳐 읽었다고 합니다. 하나님에 대한 이해, 윤리 등은 현실에서 요구되는 요인과 불가분리의 관련성을 가진다고 봅니다.

오늘 읽은 성서 본문은 현실적 상황과 하나님 모습의 상관성을 보여주는 예가 되는 내용입니다. 미국 유니온 신학대학의 필리스 트리블 교수는 성서 중 다음 두 본문을 비교하여 이를 밝힙니다. 본문의 하나인 출애굽기 34장 6~7절은 그 앞의 19장부터 연결해서 이해되어야 합니다. 19장에서 모세가 시내산에서 하나님과 계약을 맺고 20장에서 십계명을 받고 자기 백성에게로 왔으나 그들은 금송아지를 세워 하나님을 배신하고 타락했기 때문에 34장에서 새 계명을 받게 되는 내용입니다. 이때 하나님은 다음과 같이 자신을 선포합니다.

> 주, 나 주는 자비롭고 은혜로우며, 노하기를 더디 하고, 한결같은 사랑과 진실이 풍성한 하나님이다. 수천 대에 이르기까지 한결같은 사랑을 베풀며, 악과 허물과 죄를 용서하는 하나님이다. 그러나 나는 죄를 벌하지 않은 채 그냥 넘기지는 아니한다. 아버지가 죄를 지으면 본인에게뿐만 아니라 삼사 대 자손에게까지 벌을 내린다(출애굽기 34:6~7).

이에 비교되는 또 다른 본문입니다.

> 거역하며 주께서 그들 가운데에서 행하신 기사를 기억하지 아니하고 목을 굳게 하며 패역하여 스스로 한 우두머리를 세우고 종 되었던 땅으로 돌아가고자 하였나이다. 그러나 주께서는 용서하시는 하나님이시라 은혜로우시며 긍휼히 여기시며 더디 노하시며 인자가 풍부하시므로 그들을 버리지 아니하셨나이다(느헤미야 9:17).

그런데 두 번째 읽은 느헤미야 9장 17절은 포로기에 에즈라가 이스라엘을 재건하려고 노력할 때 고백한 하나님의 모습입니다. 에즈라는 그들 조상이 금송아지를 만들고 하나님을 배반했음에도 불구하고 하나님이 그들에게 베푸신 사랑을 역설하는 데 중심을 두고 있습니다. 에즈라는 과거 광야의 생활을 회상하면서 조상의 불복종을 기억하며 하나님의 모습을 말하고 있습니다. 두 문장을 비교해보면 에즈라의 하나님 고백에는 출애굽기와는 다르게 심판하시는 하나님에 대한 표현이 빠져 있습니다. 출애굽기 34장은 JE 복합자료로서 그 연대를 기원전 900~721년으로 보는데, 여기서 하나님 고백은 그 시기의 하나님 모습을 드러내줍니다. 느헤미야는 포로기 작품이므로 기원전 586~536년의 것으로 봅니다. 출애굽기에 하나님은 자비롭고 은혜롭고 그리고 심판하시는 하나님으로 표현합니다. 그러나 느헤미야서에서는 자비롭고 은혜롭고 노하기를 더디 하시는 하나님으로 심판하시는 하나님 모습은 없습니다. 두 본문은 모두 똑같이 광야에서의 하나님 경험을 회상하는 고백인데 이처럼 다르게 하나님을 표현하고 있음을 발견할 수 있습니다. 이 고백의 수정은 비단 느헤미야서뿐만 아니라 요나서에도 나타나고 시편 등에서도 볼 수 있습니다. 필리스 트리블 교수는 이같이 같은 상황이 차이 나게 표현된 내용을 분석하면서 '성서 자체 안에 성서가 성서를 해석하고 있다'고 말합니다. 어째서 같은 상황의 하나님을 다른 모습으로 표현한 것일까요? 후대 느헤미야 시대에 심판자로서의 하나님 모습이 사라지고 자비와 은혜와 사랑의 하나님으로 고백되고 있는 이유가 어디에 있겠느냐 하는 것입니다.

이는 바로 출애굽기에서의 하나님에 대한 고백의 자리와 느헤미야서에서의 하나님에 대한 고백의 자리 곧 상황이 다르기 때문입니다. 출애굽기에서의 하나님은 주변의 나라들을 심판해야 하고 또한 이스라엘의 가나안 정착 기간에 발생하는 이방종교와의 차별성 강화, 가나안 도시문화와 유목문화의 갈등에서 쉽게 가나안에 동화되는 이스라엘에 대한 경고가 필요한 상황이었습니다. 그래서 하나님은 자비롭고 은혜로우시지만 동시에 불의를 심판하시는 주로 나타나신 것입니다. 고대로부터 포로기 이전까지 하나님은 자비롭고 은혜로운 면과 심판하는 자로서의 양면이 모두 강조되어졌습니다. 그러나 느헤미야 시대에는 이스라엘 백성이 포로가 되었으며 고난과 고통을 당할 뿐만 아니라 민족 존폐의 위기 앞에 서 있는 상황이었습니다. 그 가운데서도 민족사를 재건하고 민족종교의 재건을 꿈꾸고 있는 상황이었는데 그때에는 심판이 아닌 위로와 용기를 주는 하나님, 자비와 은혜가 가득한 사랑의 하나님으로 하나님을 고백하는 것입니다.

포로 후기 예언자들은 심판의 메시지는 거의 모두가 위로와 용기 그리고 희망을 주는 메시지를 많이 전합니다. "위로하라. 위로하라. 내 백성 이스라엘을 위로하라"는 메시지가 포로 후기에 이스라엘에 내려진 하나님의 소리였습니다. 에즈라는 광야 시절 조상들의 불복종을 회상하면서 그들이 비록 금송아지를 만들고 하나님을 배신했음에도 하나님은 은혜와 자비와 사랑을 베푸신 분이었음을 강조합니다. 그리고 그 은혜로우신 하나님이 "지금 포로생활에서 고통당하는 이스라엘을 그냥 버려두시겠는가? 용기를 가지시오 이스라엘이여"라고 백성을 격려합니다. 에즈라에게 광야의 하나님은 연민과 긍휼의 하나님이며 생존시키시는 사랑의 하나님입니다. 그들이 범죄 했어도 그들을 사랑하시고 생존시키시는 분이라는 것을 상기시킵니다. 포로기 상황에서 야웨의 자비하심이란 성품이 강조되어 포로기의 슬픔을 극복할 수 있는 희망의 근거를 제공하고 있는 것이지요. 시편 137편에는 포로기의 슬픔이 시적으로 표현되어 있습니다.

우리는 바빌론 강변 곳곳에 앉아서 시온을 기억하면서 울었다. 그 강변 버드나무 가지에 우리의 수금을 걸어두었더니, 우리를 사로잡아온 자들이 거기에서 우리에게 노래를 청하고, 우리를 억압한 자들이 저희들 흥을 돋우어주기를 요구하며, 시온의 노래 한 가락을 저희들을 위해 불러보라고 하는구나. 우리가 어찌 남의 나라 땅에서 주의 노래를 부를 수 있으랴. 예루살렘아, 내가 너를 잊는다면 내 오른손으로 수금 타는 재주를 잊을 것이다. 내가 너를 기억하지 않는다면, 내가 너 예루살렘을 내가 가장 기뻐하는 그 어떤 일보다도 더 기뻐하지 않는다면 내 혀가 입천장에 붙을 것이다. ……

이스라엘의 바빌론 포로생활 때 바빌론은 이스라엘 강산을 초토화시켰으며 대부분의 엘리트들을 잡아가 그 땅은 텅 비었습니다. 이 같은 상황에서 예언자들은 비록 하나님의 응보원칙에서 시내산 계약을 파기한 이스라엘에게 벌을 내리시지만 그 포로 사건이 결코 이스라엘의 종국은 아니라는 희망과 용기를 주고 있습니다. 이처럼 하나님 경험은 시대상황과 밀접한 연관성을 가지고 있습니다.

이러한 상황에 의한 하나님 경험은 자칫 인간이 신성을 만들어 내는 것이 아닌가 하는 의문을 불러일으킵니다. 그러나 이것은 인간 요청에 의해 신성을 만드는 것이 아니라 그때그때의 상황에서 무한한 하나님의 일면이 특별하게 경험된다는 것을 말합니다. 그래서 때로 하나님은 심판자로, 은혜 주시는 분으로, 구원자로, 사랑의 본질로 우리에게 경험되는 것이지요.

오늘 두 본문의 비교는 이러한 사실이 성서 안에 있음을 보여준 것입니다. 다르게 말한다면 성서의 하나님은 인간의 구체적인 삶 속에서 만나고 경험되는 하나님이라는 말이지요. 사실 초대로부터 중세에 이르기까지 기독교 논쟁의 핵심은 기독교의 하나님이 유대적 하나님과 어떻게 다른가를 보여주는 것, 그리고 그 하나님의 존재증명이었습니다. 그래서 삼위일체 하나님론이 발전되었고 하나님의 존재론적 증명이 하나님의 모습을 추상적 존재로 만들었습니다. 이는 하나님에 대한 존재론이 그리스 철학의 영향을 받아 기독교 안에서 발전한 것입니다. 그러나 히브리인의 하나님 이해는 그리스 철학적 존재론적 증명과는 거리가 멀었습니다. 오히려 철저히 인간의 삶 속에 같이하시는 하나님 경험에 있었습니다.

이제 우리는 신앙인으로서 하나님을 경험하고 싶어 한다는 욕구를 가진다는 처음의 생각으로 돌아가 시대와 상황에 따라 다양한 모습으로 나타나시는 하나님 경험을 보면서, 오늘 지금 우리에게 경험되는 하나님의 모습을 함께 생각하고자 합니다. 남한은 많은 사람들이 실직으로 방황하고 있고 곳곳에서 괴로운 신음이 들리고 있습니다. 북한은 굶주림으로 파멸되어가고 있습니다. 이 한반도의 위기 앞에서 우리는 하나님의 뜻을 기다리며 이전의 삶의 태도를 회개하고 다시 겸손하게 하나님 앞에 서야 합니다. 지금은 많은 사람들이 위로하시고 용기를 주시는 하나님을 만나기 원할 것입니다. 좌절과 절망과 실의에 빠진 삶에 희망과 용기를 주고 새로운 삶의 의욕을 가질 수 있는 힘을 부여받아야 할 때입니다.

우리 주변에는 아직도 위기와는 거리가 멀게 살고 있는 사람들이 많아서 좌절과 실의에 빠진 사람들의 고통이 가려져 있기도 합니다. 그러나 도시락을 싸오지 못하는 학생의 수가 늘고, 하루아침에 일자리를 잃고 방황하는 사람들의 수가 150만 명을 넘어서고 있습니다. 실업자의 평균 나이가 38세이며 평균 부양가족이 3.5명이란 노동부의 추산이 나와 있습니다. 또한 비록 일자리를 가지고 있어도 지금의 낯선 체제가 불안하고 언제 어떤 일을 당할지 모른다는 불안감에 목숨을 끊기도 하는 형편입니다. 사회심리적으로 많은 사람들이 불안감과 무력감으로 고통당하며 경제위기로 불면증 환자가 늘어나고 있다고도 합니다. 물론 우리나라의 정치인과 경제인의 잘못이 크고 먼저이지만 강대국 기업들의 횡포도 큽니다. 금융권을 장악해 돈줄을 일시적으로 제3세계에 풀었다가 자신에게 유리한 기회에 돈을 거둬들이면 제3세계는 꼼짝없이 국가부도의 위기를 맞게 되어 있는 세계경제구조가 큰 문제입니다. 이에 맞서 세계 민중의 저항이 생겨나기도 했습니다. 예를 들어, 영국 런던에 본부를 둔 '주빌레 2000 국제행동(Jubilee 2000 Coalition)'은 세계적으로 가난한 10억의 사람들의 부채를 탕감해 모든 인류가 새로 평등하게 삶을 시작할 수 있게 하자는 국제적 연대운동이 생겨나기도 한 것입니다.

한국 교회는 이러한 위기의 때를 오히려 감소된 교인 수를 회복할 좋은 기회라고 생각하고 신비적 신앙 체험으로 사람들을 유혹하는 등 그릇된 생각을 가질 위험도 큽니다. 그러기에 우리는 신앙의 자세를 가다듬고 우리에게 새 힘을 주시는 하나님을 바르게 만날 준비가 필요합니다. 우리가 하나님을 만난다는 것은 물질적 증거나 물리적 작용으로 가능한 것이 결코 아닙니다. 늘 내 존재 안에 내재해 삶을 주관하고 이끌어주시는 분으로서의 영원하신 하나님을 만나고자 하는 것입니다. 성서는 예수를 통해 하나님을 가장 정확하게 알 수 있다고 말합니다. 예수께서 "나를 본 자는 하나님을 본 것이다"라고 말씀하셨고 이제 우리에게 보혜사 성령을 보내주시고 성령이 우리 안에 거하셔서 함께하실 것이라고 했습니다. 예수는 성령으로 우리 안에 계십니다. 이는 곧 하나님이 우리 안에 계신다는 말씀입니다.

우리는 저 높은 하늘에서 다스리고 지배하는 전지전능한 하나님의 모습에 너무 익숙해 있고 매몰되어 있습니다. 우리 삶과 상관없는 전능자의 힘만을 요구합니다. 위로와 용기와 힘을 주시는 하나님을 오늘 우리는 만나기를 원합니다. 지금은 하나님께서 우리에게 위로와 용기를 주시고 새 힘을 주시기를 원하는 때입니다. 하나님이 우리에게 이런 힘주심은 우리가 잘나서도 아니며 도덕성이 높아서도 아닙니다. 하나님의 지극하신 연민, 긍휼 때문입니다. 하나님의 은총 때문입니다. 우리는 겸손히 회개하고 하나님의 사랑을 받아 새 힘을 얻을 수 있습니다. 하나님을 만나는 것은 우리가 위로와 용기와 힘을 갖는 신앙인으로 성숙해가는 길일 것입니다. "사랑의 나눔 있는 곳에 하나님께서 계시도다"라는 노랫말을 의미 깊게 부를 필요가 있습니다.

　이러한 성숙은 우리의 공동체 안에서 싹트고 꽃 필수 있을 것입니다. 하나님의 모습은 형제자매에게 용기를 주는 대화 속에, 힘 있게 격려하는 손잡음 속에, 힘들고 고된 마음을 밝은 미소로 치유하는 웃음 속에, 보이지 않게 위해 간구하는 기도 속에 늘 함께하고 계십니다. 어떤 이는 사람들로부터 받은 깊은 상처를 나무와 새와 강물과 대화를 나누면서 치유한다고 합니다. 자연 속에 있는 하나님의 사랑이 치유한 것입니다. 하나님의 모습을 찾아 순례하는 곳에 하나님께서 계십니다. 지금 하나님은 힘과 위로가 되시는 분입니다. 위로의 힘은 새로운 삶을 창출하는 창조력을 가집니다. 이스라엘 포로기 때 하나님의 위로가 그들에게 새 역사와 신학을 형성시킨 용기요 기반이었듯이 오늘 우리도 우리의 삶을 새롭게, 우리 민족을 새롭게 할 창조적 힘을 얻도록 해야겠습니다.

(1998년 4월 5일)

축제도 고통도
함께하는 공동체

출애굽기 15:19~21, 민수기 12:9~15

한국 사람은 신명만 나면 못해내는 것이 없다는 말을 2002년 월드컵 기간 동안 많이 들었습니다. 꿈도 못 꾸던 4강에까지 오른 것이 기적 같다고 합니다. 무엇보다 700만이 자발적으로 동원된 붉은 악마의 응원은 경이롭기까지 해서 외국 기자들도 놀라움을 표했다고 합니다. 민족적인 거대한 신명의 용솟음을 본 것 같습니다. 그때 주동이 된 15~25세의 젊은이들을 월드컵 세대라는 뜻으로 'W세대'라고 명명하기도 합니다. 그 W세대가 온 민족이 하나로 통합되는 신명을 맘판으로 품어내는 축제를 벌이는 주역이었습니다. 월드컵 경기에서 한국 팀의 경기는 한국인으로서 자부심을 갖게 해주었고 '이제 우리도 무엇이든 해낼 수 있다'는 자신감과 긍지를 열광적인 응원 행위로 표현해낸 듯합니다.

이렇게 신명이 살아난 것은 아마도 젊은이들이 그동안 사이버

세계에만 몰두해 고립된 생활 형태에 갇혔다가 사람과 함께 만나고 부딪히고 춤추고 끌어안고 소리 지르고 하는 접촉문화의 세계를 경험했기 때문이 아닌가 생각합니다. 사람들과의 접촉을 통해 경이로운 힘이 발산될 수 있었고 이를 통해 자신감과 희망을 갖게 되었을 것입니다. 인간은 관계의 확립과 확인을 통해서 자기 존재의 의미를 가질 수 있기 때문입니다. 또 한편으로는 이 열광적 축제가 우리 사회 목마름의 표현이었다고 분석합니다. 희망 없는 정치·경제·사회적 상황, 앞날이 암담하기만 할 때에 어떤 돌파구가 생겨났고 온 신명이 거기에 집중되었기에 가능했다고 봅니다. 아무튼 신명난 축제 판을 가졌습니다.

이런 생각을 하면서 저는 오늘 성서의 이야기를 떠올리게 되었습니다. 성서 안에 나오는 최대의 축제는 바로 이스라엘 민족이 이집트의 노예생활에서 탈출한 직후에 벌여진 신명난 잔치입니다. 물론 우리의 오늘날 축제는 문화적 축제라 할 수 있고, 히브리 민족의 축제는 정치적 해방 축제이기에 차이는 있겠으나 축제의 모습은 유사합니다. 오늘 읽은 출애굽기 15장 19~21절은 바로 그때 이스라엘 민족이 함께 노래하고 춤춘 모습을 전하고 있습니다. 이 축제의 노래는 '미리암의 노래'라고 합니다. 그 앞에 1절에서 18절까지 길게 확장된 노래가 있는데, 이것은 '모세의 노래'라고 합니다. 미리암의 노래가 더 고대 자료이며 원형에 가깝다고 봅니다. 원래 미리암이 불렀던 노래를 후에 더 세밀한 내용으로 확장시켜 모세가 불렀는데, 출애굽의 해방감을 만끽한 그 축제를 모세 중심으로 만들었다고 학자들은 봅니다.

이스라엘의 이 축제는 그야말로 말로 다 표현할 수 없는 환희, 감격의 표현입니다. 오랜 노예생활의 고달픔, 첩첩이 쌓인 모든 애환, 그리고 이집트에서 당한 모욕과 모멸 이런 것들을 일거에 해소시 켜주는 위대한 사건, 곧 자신들을 그렇게 억압하던 이집트의 철병 군대가 홍해에 고스란히 수장되고 그들의 손아귀로부터 완전한 해 방과 자유를 얻게 된 그 감격을 무엇으로 다 표현할 수 있었겠습니 까? 히브리 민족은 자신들을 채찍질하던 그 바로의 군병들, 온갖 멸시와 천대를 자행하던 거만한 이집트 군사들이 바다 가운데서 물에 덮여 잠기는 것을 보고 그 얼마나 통쾌함을 가졌겠습니까? 오 늘 본문은 바로 이 환희를 노래하고 있는 것입니다. 바다를 건넌 그 들은 미리암의 인도에 따라 소고를 치며 춤추고 노래했습니다. '이 스라엘 짝짝짝 짝짝' 했는지 모릅니다. 그들은 해방의 축제를 만끽 했습니다. 참으로 즐기고 향유했습니다.

그러나 축제는 끝나고 그들은 이제 광야의 먼 여행을 시작해야 했습니다. 축제 이후 그들에게 찾아온 것은 계속되는 기쁨의 연속 이 아니라 오히려 더 슬프고 괴로운 광야생활이었습니다. 가장 크 고 절박하게 찾아온 고통은 인간이 정말 참기 어려운 생존의 위협 이었습니다. 이어지는 22절부터는 사흘 동안 물이 없어 고통당하 는 현실에 대한 내용입니다. 그리고 겨우 만난 물조차 쓴 물이라 먹 을 수도 없었다는 것입니다. 겨우겨우 물을 찾고 난 그들에게 또 찾 아 온 것은 굶주림이었습니다. 그리고 사막의 기후 조건과 환경의 위협으로 인한 질병이었습니다. 축제의 기쁨은 사라지고 목마름과 배고픔에 지친 백성은 자신들을 억압하던 이집트에서의 생활을 도 리어 동경하기까지 했습니다. 이집트의 고기 가마가 그리웠고 차 라리 노예로 그대로 있었더라면 굶어죽지는 않았을 텐데 하는 분노가 커졌습니다. 그들은 지도자 모세를 원망했고 모세조차 지치고 참기 어려워져 바위를 홧김에 두 번씩이나 쳐서 결국 약속의 땅에 들어가지 못하는 비극을 당하게 됩니다. 그럼에도 하나님께서는 그들에게 은혜를 베푸셔서 바위를 쳐 물이 솟아나게 하고 만나와 메추라기를 공급해 굶주림을 해결해주셨습니다.

이 공동체가 겪은 또 다른 고통은 내부의 분열과 갈등으로 인한 고통이었습니다. 오늘 읽은 본문 민수기 12장은 1절에는 미리암과 아론이 모세를 비판하는 것과 결국 하나님이 모세 편을 드셨고 미리암은 악성 피부병이 걸려서 진 밖으로 추방을 당하게 됩니다. 그러나 백성은 미리암의 병이 나을 때까지 그를 기다리고 있다가 병이 나아 자신들에게 돌아오자 함께 여행을 다시 시작했다는 이야기가 있습니다. 사실 이 본문은 목사님들이 매우 좋아하시고 많이 인용하는 내용입니다. 이 본문은 모세에 대한 비난적 태도는 하나님의 징계를 받게 되었다고 정리되고 교회에서 하나님이 택하신 하나님의 종을 비난하는 것은 있어서는 안 되는 일이며 하나님만이 그를 벌할 수 있다는 주장을 가능하게 했습니다. 그래서 실제로 많은 목사(사제)들이 자신에게 비판적 태도를 가지는 상황이 생기면 이 본문을 가지고 평신도를 위협하는 데 사용한 예가 많습니다. 더욱이 아론과 미리암이 같이 대들었는데 아론은 병이 걸리지 않고 미리암만 악성 피부병에 걸린 것을 보라고 하면서, 여성은 더 크게 벌 받는다고도 주장합니다. 참으로 황당한 해석입니다.

얼마 전 최창모 교수께서 미리암 이야기를 매우 감동적으로 그리고 텍스트에 충실하게 해석해주셔서 미리암 이해에 많은 도움을 주신 것을 기억합니다. 저는 오늘 이 이야기를 이스라엘 공동체가 광야 기간 동안 겪은 지도력 간의 갈등과 분열, 그리고 결국 한 지도력을 중심으로 하는 공동체의 통합과 그에 따라오는 다른 지도력의 배격이라는 배경에서 이 이야기를 볼 필요가 있다는 말씀을 드리려 합니다. 이런 관점에서 보면 그동안 풀리지 않던 내용이 이해될 수 있다고 여겨져서 조금 자세히 보고자 합니다.

아론, 미리암, 모세는 출애굽을 이끈 훌륭한 세 지도자입니다. 미가서 6장 4절은 이렇게 말하고 있습니다.

> 나는 너희를 이집트 땅에서 데리고 나왔다. 나는 너희의 몸값을 치르고서 너희를 종살이하던 집에서 데리고 나왔다. 모세와 아론과 미리암을 보내서 너희를 거기에서 데리고 나왔다 (미가 6:4).

출애굽기 15장 20절은 미리암을 분명히 아론의 누이요, 예언자 미리암이라고 기록하며 그의 지도력을 예언자로 칭하고 있습니다. 예언자는 판관 같은 기능을 하며 전쟁도 지휘하는 공동체의 지도력입니다. 미리암은 모세의 누이라서가 아니라 그 자신이 예언자로 불릴 만큼 훌륭한 지도력을 가진 여성이고 집단을 이끄는 데 손색없는 지도력입니다. 성서는 아론과 모세와 미리암을 혈연관계로 엮고 있는데 학자들은 이것이 상당히 어색한 연결로 보인다고 합니다. 출애굽기 15장 20절은 아론과 미리암이 남매임을 말하고 있고, 4장 14절과 6장 20절에는 모세와 아론이 형제로 표현되고 있습니다. 미리암과 모세의 남매관계는 어떤 곳에도 언급되어 있지 않습니다. 성서가 혈연으로 엮어놓은 자료는 상당히 후대의 것이라

고 봅니다. 고대 자료에는 그들의 혈연관계에 대한 언급이 없다고 합니다. 그러므로 가족으로 구성된 것은 상당히 후대의 견해로 보인다고 할 수 있습니다.

히브리 민족이 이집트를 탈출할 때 실제로는 단일 집단이 아니라 몇몇 집단이었으며, 아론, 미리암, 모세 세 지도력은 각각 자신이 이끌던 그룹의 가장 유능한 리더였다고 볼 수 있습니다. 그들이 광야생활 동안 함께 지나면서 상당한 대립과 갈등, 주도권 싸움을 했을 것으로 보입니다. 그리고 결국 모세 집단이 주도권을 잡게 되고 모든 기록은 모세 중심으로 편집되었을 것으로 봅니다. 본문에서 하나님이 모세를 편들고 있는 이유가 매우 불확실한데도 모세가 중심이 되고 있지요.

민수기 27장에는 땅을 분배하는 과정에서 아버지가 죽고 딸만 다섯 명이 남게 된 슬롭핫의 딸들의 이야기가 나옵니다. 모세는 아버지가 없다는 이유로 그들에게 땅을 분배해주지 않았습니다. 그 딸들은 모세 앞에 나아가 부당함을 지적하고 도전합니다. 그때 하나님은 그 딸들의 편을 들어주고 있습니다. 그래서 모세는 딸들에게 땅을 분배해주게 됩니다. 지도력 간의 대립 내용이 아닌 곳에서 하나님은 모세만을 편들지 않습니다. 오히려 억울한 딸들을 편드는 정의의 하나님, 인자하신 하나님입니다.

그런데 12장 오늘의 이야기에서 하나님이 일방적으로 모세 편에 서는 것은 납득하기 어렵습니다. 이 본문은 모세를 내세우고 모세만이 하나님이 절대적으로 인정하는 지도력임을 강력하게 확인시키려 하고 있습니다. 아론이 병에 걸리지 않은 것은 이스라엘인에게 사제가 문둥병이 걸리는 것은 있을 수 없는 일이기 때문인데 아무런 해명 없이 그를 지도력에 도전한 대열에서 제외시키고 있습니다. 결국 미리암만 징벌을 받습니다. 그리고 자기에게 도전했음에도 넓은 관용을 베풀어 간곡한 중보기도를 하는 모세의 기도에 의해 미리암의 병이 낫게 되었다고 합니다. 이렇게 모세는 대단히 훌륭한 인격의 소유자로 그려지고 있습니다.

그런데 미리암이 악성 피부병에 걸린 것에 대한 매우 다른 시각의 해석이 있습니다. 광야생활은 여러 가지 질병을 동반할 수밖에 없었는데 많은 사람이 피부질환으로 고통을 많이 당했다는 것입니다. 언제나 백성과 함께 생활하며 그들의 질병을 돌보던 미리암이 피부질환에 걸렸을 것으로 봅니다. 옛날 나환자를 치료하기 위해 자신이 나환자가 되었던 한 성자의 고귀한 삶을 연상시켜주는 이 해석은 비록 성서 본문의 기록을 넘어선 것이긴 하지만 매우 설득력이 있습니다. 사람들을 사랑하고 그들 삶의 자리에 늘 함께했던 미리암, 그는 결국 민중의 고통 안에 들어갔고 그들과 아픔을 같이한 것이라고 볼 수 있습니다. 그리고 미리암을 백성은 지극히 사랑하고 따랐을 것입니다. 홍해를 건너 축제를 한판 벌일 때도 모든 공동체는 미리암의 지도를 따라 함께 즐거움을 나누었습니다. 그러나 미리암이 병들어 그들 옆에 있을 수 없고 진 밖으로 격리되는 고통의 시간에도 그들은 그를 버리지 않고 기다리며 병이 낫기를 기도했습니다. 그들(민중)은 축제의 열광과 고통의 절망을 모두 함께할 줄 아는 균형 잡힌 의식을 가진 공동체였으며 그것은 미리암이라는 한 여성 지도자의 삶 자체를 통해 길러진 것이 아닌가 생각됩니다.

미리암이 피부병에 걸린 것은 레위기의 기록에도 나오고 있어 아마도 확실한 사실로 보입니다. 당시 집단을 이끈 지도자들 가운데 하필 미리암만 피부병에 걸렸을까요? 분명한 사실을 알기 어렵지만 병이 전염될 가능성이 많은 환경에 그가 있었다고 볼 수 있고, 그렇다면 미리암이 백성 가운데그들과 같이 있었다는 추측은 무리가 아닐 것입니다. 모세와 그 백성 간의 관계가 원망과 분노로 진행되는 것에 비해 미리암과 그 백성의 모습은 따르고 함께하는 관계로 나타나고 있습니다. 민중의 고통 속에 있는 미리암, 미리암의 고통을 알고 그의 회복을 기다리며 함께하는 공동체, 한 여성 지도력이 이끈 아름다운 관계의 공동체를 우리는 마음껏 상상하고 발견해낼 수 있습니다. 인간은 존재 자체로 의미를 갖는 것이 아닙니다. 인간은 관계의 존재입니다. 혼자서는 아무런 존재의미도 갖지 못합니다. 그리고 그 관계는 일방적으로 기쁨을 누리는 것이 아니고 또한 일방적으로 고통을 부담스럽게 안겨주는 것이 아닌 기쁨과 고통을 함께 나누는 관계입니다. 인간은 이렇게 기쁨과 고통을 함께하는 관계에서만 존재의미를 가질 수 있는 것입니다. 미리암과 그 공동체는 그러한 함께함의 관계를 가지고 있었습니다.

이제 우리 현실로 돌아와 봅니다. 광기의 축제는 끝나고 우리를 기다리는 현실은 무엇일까요? 서해안에서의 북한과 교접상태가 다시 남북관계 진전을 방해하고 있습니다. 정치 현실은 아무리 둘러보아도 암담하기만 합니다. 경제는 또 어떻게 흐를지 종잡기 어렵습니다. 이런 사회적 상황에서는 개개인의 삶에도 그리 신통한 일이 생기기 어렵습니다. W세대가 모처럼 가져보았던 한국인으로

서의 긍지와 무엇인가 할 수 있을 것 같던 자신감을 어디서 찾을 수
있을까요?

배고픔과 목마름과 질병과 정치적 분열의 갈등 속에서 미리암의
고통을 알고 그와 함께한 그 공동체, 축제도 고통도 함께할 줄 아는
공동체의 모습을 잘 바라볼 필요가 있을 것 같습니다. 축제 동안 우
리는 "오 대-한민국"을 외치며 자부심과 긍지를 가지면서 아시아
의 자존심, 아시아의 대표라는 말을 했지만 우리 공동체의 모습을
제대로 알고 있는지 의문이 듭니다. 우리가 베트남에 저지른 죄과
를 인식하고 있는지, 아시아 여러 나라에서 우리 기업이 저지르는
착취와 폭행을 아는지, 우리나라 사람들이 아시아 지역에 가서 취
하는 갖가지 부끄러운 추태를 아는지, 우리의 어두운 모습, 드러나
지 않은 모습을 인식하고 그로 인해 고통당하는 사람들의 아픔을
알고 있는지 의문이 듭니다.

두서없이 꼬리를 물고 일어나는 질문을 감당하기조차 어렵습니
다. 월드컵이라는 세계의 축제를 위해 가난한 나라의 어린아이들
이 축구공과 유니폼 등을 만들어내느라 잠도 제대로 못 자고 임금
도 착취당하는 고통을 알고 있는지, 열 살 이하의 그 아이들이 학교
교육도 못 받고 기본적인 성장과 생활에 필요한 환경조차 못 갖춘
채 혹독한 노동에 시달리며 정신과 육체 모두를 학대받고 있는 것
을 알고나 있는지. 우리가 축구 승리에 열광하고 있는 동안 미군 장
갑차에 의해 두 여중생이 죽임당한 사실을 알고 있는지, 그 부모와
친구들과 친지들이 가슴을 치며 슬퍼하는데 미군은 잘못조차 시인
하지 않는 뻔뻔함으로 더욱 억울한 일이 벌어졌다는 사실을 알고
있는지. 한국을 찾는 관광객을 위해 친절시민이 될 것을 떠들썩하

게 홍보하지만 그와 비슷한 숫자의 한국 안에 있는 외국인 노동자를 위한 친절교육은 있기나 한지. 돈벌이 되고 돈 많고 세력 있는 관광객의 시선은 의식하면서 가난하고 힘없는 외국인 노동자의 시선을 의식하기는커녕 그들에게는 비인간적 처사를 당연시하는 우리 자신을 보고 있는지.

월드컵 기간 동안 그 뜨거운 축제의 열기를 경험한 우리 공동체는 그렇게 뜨거운 축제를 신명나게 풀어낼 줄 아는 동시에 우리 속에 함께 있는 모든 아픔과 고통의 자리도 인식하고 함께할 줄 알아야 할 것입니다. 붉은 악마와 700만의 응원인구와 그들과 함께한 4천만 대한민국 공동체가 우리 안의 고통을 함께하기 위해 새로이 프로그램을 만들어낼 수 있다면 우리는 진정한 마음으로 다시 "대-한민국 짝짝짝 짝짝" 박수를 칠 수 있을 것입니다.

그러기 위해서 우리는 민중과 함께하며 악성 피부병까지 걸린 미리암의 삶을 되새겨 봅시다. 그리고 그와 함께 축제도 벌이고 고통도 함께한 공동체를 기억해봅니다. 예수의 생애는 먹고 마시는 잔치와 함께 모욕당하고 십자가를 지기까지 하는 고통이 어우러진 삶이었음을 새로이 떠올려봅시다.

(2002년 6월 30일)

기억되는 역사, 기억되는 사람

사사기 11:37~40

우리에게 기억이란 무엇일까요? 그것은 내 삶의 정체성을 담은 그릇이 아닐까 생각됩니다. 나이가 들면서 두려워지는 것은 알츠 하이머병에 걸리면 어쩌나 하는 두려움일 것입니다. 어느 주말연 속극에서 어머니가 이 병에 걸린 줄 뒤늦게 알게 된 막내딸이 아무 것도 기억하지 못하는 어머니를 붙잡고 "아무리 그래도 가족은 알 아야 되잖아. 사랑하던 사람들은 기억해야 되잖아"라고 외치며 몸 부림치는 것을 보았습니다. 우리의 존재함이 관계 속에 있는 것이 고 그 관계가 기억으로 유지되고 있다면 기억의 상실은 내 존재함의 상실과도 같은 것일 겁니다. 우리 중에도 가족 안에서 이런 경험을 하신 분도 있고 현재 그로인해 아픔을 가진 분도 있을 줄 압니다.

기억상실로 이야기를 시작했지만, 오늘 저의 말씀 증거는 이와 는 상반되는 '기억되어짐'에 대한 것입니다. 성서 안에서 '기억되어

짐'에 대한 특별한 이야기를 함께 나누면서 그 이야기가 오늘 우리에게 주는 의미를 찾고자 합니다.

오늘 읽은 성서 본문은 전체 이야기의 결말 부분입니다. 이스라엘에 아직 왕정이 시작되지 않고 사사(판관)들이 나라를 이끌던 시대(대략 기원전 1200~1000)에 일어난 입다의 딸 이야기입니다. 사사(쇼프팀)라는 히브리어의 뜻은 '재판을 집행하는 자', '돕는 자', '통치자'입니다. 사사에는 두 유형의 그룹이 있습니다. 하나는 전쟁영웅들인 이스라엘 지파의 의용군 지도자들이거나 잘 알려지지 않은 카리스마적 인물들로, '대(大)사사'라 합니다. 다른 하나는 통치자 그룹인데 일종의 행정부적 통치기능을 담당했던 자들로 '소(小)사사'라 부릅니다. 입다는 전쟁영웅으로 대사사에 속해 있습니다.

이야기의 내용은 다음과 같습니다. 암몬 사람들이 이스라엘 길르앗에 쳐들어와 이스라엘을 괴롭혔는데 여기에 맞서 싸울 전사가 필요했습니다. 길르앗의 입다라는 사람은 싸움을 매우 잘했는데, 그 출신이 창녀의 아들이고 서자 취급을 받아 형제들에게 구박받고 쫓겨나서 다른 지방으로 가 건달들의 대장 노릇을 하고 있었습니다. 암몬의 침략으로 시달리던 이스라엘 장로들이 결국 입다를 찾아가서 길르앗을 위해 싸워 이기면 길르앗의 우두머리로 삼겠다고 제의했습니다. 입다는 그동안의 설움과 한을 한꺼번에 다 풀 수 있는 이 조건을 수락하고 싸움에 나섰습니다. 암몬과 협상을 시도했으나 무산되어 전쟁이 불가피해졌고 전쟁에 앞서 그는 "만일 하나님이 저 암몬군을 제 손에 붙여주시면 암몬군을 쳐부수고 돌아올 때 제 집 문에서 저를 맞으러 처음 나오는 사람을 야훼께 번제로 바치겠습니다"라고 서원했습니다.

전쟁에 나선 입다는 크게 승리했고 암몬은 그 앞에 무릎을 꿇었습니다. 그런데 승전 후 입다가 집으로 돌아왔을 때 그를 맞으려 나온 첫 사람은 그의 무남독녀였습니다. 그의 사랑하는 딸이 소고를 치고 노래를 부르며 춤을 추면서 그를 축하하러 나온 것이었습니다. 이를 본 입다는 옷을 찢으며 소리쳤습니다. "아이고, 이 자식아, 네가 내 가슴에 칼을 꽂는구나. 나를 이렇게 괴롭히는 것이 하필 왜 너란 말이냐! 주께 서원한 것이어서 돌이킬 수도 없으니 어찌한단 말이냐"(11:35). 영문을 모르고 있던 딸이 아버지에게 앞뒤 이야기를 다 듣고는 참으로 지혜롭고 결단력 있게 대답했습니다. "아버지, 아버지께서 저를 두고 야훼께 서원하셨으니 서원하신 대로 저에게 하십시오. 야훼께서 아버지의 적수인 암몬 사람들에게 복수해주셨는데 저야 아무러면 어떻습니까"(11:36). 그런 후 한 가지 청을 했습니다. 두 달 동안의 말미를 주어 친구들과 산을 돌아다니며 처녀로 죽게 된 자신의 처지를 생각하며 실컷 울도록 해주기를 바란다는 것이었습니다. 입다는 이를 허락했고 딸은 친구들과 더불어 산으로 가서 처녀로 죽는 것을 슬퍼하며 실컷 울었습니다. 두 달이 지나 딸이 돌아오자 입다는 서원대로 그를 번제물로 바쳤습니다. 이후부터 이스라엘에는 새로운 관습이 하나 생겼습니다. 이스라엘 여자들이 해마다 산으로 들어가서 길르앗 사람 입다의 딸을 애도해 나흘 동안 슬피 우는 관습이 생긴 것입니다(11:40).

학자들은 입다의 이야기를 역사적 사실이라기보다는 후대 편집자들이 소사사 이야기를 대사사 이야기로 변형시켜놓은 것으로 해석하는 경향이 지배적입니다. 특히 입다가 번제물을 드리겠다는 서원에 관해서는 다양한 견해를 말합니다. 29절에 보면 전쟁에 앞서 "하나님의 영이 입다에게 임했다"라고 하는데, 이 말에 이미 전쟁의 승리가 암시되어 있습니다. 따라서 입다가 인신 제사의 서원을 할 필요가 없었습니다. 그래서 입다를 신앙심이 얕은 자라고 비판합니다. 그러나 32~33절과 연결시켜볼 때 이이야기는 소사사 이야기를 대사사 이야기로 전환하는 편집과정으로 볼 수 있고, 전쟁에 앞선 장군의 서원은 비난받을 일이 아니므로 입다의 서원을 비판할 것 없다고 합니다. 그리고 입다의 이야기는 해석의 무게가 '인신 제사'에 대한 고대 현실과 그것에 대한 이스라엘의 거부 태도에 더 치중하고 있으며 딸에 대한 애도는 이스라엘의 제의 배경을 밝히는 원인론적 전설이라고 말합니다. 어찌됐건 이 이야기는 참으로 잔혹한 고대 인신 제사의 실행을 통해 이스라엘 사회에 전혀 새로운 전통을 세우는 사건으로 결말을 승화시키고 있는 내용입니다.

오늘 제가 이 이야기에서 주목하는 것은 입다의 딸이 보여준 태도와 그가 남긴 한 전승 때문입니다. 이 처녀의 태도는 정말 지혜롭고 아름답습니다. 원망과 분노로 가득 차서 아버지에게 폭언이라도 내뱉을 상황에서 오히려 이 딸은 아버지 말의 불가피성을 인정합니다. 부정하거나 항거하지 않고 분노하거나 낙담하지도 않습니다. 오직 자신의 신세에 대한 슬픔을 극도로 나타냅니다. 그 슬픔을 벗어날 수 있는 시간과 장소를 요구합니다. 그 시간은 죽음을 위해서가 아니라 자신의 성취하지 못한 생을 애도하기 위한 것이었습니다.

이 딸의 죽음은 세 가지 슬픈 내용을 담고 있습니다. 첫째는 자신의 인생을 펼쳐보지도 못한 채 죽는 안타까움입니다. 둘째는 그의 죽음이 가혹한 폭력에 의한 것이라는 사실입니다. 셋째는 결코 후대에 기억될 수 없는 사람으로 죽는다는 사실입니다. 이 가운데 기억될 수 없는 사람으로 죽는 것에 가장 슬픔을 가지고 있는 듯 보입니다. 본문에서는 그가 처녀의 몸으로 죽는 것을 슬퍼했음을 강조합니다. 그 사회에서 처녀로 죽는 것은 곧 상속자가 없는 죽음이란 뜻이고 후대에 이름이 남지 않으며 기억되지 않는 사람이 됨을 의미합니다. 그래서 산에 올라가 이리저리 다니면서 처녀로 죽는 것을 친구들과 함께 애도하도록 해달라고 요구합니다. 그런데 슬픔을 혼자 감당하지 않고 친구들과 함께 애도하고자 했습니다. 친구들은 마침내 그의 슬픔을 기억하고 그를 기억하는 사람들이 되었습니다. 두 달이 지나고 약속한 시간에 딸은 돌아왔고 아버지는 맹세대로 행했다고 화자는 전합니다. 그리고 그것이 이스라엘의 한 관습이 되었다고 합니다. 이 관습이라는 말은 전통을 의미할 수도 있습니다. "그녀는 이스라엘의 한 전통이 되었습니다." 길르앗 사람 입다의 딸을 생각하고 이스라엘의 딸들은 해마다 나흘간 애곡하러 갔습니다(40절). 이는 그녀가 선택한 여인들이 그녀를 영원히 망각되지 않도록 했기 때문입니다. 그녀를 기억되는 역사로, 기억되는 생애로 만들어놓았습니다. 특별한 장소에서 해마다 애곡하는 관습을 만든 것입니다. 이 이야기는 맹세에서 희생으로, 죽음에서 생명으로, 망각에서 기억으로 전이됩니다. 그래서 입다의 딸의 비극을 완화시기는 듯 보입니다.

후대의 기록에서 입다는 이중적 평가를 받고 있습니다. 이스라엘 지파를 위기에서 구출한 공적의 기록에서는 그는 수를 다하고 죽어 대표적 사사에게 주는 묘비를 받았고 그 이름을 대대에 떨치고 있습니다(삼상 12:11). 외경에서도 그는 칭송받고 있고(집회서

46:11~12), 신약성서 히브리서 11장에서도 그는 믿음의 사람으로 언급되어 있습니다. 그러나 희생된 그의 딸은 이름도 없는 존재로 되어 있고 다만 이스라엘의 딸들의 기억 속에서만 숭고함을 지니고 있습니다. 그런데 이와 다르게 유다의 전통에서는 입다가 푸대접을 받고 오히려 딸이 기억되고 있다고 합니다. 전설에 의하면 입다는 죽을 때 시체가 토막 나는 징벌을 받았고, 그 딸은 샤일라(Shailah)라는 이름을 받고 그 이야기가 전해지고 있다 합니다.

저는 입다의 딸이 무모하게 죽게 된 상황에서도 그 죽음을 무의미하게 만들지 않고 세간인에게 교훈을 주며 무엇보다 자신의 삶을 기억하도록 만들어놓은 사실이 참 경이롭게 여겨집니다. 어떻게 그런 생각을 할 수 있었을까요? 그는 정말 이루고 싶은 꿈이 너무 많았던 처녀인 듯합니다. 그 꿈을 구체적으로 알 수는 없지만 그것을 하나도 못 이루고 그냥 사그라져야 함이 너무나 억울하고 한이 맺혀서 친구들에게 하소연하고 기억이라도 해달라고 부탁한 것은 아닌가 생각합니다. 요절의 죽음, 가능성을 펼쳐보기도 전에 끝나 버리는 자신의 인생, 여기에 아이티 소년소녀들의 죽음과 눈망울이 왠지 겹쳐집니다. "우리는 모두 죽는다. 우리는 마치 땅에 쏟아지면 다시는 담을 수 없는 물과 같다"고 삼하 14장 14절에 말하고 있는데, 이 처녀는 그의 죽음을 삶 속에 담아내려 했습니다. 먼 날까지 기억되는 삶으로 말입니다.

입다의 딸의 이야기에서 '기억되어짐'에 대한 생각을 하게 되고 기억되어야 할 일들을 생각했습니다. 2010년은 특히 우리 역사에서 많은 기억할 것들을 말해주는 해라고 생각합니다. 올해(2010년)는 우리 현대사에서 굵은 매듭과 줄기를 이루는 사건들이 꺾어지

는 해이기 때문입니다. 조선이 일본에 강제 병합된 경술국치가 100주년을 맞았습니다. 한반도의 운명에 길고도 짙은 암운을 남긴 한국전쟁이 발발한 지 60주년입니다. 민주주의를 시민의 힘으로 실현해냈으나 결국 좌절한 미완의 혁명이 된 4·19혁명의 50주년입니다. 노동자의 권리, 한국 노동운동사에 한 획을 그은 전태일 열사 분신은 어느덧 40주년이 되었습니다. 1980년대 이후 민족민주운동에 새로운 지평을 연 광주민주화운동이 30주년을 맞은 해가 바로 2010년 경인년입니다.

굵직한 우리의 현대사를 기억해내고 생각하는 것은 입다의 딸이 겪은 희생의 아픔을 기억하듯 고통스럽고 수치스럽고 괴로운 일이기도 합니다. 과거의 역사를 대하는 것은 단순한 회고에 있는 것이 아니고 그 역사를 거울로 우리 내부와 외부의 시대적 흐름을 비춰보면서 미래 역사를 조망해보기 위해서일 것입니다.

1910년 경술년 8월 29일 공포된 한일병합조약, 그것은 참으로 국치였습니다. 8개조로 된 이 조약 1조에는 "한국 황제 폐하는 한국 전체에 관한 일체 통치권을 완전히 또 영구히 일본 황제 폐하에게 넘겨준다"고 규정되어 있고 이후 일본은 조직적으로 식민지 수탈을 자행했습니다. 그로부터 100년이 된 지금에 이르러도 일본이 그 병합을 '동아시아 안정을 위해 혹은 러시아의 조선 침략을 막기 위해'라는 식으로 자기합리화하며 범죄의 인정을 기피하려는 역사인식과 태도를 넘어서지 못하고 있습니다. 물론 1995년 그들의 패전 50주년을 맞아 무라야마 총리는 담화를 통해 어느 정도 진전된 사죄 태도를 보이기는 했지만 2001년 역사교과서 제작에서 그들의 침략을 정당화하는 기술을 강행하는 등 일본의 역사 인식은 여전히 침략 정당화에 기울고 있습니다.

한편 일본의 역사 인식에 대응하는 우리나라의 차원도 일본 제국주의에 대한 비판과 민족주의적 저항에만 강조점을 두고 있는 현실입니다. 최근 역사학자들은 이 문제에 대한 역사적 관점을 더 근본적인 데 두어야만 한다고 말합니다. 식민지 지배에서 식민주의가 얼마나 사람을 큰 고통과 불행 속으로 밀어 넣었는지, 얼마나 불의한 세상을 만들었는지, 식민 종주국이 얼마나 비문명화된 야만의 나라인지를 드러내는 비판적 관심으로 역사를 평가해야 한다는 것입니다. 조지 오웰은 소설 『코끼리를 쏘다』에서 영국인이 이유 없이 버마 사람들의 중요한 재산인 코끼리를 쏘아 죽이는 야만적 행위를 보고 영국 경찰을 그만두었다는 이야기를 하면서 식민지 종주국의 횡포와 야만행위를 고발하고 있습니다. 이런 야만적 행위가 있다는 사실의 폭로, 제국주의 비판이 중요하다는 것입니다.

저는 한일병합으로 우리 민족이 모두 커다란 상처를 입고 만신창이가 되었지만 그중에서도 정신대 여성의 고통이 가장 크다고 생각됩니다. 정신대 여성의 이야기는 입다의 딸 이야기와 많은 연결을 갖습니다. 1930년대 17~20세의 조선의 딸들이 필리핀, 만주, 오키나와 등지로 종군위안부로 끌려갔습니다. 정신대 여성은 대부분 가난한 집의 딸들이었고 강제로 혹은 돈을 벌게 된다는 유혹에 넘어가 정신대에 끌려가서 고난의 세월을 견디며 살았습니다. 전쟁 막바지에는 총알받이가 되었고, 전쟁 후에는 고향 공동체로 돌아올 수도 없었습니다. 그들은 '환향녀'라는 딱지를 붙이게 되어 소외되고 경멸당해야 했기에 감히 귀향할 수 없었습니다. 그들을 위해 애곡해줄 아무도 없어 50년 동안 그들의 이야기는 깊이 파묻혀 있었습니다.

그들 삶의 비참함은 오키나와의 빨간 기와집에서 살던 배봉기 할머니의 힘겨운 고발로 폭로되었고 한국에서는 김순덕 할머니의 증언으로 역사의 수면으로 떠올랐습니다. 그들은 정신적 고통, 육체적 질병, 대인기피증, 외로움 등으로 고통의 삶을 살아왔습니다. 1988년 한국교회 여성들이 그들의 발자취를 추적하기 시작했고, 1991년에는 36개 여성단체가 정신대대책협의회를 결성하고 1992년 아시아여성연대로 발전시켰으며, 2000년에 이르러 일본을 국제전범으로 재판하는 모의국제전범 재판을 일본 도쿄에서 열기에 이르게 되었습니다. 지금도 수요일마다 정신대대책협의회가 이끌고 그에 속한 여성단체들이 교대로 운영하는 할머니들을 위한 일본대사관 앞에서의 수요시위가 계속되고 있습니다. 저는 그 시위운동이 바로 이스라엘 딸들의 입다의 딸을 위한 애곡모임과 같다고 생각합니다.

기억하는 것은 과거의 원한을 푸는 해원(解寃)적 차원을 갖습니다. 옛 시간에 맺혔던 원한을 풀어내고 해방시켜줍니다. 기억하는 것은 불의한 것을 드러내어 정의를 지향하게 합니다. 기억하는 것은 처음 사랑을 지속하게 합니다. 기억하는 것은 잘못을 뉘우치고 새로운 삶을 살도록 새 힘을 줍니다. 이것은 성서적 메타노이아의 경험이라 할 수 있습니다. 기억의 힘은 그러므로 매우 창조적입니다.

우리 민족의 삶을 왜곡시키고 사회 갈등의 뿌리가 되고 남북 민중의 삶을 질곡 속으로 몰아넣은 분단의 역사, 한국전쟁을 기억해야 합니다. 우리 민족의 행복을 가져올 자유와 민주, 아름다운 민족을 이룰 자유민주주의를 살리기 위해 젊은 목숨들이 피를 흘렸던 4·19혁명을 기억해야 합니다. "근로기준법을 지켜라. 우리는 기계가 아니다"라고 외치며 노동자의 권리와 기본 인권을 위해 몸에 불을 붙였던 22살의 아름다운 청년 전태일을 기억해야 합니다. 이 땅의 정치적 정의와 민주화, 짓밟히는 인권을 회복하기 위해 비상계엄령 군부 폭력에 항거해 수많은 피를 흘렸던 5·18 광주민주화운동을 기억해야 합니다. 그 처참했던 진압작전으로 왜곡되고 파괴된 개인의 이야기도 기억합니다.

광주민주화운동의 참가자 김영철 씨와 당시 계엄군이었던 김씨의 이야기입니다. 김영철 씨는 '들풀야학' 교사로 있었는데 지금도 도청 계단에 서서 "보안대장입니다"라고 소리 지르며 달려가는, 그 시간과 사건 안에 갇혀 있는 상태로 정신병원 치료를 받고 있습니다. 계엄군 김씨는 법무부 감호소에서 치료받고 있는데, 정신착란증과 대인기피증 등으로 고통 속에 살고 있으며 형수까지 살해했다고 합니다. 우리는 이 사건이 얼마나 엄청난 비인간화와 고통의 삶을 결과했는지를 기억해야 합니다.

우리가 역사를 기억해야 하는 것은 역사에 누적된 한을 풀고 다시는 그런 불행한 역사를 반복치 않겠다는 깊은 결단을 촉구하는 것입니다. 우리는 이 사건들이 한낱 국가적 국경일로 기념되는 것을 원하지 않습니다. 우리는 이 역사적 사건들의 과제가 아직도 미완임을 알고 있습니다. 특히 민주화는 다시 오늘의 화두가 되고 있는 불행한 현실을 바라보면서 더욱더 역사적 사건을 기억하며 내일의 정의, 평화, 생명을 바라보게 됩니다.

　그런데 개인적 차원의 삶에서 기억되어짐은 어떤 것일까요? 여기서는 내가 무엇을 기억하는가보다는 '나는 다른 사람에게 어떤 사람으로 기억되어질까'를 생각하고 싶습니다. 저는 최근에 텐도 아라타의 소설 『애도하는 사람』을 읽었습니다. 이 소설은 매우 독특한 이야기를 전개하고 있습니다. 전국 곳곳을 다니면서 사건이나 사고 혹은 어떤 연유로 죽었던지 죽은 사람의 소식을 들으면 그곳으로 가 죽은 이를 애도하는 한 청년이 있습니다. 그리고 취재를 위해 그를 쫓아다니는 매우 비인간적이고 탐욕적이고 속물적인 기자가 있습니다. 결국 기자는 그 청년에게 감동되어 타인의 아픔에 관심을 갖게 되고 자신과 어머니를 버리고 떠났던 아버지를 용서하고 아버지의 장례식에서 눈물을 흘리게 되는, 그 애도하는 사람으로 인해 상처받은 많은 사람들이 치유를 받는 이야기입니다. 자신과 아무 관계가 없는 생면부지인 타인의 죽음을 애도하기 위해 일본 전역을 떠도는 청년, 그는 신문에서 사망 소식을 접하면 현장에 찾아가 그만의 방식으로 고인을 애도하고 명복을 빕니다. 세상 떠난 사람의 사람다움을 찾아내어 그것을 자기 안에 새기는 것이 그가 애도하는 방식입니다. 그는 아무리 불량한 악한이었더라도 그의 죽음 앞에서 그를 아는 사람에게 "이 사람은 누구를 사랑했나요? 누구로부터 사랑받았나요? 어떤 일로 사람들이 그에게 감사를 표했나요?" 등의 질문을 합니다. 그러면 아무도 그의 죽음을 애석해할 것 같지 않은 사람이라도 어린 시절에 사랑받았거나 어떤 사람과 사랑의 관계를 가진 적이 있다거나 하는 이야기를 듣게 되고 그 청년은 그 내용으로 세상 떠난 그 사람의 사람다움을 애도합니다. 아마 그 청년은 모든 인간의 본래적 가치, 인간의 존엄을 찾아

헤매는 사람일 것입니다.

역사적 사건에서 거시적 정의와 구조의 본질을 기억해야 한다면, 일상적이고 개인적 차원에서는 사람의 진정성과 사랑의 삶에서 형성되는 기억을 가질 수 있으면 좋겠습니다. 텐도 소설의 주인공처럼 누구일지라도 그의 사람다움을 찾아내어 사랑하고 기억하는 그런 삶을 산다면 후대의 누구라도 나를 기억할 수 있지 않을까요? 우리의 삶은 지금 내 모습 그대로 기억되어질 것입니다. 그리고 그 모습이 어떤 것일지라도 내 안에 있는 사랑의 요소는 기억되어질 것이라 생각됩니다. 우리의 기억은 가장 아프거나 가장 아름다운 것을 저장하는 능력이 있을 것이고 아픔과 아름다움은 사랑의 이름으로 남게 될 것이기 때문입니다. 입다의 딸의 지극한 슬픔이 그를 영원히 기억하게 하는 사랑의 힘이 된 것을 다시 기억하게 됩니다.

저는 입다의 딸이 죽음의 슬픔을 친구들과 같이했고 친구들이 그 사건의 전승자가 되었다는 사실이 참 의미 깊다고 여겨집니다. 입다의 딸은 '의식을 공유하는 집단'을 형성하는 모델을 보여줍니다. 우리 역사에 대해서나 우리 삶에 대해서 새길 식구들이 '의식 공유의 공동체'가 될 수 있다면 얼마나 좋을까 생각해봅니다. 새길의 20여 년 역사에서 민족의 앞날과 인간의 미래를 함께 생각하고 전승해나가는 공동체로서의 발전을 소망합니다.

성서는 기억만 이야기하지 않습니다. 망각도 강조합니다. 하나님은 이스라엘의 죄를 기억하지 않을 것이라 합니다. 그럼에도 하나님은 "어미가 낳은 자식을 잊을지라도 나는 이스라엘을 잊지 않을 것"이라고 기억함을 강조합니다. 하나님의 망각과 기억은 하나님의 자비와 사랑의 속성을 표현합니다. 우리의 기억과 망각도 하나님의 자비와 사랑 안에서 그분의 온전하심을 향하고 참여하는 것임을 깨달을 수 있으면 좋겠습니다.

(2010년 2월 12일)

머나먼 여정
- 세 노래의 전승

사무엘상 2:4~8, 누가 1:51~55

오늘은 새길교회가 창립된 지 16주년(2003년)을 맞아 이를 기념하는 주일예배를 드리고 있습니다. 개인이나 집단이나 생일을 맞을 때는 자기존재의 근원을 그리고 앞으로 어떻게 사는 것이 자신답게 사는 것인가를 다시 생각하고 확인하게 됩니다. 그래서 새길교회의 열여섯 번째 생일에 우리 자신을 재확인하는 시간을 가지면 좋겠다는 생각을 합니다. 새길교회 창립 당시의 사회와 교회의 정황을 회상하면서 우리 교회의 출현 의미를 되짚어보고 성서적으로 어떤 전통에 서 있는가를 함께 생각해보고자 합니다.

저는 창립 때에는 함께하지 않았기 때문에 그 당시의 세미한 정서를 나눌 수는 없습니다. 다만 창립정신을 표현하고 있는 창립취지문에서 새길교회 출생의 배경과 의미를 생각하고자 합니다. 창립취지문을 간단하게 다시 정리해보면 다음과 같습니다.

1. 복음이 사회와 역사에 증거 되어야 하고 사회와 역사를 변혁시
   키는 힘이 되어야 한다는 믿음을 확고히 한다.
2. 믿음의 실천은 예수 그리스도의 삶을 따라 가난하고 억눌린 사
   람들에게 해방의 소식을 선포하는 것이다.
3. 이는 구체적으로 고통당하는 이웃을 사랑하고 정의와 평화를 실
   현하는 것이다. 그것이 바로 하나님의 선교이며 이 선교에 몸, 마
   음, 정성, 물질 모두를 바치겠다고 결단한다.
4. 이렇게 교회가 결단하고 새길을 찾아 나선 요인은 기존의 교회가
   개인주의적이고 기복적인 신앙, 도피주의, 경직된 율법주의에
   빠져 사회적 책임을 다하지 못하기 때문이며, 물량주의적이고
   직업화된 교역자 중심주의, 부를 축적만 하는 교회가 되어 있기
   때문이다. 우리 스스로는 깊은 자기성찰을 하면서 왜곡된 교회
   현실을 바로잡고자 한다.

다시 말해 새길교회는 시작부터 사회·역사의식이 있는 기독인
신앙을 강조함과 동시에 사회정의, 정의로운 사회개혁을 지향했
고, 민중 지향적인 선교방향으로 사랑과 정의와 평화를 실천하려
했으며, 기존의 한국 교회에 대한 진지한 비판을 통해 교회 개혁 혹
은 대안교회 세우기를 지향하고 있다고 하겠습니다.

내부의 논의를 서쳐야 하겠지만 저는 새길교회의 창립정신은 당
시 한국 교회가 WCC로부터 수용했던 '하나님의 선교신학'과 '한국
민중신학'에 신학적 기반을 두고 있다고 생각합니다. 1960년대 세
계적으로 확산되었던 하나님의 선교신학은 이 세상은 하나님이 직
접 그 안에서 선교하시는 곳임을 선포합니다. 이는 세상과 교회를

극단적으로 이분화해 세상은 악의 소굴이요 장차 망할 곳이므로 거기서 빠져 나와 노아의 방주 같은 교회로 들어와 구원을 얻어야 한다고 생각했던 전통적인 교회관과는 완전히 다릅니다. 하나님의 선교신학은 세상은 하나님이 직접 선교하고 계시는 곳으로 오히려 교회가 섬겨야 할 곳이며 세상 속에서 하나님의 나라를 이루어나 가야 한다면서 혁명적 교회관의 전환을 불러일으켰습니다. 그리스 도인은 하나님과 함께 세상 안에서 선교해야 하며 따라서 흩어지 는 교회의 중요성이 강조되고 사회참여의 선교신학이 되었습니다.

민중신학은 1970년 청계천 평화시장 노동자 전태일의 분신사건 이 계기가 되어 박정희 정권 때 개발독재정책에 의해 희생당한 노 동자, 농민, 도시빈민의 삶의 현실을 성서적으로 새롭게 발견하면 서 탄생한 한국적 해방신학 혹은 한국적 사회참여신학이라 할 수 있습니다. 민중신학은 하나님 계시의 하부구조, 즉 민중의 구체적 인 삶의 한복판에서 일어나는 하나님의 구원행동을 발견하는 신학 입니다. 이러한 신학적 영향은 1960~1980년대에 이르기까지 한국 교회에 지속되었고 한국 교회는 사회참여적 신학과 전통적 신학으 로 양분되는 현실에 처했습니다. 새길교회 취지문에 나타난 정신 은 사회참여 신학을 따르고 있는 것입니다. 새길교회 구성원은 민 중은 아니지만 중산층 집단으로서 '민중론자'의 위치에서 신앙고 백과 실천을 위한 결단으로 민중 지향적 사회참여신학을 선택한 것입니다.

이러한 신학의 발전 상황에서 새길교회가 출현한 1980년대는 한 국 사회가 급격한 변화를 맞는 시기였습니다. 1970년대 독재정치 와 산업화에 의한 희생자의 인권회복과 민주화운동을 전개해오면서 축적된 운동력이 1980년대 사회운동을 새로운 국면으로 전환시켰습니다. 그 시기 진보적 사회운동의 기본은 기층 민중의 주체적역량에 대한 전적인 인식이었고 동시에 가난과 모순된 사회 현실이 개인의 잘못에 의한 것이기보다는 사회구조에 의한 것임을 확인하는 것이었습니다. 급격한 경제개발정책으로 인한 이농과 그들의 도시빈민화로 민중의 처절한 생존권 문제가 발생된 것이라는사회구조에 눈 뜨기 시작한 것입니다. 따라서 그리스도인의 신앙도 개인적 심령의 평안과 위로를 얻는 것에서 사회구조가 파생한악을 죄로 인식하고 그 불의를 극복하고 하나님의 정의 실현을 위한 사회참여적 신앙 인식으로 전환되었습니다.

이와 같이 새길 창립취지문을 통해 우리는 민중신학, 하나님의선교신학의 영향 아래 당시의 사회 불의에 저항하는 사회·역사적변혁과 교회 개혁의 미래를 바라보면서 일선에 나서지는 못하지만중산층 민중 지지자로서 지원을 통한 선교활동에 참여하는 새길의신앙을 보게 됩니다. 이렇게 새길교회는 민중 지향, 사회 변혁, 교회 개혁의 정신으로 1987년 새로운 길 찾기의 여정을 시작했던 것입니다.

저는 창립정신이 담고 있는 민중 지향적이며 역사 변혁적 전통은 바로 신구약을 통해 끊임없이 흐르는 성서의 전통이라고 생각합니다. 가난한 자, 약한 자, 힘없는 자에 대한 편애와 그들의 온전한 삶을 위한 정치·경제·사회·종교적 변혁의 주장은 바로 성서의중심 사상이라 할 수 있습니다. 대체로 성서의 전통을 율법 전통,예언자적·메시아적 전통, 지혜 전통, 세 가지로 말합니다. 그런데이 세 전통 모두에 광범위하게 펼쳐져 있는 사상이 곧 가난한 자,

약한 자, 힘없는 자에 대한 우선적 보살핌과 배려, 그리고 사회구조적 악의 변혁입니다. 성서에 나타나는 사회적 약자에 대한 하나님의 편애는 하나님이 편드시지 않고서는 세상 어느 곳에서도 그들의 힘이 없기 때문입니다.

저는 오늘 사회적 약자 편에 서는 수많은 성서 전승 가운데 두 여인의 노래를 중심으로 그 전승의 의미를 생각하고 새길교회 존재의미와 연결해보고자 합니다. 오늘 읽은 성서 본문은 두 여인이 부른 노래들입니다. 하나는 사무엘 2장에 나오는 '한나의 노래'이고 다른 하나는 신약성서 누가복음 1장에 나오는 저 유명한 마그니피캇 곧 '마리아 찬가'입니다.

한나는 교회에서 기도의 응답을 받는 신앙인의 모델로 많이 알려져 있고 이야기되지만, 한나의 노래는 별로 알려져 있지 않습니다. 한나의 이야기는 그가 아이가 없어 온갖 서러움을 당하다가 그 슬픔을 하나님께 호소하고 아들을 낳으면 하나님께 바치기로 서원하는 기도를 드린 후 아들을 얻었다는 것입니다. 그래서 한나를 기도 응답의 모델로 생각합니다. 그러나 우리는 한나가 부른 것으로 기록된 노래를 통해 한나 이야기의 다른 측면을 발견할 수 있습니다.

한나의 시는 4부로 구성되는데, 1~2절은 야훼 하나님께 감사, 3~5절은 오만한 자들의 멸망과 비천한 자들의 영광, 6~8절은 야훼 하나님의 통치, 9~10절은 미래에 대한 확신입니다. 오늘 우리는 2~3부에 해당하는 본문을 읽었습니다. 이 노래는 야훼 하나님에 대한 한나의 신뢰가 기본이 되는 찬양입니다. 하나님은 거만하고 힘 있는 자들을 벌하시고 힘없고 억울한 사람들은 존귀하게 높이시는 하나님이시라는 주제를 다루고 있습니다.

한나는 아이 낳지 못해 첩의 멸시에 고통당하며 비통에 빠져 있는 자신을 구원해주신 하나님에 대한 경험으로 하나님이 이 세상의 모든 힘없는 자들의 편이 되시어 그들의 억울함 풀어주고 천대받는 이들을 존귀하게 하시는 새 세상, 곧 변혁의 세상을 만드시는 분임을 찬양합니다. 한나는 억압받고 비천하고 배고프고 힘없는 자들에 대한 편파적 애정을 가진 하나님과 자신의 고통을 구원해주신 경험을 모든 약한 자에게 확장해 그들의 하나님이 되심을 노래합니다. 그러므로 한나는 단순히 열심히 기도해 아들을 얻은 기도 응답의 모델이라기보다는 힘없는 자의 편이 되어 새 세상을 열고 구원의 새 역사를 이루는 하나님을 재발견한 자입니다. 모세 시대에 경험했던 하나님을 다시 회복시키는 신앙의 전승자라고 보아야 합니다.

한나의 시대는 이스라엘이 사사들이 이끄는 평등공동체 시대를 끝내고 끊임없는 외세의 침략을 마감하기 위해 왕정 사회로 돌입하려는 분수령 지점의 시기입니다. 혼란과 방황과 불안이 지배하는 시기에 희망을 주고 용기를 갖게 하고 새로운 시간을 맞게 하는 전환기의 예언자적 역할을 하는 사람이 사무엘이며, 한나는 바로 그 사무엘을 낳은 어머니입니다. 한나는 아들을 통해 오게 될 새 시대를 예견하고 어느 시대이건 약자 편에 서시는 하나님에 대한 믿음으로 산다면 좋은 세상이 됨을 말해주고 있습니다. '한나의 노래'는 시대의 전환 앞에서 새로운 세상, 새로운 역사를 기다리는 열망으로 부르는 노래입니다.

사무엘은 평등공동체 말기의 혼란을 수습하고 새로운 사회에 관한 전망을 제시했으며 민중의 요구에 따라 사울 왕을 세웁니다. 인

간의 흥망 안에서 하나님의 역사
개입을 보며 가난한 자를 편드시
는 하나님을 다시 발견하는 모세
시대 신앙의 회복입니다. 한나의
입을 통해 이스라엘 민중의 기대

가 읊어진 것이며, 메시아 통치를 갈망하는 신명기 사가의 신학적
입장을 반영하고 있습니다. 한나의 찬양 시는 야훼가 철저히 힘없
고 약한 자들의 편임을 경험하고 난 후 그것을 개인 체험에 머무르
지 않고 모든 피억압자와 연대하고 약한 자들을 향한 야훼의 사랑
을 공표하는 구약성서 야훼 신앙의 핵심을 꿰뚫고 있습니다.

　한나의 노래는 누가복음에서 마리아의 노래로 전승됩니다(누가
1:46~55). 개인 감사 46~50절, 집단 감사 51~55절로 구성된 마리아
의 노래는 사회·정치·경제적 관계에서의 변혁을 노래합니다. 높은
자 낮추고 낮은 자 높이고 교만한 자 흩고 비천한 자 높이는 하나
님, 주린 자 배부르고 부유한 자 빈손으로 보내시는 하나님을 노래
하는 이 시는 한나의 노래보다 한결 과격한 느낌을 주기조차 합니
다. 일반적으로 마리아는 가톨릭 안에서 순명하는 신앙인의 모범
으로 공경되며 매우 순종적 여성상으로 강조되고 있습니다. 그런
데 처녀의 몸으로 아이를 가지게 되어 몰매 맞아 죽게 될 위협의 긴
박성 앞에서 마리아는 오히려 사회혁명가를 부르고 있습니다. 한
나가 아이를 못 가져 고통을 당했다면 마리아는 처녀의 몸으로 아
이를 가져 위협 속에 빠진 상황입니다. 마리아는 결코 얌전하고 나
약한 순명적인 신앙인의 모델이 아닙니다. 오히려 새로운 세상에
의 열망을 강하고 용기 있게 노래하면서 메시야 시대의 대망을 선

포하는 용감한 처녀의 모습입니다. 하나님을 찬양하는 모든 이에 대한 하나님의 자비를 대대로 영원히 노래하고 있는 것입니다. 낮은 것을 높이시고 높은 것을 낮추시는 하나님, 주린 자와 힘없는 자의 편이신 하나님, 교만한 마음을 흩으신 하나님! 하나님은 노예를 해방하신 구원자로서 모든 이에게 자유와 평화를 주시는 원천임을 노래합니다.

마리아의 노래는 누가복음에 앞서 민중의 입에 오르내린 노래라는 것이 통설입니다. 이 노래는 유대계 그리스도인 특히 예루살렘의 모 교회에서 부르던 노래로서 개인이 아니라 '가난한 이들'이 하나님의 구원 사건을 기린 노래라고 합니다. 그것을 누가복음서 기자는 마리아의 노래로 기록해서 장차 예수가 오셔서 세울 하나님의 나라를 예시한 것입니다. 마리아도 불렀지만 그 외에 많은 민중에 의해 불린 이 노래는 민중의 열망을 드러내고 있다고 생각됩니다. 기원전 587년 이후 계속된 강대국의 침략과 지배 아래 나라를 잃고 황폐화된 민족의 고난과 민중의 피폐한 삶 속에서 오로지 메시야가 오셔서 고통을 종식해주리라는 소망으로 살던 이스라엘 민족의 염원이 담긴 노래입니다. 처녀의 몸으로 아이를 가져 죽임을 당할 위협의 상황에 처해 공포에 질릴 수밖에 없는 마리아가 천사의 말을 받아들이고 순종한 것은 바로 그 아기를 통해 올 새 세상에 대한 희망과 믿음 때문이었습니다. 마리아는 당시 민중의 대변자였던 것입니다.

마리아는 이 노래의 의미와 민중의 열망을 너무나 잘 알고 있었습니다. 마리아는 민중이 가진 종말론적 기대를 알고 있습니다. 52절은 정치적 변혁을 노래합니다. 권세 있는 자들을 그 자리에서 내리치시고 보잘것없는 자들을 높이시는 하나님은 억압당하는 자의 편에 철저히 서신다는 것입니다. 53절은 경제적 측면에서의 변혁을 노래합니다. 배고픈 자들을 좋은 것으로 배불리시고, 부유한 자들을 빈손으로 돌려보내신다는 것입니다. 하나님은 권력을 이용해 부당한 부를 누리던 이들을 빈손으로 떠나보내고 주린 이들을 배부르게 하는 정의의 하나님입니다. 정치·경제·사회의 모든 변혁을 열망하고 부른 노래입니다. 예수를 잉태한 마리아는 민중의 노래를 부르며 장차 예수가 오셔서 행할 일을 선포하고 있는 것입니다.

두 여인의 노래는 가히 사회혁명적입니다. 사회 개혁을 지향하고 철저히 민중 지향적인 신앙의 방향을 보여줍니다. 평등사회, 정의로운 사회를 이상하고 그것을 실천해야 함을 지적합니다. 거만한 이들이란 하나님의 뜻을 거역하는 사람들이며, 하나님은 권능을 행하시어 이들을 흩으시는 변혁을 행하시는 분임을 노래합니다.

새길교회는 이 두 노래를 창립 때에 이어서 노래하고 있습니다. 우리 교회는 성서의 중심 사상인 힘없는 자에게 해방의 소식을 전하는 선교의 대열에 섰습니다. 이제 16년의 세월이 흘러 상황은 많이 변했습니다. 민중의 시대는 지나갔다고 합니다. 거시적 관점이나 계급론적 관점은 일상의 삶과 유리되어 별 의미를 갖지 못한다고 생각합니다. 이제는 일상적이며 개별적인 경험에 대한 해석에서 모든 것이 시작되고 풀려져야 한다고 말합니다. 그러나 아직도 여인들이 아들을 못 낳아서 한을 품게 되는 일은 일상생활에서 흔하며, 힘없는 자와 가난한 자의 문제는 여전히 정치·경제·사회적 불평등의 구조 안에 자리 잡고 있습니다. 더 나아가 그러한 불평등 구조는 나라의 경계를 넘어서 지구화되었습니다. 외국인 노동자의 고통, 의지할 곳 없는 노인, 장애우, 여전히 차별의 현실에 억압당하는 여성과 사회적 약자, 지속적으로 착취당하고 있는 자연의 고통, 최근 우리에게 가장 큰 위협을 주는 미국 패권주의에 의한 전쟁 위기 등의 문제는 하나님나라가 임할 때까지 그리스도인의 사회적 책임의 자리로 남아 있습니다.

지금까지 우리는 권력 이데올로기 비판이나 평등한 사회 변혁적 메시지를 성서의 예언서를 통해 그 근거를 조명해왔습니다. 그러나 사회적 약자에 대한 우선적 책임의 윤리는 성서의 모든 전승에 골고루 나타나 있습니다. 오늘 저는 두 여인의 노래 전승에서 이를 조명해보았습니다. 이 두 여인들의 노래 전승에는 첫째, 이데올로기 비판이 철저하게 언급되고 있고, 둘째, 사회적 약자에 대한 편애 윤리 곧 민중 지향성이 확실하게 나타나 있으며, 셋째, 여성의 한과 가부장제의 모순구조에 대한 비판이 들어 있습니다. 여성 신학자들은 예언 전통이 종교권력과 지배권력에 대한 비판 원리로 변혁적 의미를 가지지만 가부장제의 모순을 포괄하고 있지는 못하므로 여성해방에는 한정적이라고 비판합니다. 그러나 이 두 여인의 노래는 그 모든 관점을 포괄하고 있어 변혁을 지향하는 성서 전통 중 가장 포괄적 전통의 노래라고 생각됩니다.

저는 우리 교회가 이미 두 여인들의 노래 전통을 잇고 있으며 그것을 확장해나가고 있다고 생각합니다. 지금 우리가 매주 암송하는 새길 신앙고백과 결단(이 책 맨 처음 글 「창조의 보전」 참조) 곧 생태계와 생명의 문제에 대한 신앙고백도 두 여인의 노래 전통을 포괄하고 있습니다. 민중지향이 정의·평화의 하나님나라를 구체화한 것일진대 새길 신앙고백은 정의, 평화, 생명, 창조질서의 보전을 모두 신앙고백적으로 표현하고 있는 것입니다. 저는 한나의 노래와 마리아의 노래 전승에 새길교회가 서서 가부장제의 모순 또한 포괄하면서 그 전승을 계속 확장해나갈 것이라고 생각합니다.

오늘의 제목을 왜 머나먼 여정이라고 했는지 궁금하실 것입니다. 한나의 노래가 문서로 편집된 것은 기원전 7세기이지만 그 자료가 시작된 것은 사무엘 시대인 기원전 1000년 전후입니다. 마리아 시대는 예수가 오신 기원 시작 전후의 시기입니다. 거의 천 년을 사이에 두고 한 여인이 부른 사회변혁의 노래를 또 다른 여인이 이어서 부르고 있습니다. 그리고 오늘 21세기에 새길교회가 부르고 있습니다. 인간사회의 문제는 고대나 지금이나 별로 달라지는 게 없다는 말이 맞는가 싶습니다. 힘없는 자, 가난한 자의 문제는 여전히 정치·경제·사회적 불평등의 형태로 자리 잡고 있습니다. 어느 시대든 어떤 상황이든 사회적 약자 편에 서서 그들을 대변하고 그들과 함께하는 평등세상을 만들어가는 것이 하나님으로부터 선택받은 사람들의 책임일진대 우리는 참으로 머나먼 수행의 여정을 가야만 할 것 같습니다.

물론 새길교회는 그 길을 걸어오느라 그동안 많은 고비를 겪었습니다. 그러나 우리는 여전히 머나먼 여정을 앞에 두고 있습니다. 얼핏 생각하기에 사회적 약자의 편에 서는 일은 선교봉사 지원으로 그 임무를 다 하는 듯 생각할 수 있습니다. 그러나 두 여인이 노래했던 시대나 1980년대 한국 사회 변혁기가 보여주었듯이, 사회의 모순구조를 건드리지 않는다면 자선적·시혜적 지원은 우리 자신의 선행에 대한 위로가 될 뿐, 새 세상을 열기에는 부족합니다. 새 역사를 열어가는 일, 종교 간의 대화하기, 종교권력에 대한 비판

등 현재 새길문화원이 노력하고 있는 일들이 사람들을 비인간화시
키는 교회권력과 체제를 허물어내는 데까지 이르러야만 할 것입니
다. 참으로 힘든 과정을 앞에 놓고 있습니다. 그런 의미에서 새길의
16년은 너무 짧은 시간입니다. 한나로부터 마리아에게로 이어져온
그 노래의 머나먼 전승 여정을 새길은 흔들림 없이 걸어갈 것임을
다짐해보는 16주년이기를 바랍니다.

(2003년 3월 9일)

인생은 미완성, 역사도 미완성, 그래도 희망을 가지며

민수기 27:1~4, 36:1~3, 창세기 16:7~12, 21:12~13

설(구정)은 한 번 더 새해를 맞는 마음을 갖게 합니다. 그래서 늘 두 번의 새해 인사를 오가게 하지요. 설날을 맞아 새길 자매·형제 여러분과 가정에 하나님이 내리시는 만복이 충만하시기를 기원합니다.

새로운 시작의 의미를 가지는 때 저는 성서말씀에서 이스라엘 민족이 새로운 땅 가나안에 들어가기 직전에 있었던 이야기를 여러분과 함께 나누고자 합니다. 출애굽이나 광야생활에 대한 이야기, 여호수아의 지도 아래 가나안을 점령하는 이야기는 많이 알고 있지만, 가나안 입성 바로 이전의 일에는 별 관심이 없었던 것 같습니다. 오늘의 성서 본문은 바로 그때의 이야기입니다. 이 이야기는 어느 집단이나 조직이 새로운 공동체적 질서로 향할 때 겪게 되는 과정을 보여주므로 오늘 우리의 현실에서도 조명할 필요가 있고 의미도 있다고 생각됩니다.

이스라엘 백성이 40년 동안 광야에서 방황하다가 드디어 하나님이 약속한 땅 가나안에 가까이 이르러 정말 새로운 역사를 시작하려는 바로 그 시작점에 일어난 여성과 관련된 이야기로 전개됩니다. 그때는 출애굽과 광야생활의 위대한 영도자 모세의 시대가 막을 내리고 젊은 새 지도력으로 지도력이 교체된 시기이기도 합니다. 무엇보다도 이스라엘이 약속의 땅에 들어가 어떻게 살아야 할 것인가에 대해 광범위한 분야에서의 삶의 방식을 고민하고 여러 가지 삶의 규정을 새롭게 설정해야 하는 중요한 시기였습니다. 출애굽 과정 동안의 여러 가지 오류를 털어내고 새 땅에서 새롭게 참된 하나님의 백성으로 살아가기 위해 무엇을 어떻게 할 것인가를 함께 설정하는 자리였습니다. 그러므로 모세 설화가 출애굽에 초점이 있다면, 여호수아 설화는 이스라엘 부족동맹 사회의 질서 구축이라는 관점을 내포하고 있습니다.

가나안 땅에 들어가 살고자 할 때 이스라엘에게 가장 중요한 문제는 파라오의 억압에서 경험한 전제군주제적 국가가 아닌 평등한 관계의 공동체를 이룰 수 있을 것인가 하는 문제였지요. 평등한 부족동맹체의 이상은 정치적 지도력과 경제적 삶의 형태에서 평등을 추구했던 것입니다. 그들의 경제적 평등의 이상은 광야생활에서 모두가 똑같이 하나님이 내려주신 하루 먹을 만큼만의 만나를 거두는 생활을 통해 훈련되기도 했습니다. 정치적 지도력의 평등을 추구한 이상은 가나안에 들어간 후 약 200년 동안 왕권군주제가 아닌 판관의 지도력 구조로 지낸 역사에서 드러나기도 합니다. 아무튼 민수기는 그 시점에 일어난 이야기를 하고 있습니다.

그들이 높이 가졌던 정치·경제적 평등의 이상을 실현하는 일은 그리 만만한 것이 아니었음을 성서 기록 곳곳에서 드러내고 있습니다. 광야생활 후기에 이르러서는 평등사회 이상의 선봉자인 모세의 지도력이 독점적이라는 반발이 커져 가데스 지역에서는 반란 사건이 크게 일어났습니다. 또한 여호수아가 모세를 승계하며 지파 공동체를 새로이 구성하는 과정에서 부족 지도력들의 극심한 재편과정의 흔적을 볼 수 있습니다. 아무튼 부족동맹 사회의 새 질서 구축이라는 막중한 과제를 이끌어가는 과정은 다양하고 어려운 문제를 발생시킨 것이 사실입니다. 모세로 상징되는 탈주와 여호수아로 상징되는 재질서화는 서로 쌍을 이루는 연속적 요소이지만, 그 사이에는 무수한 간극이 있을 수밖에 없었고 탈주에서 재질서화로 이행하는 과정에서 누군가는 제거되고 누군가는 권력이 강화되는 역사가 반영됐다고 추정됩니다.

그런데 평등한 삶의 운영을 위한 주된 내용 가운데 하나가 바로 토지분배였습니다. 오늘 본문의 슬로보핫 딸들의 이야기는 땅의 분배에 대한 여성의 권리 요구입니다. 땅에 대한 여성의 권리주장은 당시의 남성 지도자들이 전혀 예상치 못했던 완전히 새로운 질서의 요구였습니다. 새로이 전개되는 세상에서 성적 평등의 문제를 어떻게 해결해야 할 것인가는 가부장제 사회에서는 매우 골치 아픈 문제였지요. 사실 광야의 여정에서 모세와 함께 출애굽 사건에서 지도력을 폈던 미리암의 역할을 두고 여성의 정치 지도력을 어떤 위치에서 인정해야 할 것인가를 고민했던 흔적들이 많이 보입니다. 그리고 새로운 부족동맹체의 질서에서 그것은 하나의 중요한 과제로 인정되기도 했던 것 같아요. 그런데 슬로보핫 딸들의 이야기는 바로 경제적 질서에서 성적 평등이 이루어져야 한다는 문제를 제기하고 있는 것입니다. 그러나 이 딸들의 주장에 대항해서 남성 중심적 질서를 강하게 유지하려는 가부장제 우두머리들의 반대운동이 일어났고 그러한 대결과정을 거치면서 양측이 타협점을 찾아 해결해나가는 과정이 전개되고 있습니다. 김진호 선생은 토지분배 과정에서 일어난 슬로보핫 딸들의 이야기를 남녀 대결적 상황으로 해석하는 통찰을 보여줍니다(인물로 보는 성서 뒤집어 읽기).

이야기는 이렇습니다. 민수기 27장은 이스라엘이 약속의 땅 가나안을 향해가는 도중 요르단 강가 모압 광야에서 인구조사를 하며 지파에 따라 땅(유산)을 분배하는 장면을 배경으로 하고 있습니다(민수 26:51~56). 광야는 미래의 약속 성취를 향해가는 과정이었고 가나안에 들어가서 형성할 공동체적 삶의 모든 규정을 준비하는 시간과 공간이었습니다.

당시의 사회조직체는 2~3세대가 모인 기본 가족 단위인 '아비의 집', 그것이 확장된 '가문·문중' 조직, 그들의 결합인 '지파와 부족', 그리고 '지파동맹' 등이었습니다. 지파동맹의 지배적 사상은 평등주의 이념에 있었으며, 그 관철 단위는 가문·문중이었습니다. 이런 단위에 의해 토지분배가 이루어졌지요. 요셉의 후손, 므낫세 지파의 헤벨 갈래에서 가부장인 슬로브핫이 아들 없이 죽자 토지분배에서 제외되었는데 그에게는 다섯 딸들이 있었습니다. 철저하게 남성의 보호 아래 있어야만 생존의 위협을 피할 수 있는 문화에서 보호해줄 남성을 상실하는 것은 바로 생존의 위협을 의미했습니다. 그래서 성서는 지속적으로 고아와 과부, 이방 나그네를 돌보라는 명령을 내리고 있습니다.

생존이 위협받는 처지에 놓인 이 다섯 딸들은 자신들에게 불행을 주는 제도와 관습에 굴복하지 않고 담대히 자신들의 미래를 방해하는 제도적 요인에 맞서 나섰습니다. 이 다섯 딸들은 모세를 찾아가 문제 제기를 했습니다. 모세를 통해 주어진 하나님의 선언이 전체 공동체를 배려하는 의미는 가지지만 자신들에게는 매우 부당하다는 주장이었습니다. 그들은 '아버지의 죽음이 반역사건과 관련된 것이 아니고, 아버지의 이름이 아들이 없다고 해서 문중에서 사라지는 것은 부당하다'고 주장했던 것이지요. 당시의 관습은 반역자에겐 상속의 책임이 없었고, 한 가문이 상속자가 없어 몰락의 위기에 있을 경우는 문중이 그 책임을 져야 했습니다. 아마도 슬로브핫 가문의 남성 족장 우두머리들은 이런 책임을 지기 싫었고 가문의 재산도 다른 곳으로 빼앗기기 싫어했을 수 있습니다. 그래서 슬로브핫을 반역자로 몰았었는지도 모릅니다. 아무튼 딸들은 그런 지적의 부당함을 모세에게 항변했습니다.

일반적으로 어떤 불의에 도전할 때 우리들은 항상 하나님의 뜻에 기초해 그 반대되는 불의를 비판합니다. 그러나 이 슬로브핫 딸들의 도전은 모세를 통해 내려진 하나님의 말씀 자체에 대한 의문을 제기하고 있는 것이 특이하지요. 모세는 이러한 여성들의 도전을 받고 야훼께 그 문제를 여쭈었고 하나님은 "슬로브핫 딸들의 하는 말이 옳다"는 응답을 내리셨다고 성서는 기록하고 있습니다. 그래서 그 딸들은 유산을 상속받을 수 있게 되었을 뿐만 아니라 이런 판례가 일반화되어 이후에는 아들이 없으면 딸들이 항상 다른 남자친척보다 상속의 우선권을 가지게 되었습니다(27:8~11). 당시의 상속법은 아버지에서 아들로, 아들이 없으면 삼촌에게, 삼촌이 없

으면 가장 가까운 남자친
척에게로 가는 지극히 남
자 중심으로 되어 있었습
니다.

여기까지의 이야기에
서 함께 생각을 나눌 내
용이 있습니다. 우선 여기서 두 가지 위대한 점을 보게 됩니다. 하
나는 그 딸들의 위대함입니다. 그들은 자신들이 당하는 부당한 대
우, 부당한 처지에 순응하거나 침묵하지 않았습니다. 그리고 그 부
당함을 바로잡기 위한 도전을 용감하게 감행했습니다. 그 당시는
철저한 남성 중심적 가부장제 사회로 그 횡포로 여성은 이루 말할
수 없는 고난을 겪었습니다. 요즈음 간음하다 현장에서 잡힌 여성
을 돌로 쳐 죽이는 이슬람권의 폭행 살해에 대한 국제적 비난이 쏟
아지는데, 그 당시 이스라엘 사회의 남성 중심적 권력이나 폭행의
위협도 정도의 차이는 있지만 심각한 상황이 아니었나 싶습니다.
아무튼 이처럼 강력한 남성 중심 권력 사회에서 여성이 가부장제
질서를 흔드는 재산권을 주장하고 당시의 최고 권위인 모세에게
도전한 것은 보통의 용기와 결단이 아니었습니다. 부당함에 결코
물러서지 않는다는 정의의 가치 혹은 생존의 위협 아래 사생결단
적인 것이었는지 알 수 없지만 그들의 도전이 대단했음을 인정해
야 합니다.

두 번째로 이야기에서 찾을 수 있는 위대한 관점은 하나님의 자
기 뜻 수정과 '그 딸들이 옳고 내가 틀렸다'는 솔직한 인정입니다.
이는 성서의 하나님이 자신의 권위와 절대성을 벗어던지고 약자인

여성의 편이 되어 주저 없이 그 대변자가 되어 그들을 위한 결정을 하고 있다는 사실입니다. 성서의 매력이 이런 본문에 있는 것 같습니다. 하나님도 이렇게 자기 수정을 하는데 우리가 자신의 신앙적 신념 혹은 교리를 절대화해 다른 생각을 수용하지 못한다는 것은 참으로 어리석고 가소로운 일이 아닐 수 없습니다.

성서의 하나님이 모세나 가부장제 우두머리인 권력자의 편이 아니라 약자와 여성의 편이 되고 있는 이 장면은 통쾌함과 상쾌함을 느끼게 합니다. 하나님이 참 멋쟁이요 열린 하나님이라는 생각이 들고 여기서의 모세에게도 손뼉을 쳐주고 싶은 기쁨 같은 것이 생깁니다. 이 해결은 물론 아들이 없는 때라는 한정적인 경우에 남성 중심적 제도권 안에서 예외적으로 여성 권리가 보장된다는 한계를 갖습니다. 그러나 남성 계승의 상속원칙이 확고한 사회에서 그 관습과 규정을 넘어서는 새로운 판례를 이끌어냈다는 점에서 다섯 딸들의 위대한 승리라고 말할 수 있습니다. 27장은 이같이 특히 여성에게 새 힘을 주는 인생과 역사가 완성되는 듯한 벅찬 기쁨을 주고 있습니다.

그러나 이러한 여성의 새로운 삶의 자리가 무난히 실행되기에는 가부장제적 세력의 반대가 너무 거세었습니다. 반대 세력은 가부장제 구조의 우두머리들이었습니다. 그들은 여성이 경제권을 갖는 것에 위기감을 느끼고 가부장제 사회의 질서가 흔들리게 될까 두려워했습니다. 가부장제 전통을 고수하려는 세력은 어떻게든 딸들의 주장을 막고자 했습니다. 그들이 다섯 딸들의 주장에 반대하기 위해 내세운 근거는 두 가지로 나타납니다.

하나는 27장 본문에 나타난 대로 곧 아비가 고라의 반역과 관련

되었다는 것, 그래서 상속의 보전을 책임질 필요가 없다는 것이고 다른 하나는 딸들에게 상속하면 그들이 다른 지파로 시집가게 되면 자기 지파의 재산이 흘러 나가기 때문에 딸들에게 상속해서는 안 된다는 것이었어요. 앞에서도 언급했지만 몰락 가문의 문제에 대해 문중 책임제 같은 이스라엘의 관습은 절대 가난으로 떨어지는 자가 없게 하고 죽은 형제에게 상속자를 제공하기 위한 사회안전망 같은 개념이었습니다(시형제 결혼제도도 같은 맥락입니다). 그러나 현실에서는 그런 원리가 잘 지켜지지 않았지요. 오히려 형제나 친척이 그 재산을 자신의 소유로 복속시키려고 편법을 사용하기도 했을 것으로 짐작됩니다. 아마도 슬로브핫의 딸들은 그런 현실을 보면서 자신들의 상속권을 더 확고히 요구했을지 모르겠고 모세 또한 그들의 주장을 수용했던 것으로도 생각됩니다.

민수기 36장은 그들의 사건을 우울한 결말로 이끌어갑니다. 결국 가부장적 사고와 타협하는 양태를 보이지요. 그 딸들은 다른 지파 남성과는 결혼할 수 없다는 조건으로 제한받게 됩니다. 결국 여성은 자신이 획득한 소유를 제한당하는 문화적 구속에 다시 갇히게 됩니다. 36장의 관심은 남성 소유권이 확립된 농경문화 속에서 드러난 경제적인 이익 문제에 관심이 집중되면서 여성을 제한하는 현실을 보여주고 있습니다. 성서에 나타난 모든 사건의 결정은 아훼께서 내리시지만 공동체의 남성 우위적 양상에 의해 여성은 결국 문화적으로 구속당하고 곧바로 이상이 실현될 듯하던 상황은 사라지고 맙니다. 여성들의 이상은 저만치 멀어지고 힘겹고 고통스러운 통제·지배·구속의 가부장제적 남성 위주 권력이 힘을 가지는 현실이 전개됩니다.

오늘의 성서 본문에서는 양자가 타협해 슬로브핫 딸들은 토지를 분배받지만 그들이 속한 지파의 남자에게만 시집갈 수 있다는 제한에 갇힙니다. 그야말로 전통을 고수하는 지배층의 이해가 얽혀 나타나고 있습니다. 형식상 이 타협은 문중의 재산도 보전하는 동시에 아비의 집 재산도 보전하는 묘안으로 제시된 것 같습니다. 그러나 실제로 여성은 자유를 구속당하는 삶을 살게 되면서도 상속권이나 소유권에서는 아무 권리가 없는 빈껍데기 상속인이 되었습니다. 시집가면 남편에게 재산이 소속되고 말았기 때문입니다.

여성 신학자들은 이런 귀결에 만족하지 못하며 그 딸들에 대해서도 비판적 분석을 합니다. 그들은 여성의 경제권을 찾으려 한 것이 아니었고 아버지의 이름을 문중에 남기려 했다는 것입니다. 또한 이 이야기가 경전에 남겨진 것은 가난으로 몰락하게 되는 여인들을 위로하는 것이 아니라 아들 상속자를 낳지 못한 불행한 남자들을 위로하는 이야기로 보존됐다고 지적하고 남자들의 이름이 씨족에서 제외될 수 없도록 했다는 것입니다.

그런데 27장과 36장의 차이를 살필 필요가 있습니다. 36장에는 청중이 남자들뿐이고 조상 가문의 우두머리들뿐이며 모세가 하나님과 상의 없이 직접 선포하고 있어서 하나님이 모세에게 명한 말이라기보다는 모세의 말을 화자가 보고하고 있는 장면으로 묘사되어 있습니다. 남자들 판(권력자들 판)에서 여성들은 보이지 않는 존재가 되고 있습니다. 하나님은 간접으로만 표현되고 있고, 중심이 아버지의 이름보다는 땅과 권리로 옮겨져 있습니다.

여성 신학자들의 비판적 분석은 여성 시각에서 본문을 제대로 해석한 것이라고 생각합니다. 그럼에도 불구하고 27장에서 생존권 때문이거나 혹은 아비의 이름을 남기기 위함이거나 간에 여성의 경제권을 살려내는 대단한 사건을 만들었고 거대한 권력 앞에도 부당함을 지적하고 자신의 정당성을 주장하는 정의로움과 당당함을 두루 지녔던 이 여성들의 행동은 의미 있는 것이라 생각됩니다. 실제로 미드라쉬(성경 말씀이나 성경 사건을 상세히 설명하거나 분명하게 해설해주는 유대인의 지혜서)는 '이 딸들의 믿음이 좋았다', '담대하다', '용기 있다'고 평가합니다. 그리고 사마리아 오스트리카(도편)에는 '노아', '호글라'라는 두 딸의 이름이 종족 이름으로 나와 있고, 북왕국 초기의 수도 '디르사'는 또 다른 딸의 이름이었습니다. 아마도 그들이 각기 일족을 형성했던 것으로 보입니다.

앞에서도 언급했지만 철통같은 남성 중심 사회의 질서를 무너뜨릴 근거를 마련했고 종교적·사회적 최고 권위에 도전한 용기와 새로운 질서의 실천자로서의 모습은 역사 안에 오래도록 남을 이상입니다. 하나님의 결정에 도전한 것, 전통을 답습 않고 그 부당함에 도전한 것, 새 시대에 필요한 새 질서를 통찰할 줄 알았고 새 질서를 추구한 것, 새 문제를 제기한 것 등 슬로브핫의 딸들에 대한 평가는 결코 폄하될 수 없을 것입니다.

그러나 27장의 상쾌한 도전이 36장의 우울한 결말로 끝나는 것에 대해서는 다시 생각하지 않을 수 없습니다. 새로운 도전, 부당함에 대해 정당함을 내세우는 도전을 막으려는 거대한 가부장제적 세력을 어떻게 삶의 자리에서 그리고 역사의 진행에서 거부하고 저항할 것인가 하는 문제입니다. 거대한 가부장제적 세력에 의해 우리의 인생은 미완이 되고 역사도 미완이 되기 때문입니다. 그러나 가부장제적 권력·세력의 횡포는 인간 실존 안에서 끊임없이 당면할 수밖에 없는 현실이라는 생각이 듭니다. 그런 점에서 '인생은 미완성, 역사도 미완성'이라 말하게 됩니다. 여기서 나는 이진관의 노래 <인생은 미완성>을 떠올립니다.

인생은 미완성 쓰다가 마는 편지
그래도 우리는 곱게 써가야 해
사랑은 미완성 부르다 멎는 노래
그래도 우리는 아름답게 불러야 해
사람아, 사람아, 우린 모두 타향인걸
외로운 가슴끼리 사슴처럼 기대고 살자

인생은 미완성 그리다 마는 그림
그래도 우리는 아름답게 그려야 해
친구야, 친구야, 우린 모두 나그넨걸
그리운 가슴끼리 모닥불을 지피고 살자
인생은 미완성 새기다 만 조각
그래도 우리는 곱게 새겨야 해

성서는 결국 여성의 평등한 위치를 확보해주지 못하는 한계를 지니고 있지만 그래도 이 이야기는 부당함에 도전하는 삶을 성찰하게 해줍니다. 이 이야기는 비록 제한되고 우울한 결말로 끝나지만 한편으로는 정당한 도전과 부당한 세력 사이에서 힘들게 살아야 하는 우리의 실존적 모습을 적나라하게 보여주며 다른 한편으로는 온갖 부당함에 부대끼면서도 그것을 넘어선 진리와 아름다움, 정의로운 삶을 향해 부단히 노력하는 곳에 하나님의 편드심과 하나님의 열린 손길이 함께해주신다는 희망을 갖게 합니다. 파도의 물결처럼 인생 완성과 미완성의 굴곡을 바라보며 오늘도 부당함에 도전하는 정의로운 가치의 선택에 결코 낙심하지 않는 삶으로 사는 것이 성서 하나님의 뜻을 살아가는 길이 아닐까요?

새길 공동체도 새로운 세대, 새로운 역사의 시간대로 이행하는 과정에 있는 것 같습니다. 이 시점에 슬로브핫 딸들의 이야기, 새로운 도전과 가부장적 거대세력 간의 대결 이야기를 깊이 음미할 필요가 있을 듯합니다. 새길의 공동체적 삶을 다시 열기 위해, 새길의 미완성 역사를 새로이 진행해나가기 위해 이 이야기를 되새길 필요가 있다는 생각이 강하게 듭니다.

(2011년 2월 11일)

3부

민족, 가족,
우리를 새롭게

고난 속의 생존력과 창조력

시편 137:1~6, 창세기 37:28~36

오늘은 1994년 8월 28일부터 9월 4일까지 여드레 동안 '미래의 세계와 여성의 문화'란 주제로 중국 연길시 연변대학에서 열린 모임에서 듣게 된 해외 동포들의 현실을 전하면서 고난 속에서의 생존력과 창조력에 대해 함께 생각하려고 합니다. 조금 지난 이야기이지만 동포들이 들려준 이야기가 여전히 마음속에서 메아리치고 있습니다. 그들의 이야기는 우리 민족을 그리고 고난의 의미를 다시 생각하게 했으며, 그리스도인으로서의 삶의 태도를 깊이 생각하게 만들었습니다.

동포 사회의 생존력과 창조력

현재 해외 동포의 삶은 여러 면에서 훨씬 나아졌지만, 과거뿐만 아니라 오늘날에도 고난은 그들과 함께 있습니다. 우리 민족의 해외 거주 역사 대부분은 약소민족의 비극적 운명, 경제적 가난, 사회적 모순 등으로 시작되었다고 할 수 있습니다. 독일로의 이주는 1960~1970년대 광부와 간호사의 파견으로 시작되었는데, 그 당시 우리 사회는 가난에서 벗어나고자 애를 쓰고 있었습니다. 정부는 경제개발 5개년 계획을 몇 차례씩 세웠고 마을마다 '잘 살아보세'라는 노래가 울려 퍼졌습니다. 미국 이민은 6·25 이후 미군과 국제결혼한 여성과 그 가족을 중심으로 본격화되었습니다.

그래도 구미 사회로의 이주는 돈을 벌기 위한 것이거나 사회적 모순을 피하려는 자발적 선택의 여지가 있었지만, 중국이나 일본으로 이주한 동포는 민족의 비극적 운명으로 인해 강요된 선택이었습니다. 중국과 일본으로의 이주는 일제강점기 때 항일독립운동을 위해서거나 또는 일본의 토지조사사업으로 토지와 산림을 빼앗긴 농민이 살길을 찾아 나서면서 시작됩니다. 1945년 해방을 전후해 약 50만 명이 고향으로 돌아왔으나, 지금도 중국 전역에 약 200만 명의 조선족이 중국 동부지역의 3성을 중심으로 거주하고 있습니다. 일제강점기에 일본으로 강제 연행된 조선인은 72만 5천 명에 달했습니다. 대부분은 탄광이나 토목공사 등에 강제 동원되었고, 23만 명은 전장으로 징병되었으며, 14만 명이 위안부로 강제 연행되어갔습니다. 해방 후 약 110만 명의 동포가 일본에서 귀국했지만 혼란스러운 사회 상황과 6·25전쟁의 발발 등으로 어쩔 수 없이 일본에 남게 된 사람들도 많았습니다.

해외 거주 자체가 민족이나 인종적 차별이라는 고통을 수반하는데, 중국과 일본에 있는 동포의 경험은 그중 더 특별합니다. 중국의 경우 중국 정부의 소수민족정책이 자치주를 허락하고 민족 고유의 언어와 전통을 지켜나가게 하고 있어서 외형적으로는 차별의 문제가 별로 없습니다. 그러나 1940년대의 항일투쟁 및 국민당과 중국 공산당의 내전, 그리고 한국전쟁에서 항미원조전쟁이란 이름 아래 중공군이 참전할 때 맨 앞에 조선인들을 세웠다고 합니다. 조선족은 과거 역사에서 중국 인민을 위한 총알받이가 되었던 것이지요. 연변에는 조선족 열사가 대단히 많은데, 거기에는 이런 역사적 배경이 깔려 있습니다.

그런데 일본 동포의 처지는 일본인의 극심한 민족차별주의 때문에 참으로 열악했습니다. 1923년 9월 1일 관동대지진이 있은 후 조선인이 우물에 독을 풀었다는 유언비어가 유포되면서 6천 명 정도가 학살되었습니다. 일본의 민족차별주의는 극악해서 자신들이 조선인을 강제 연행해갔음에도 불구하고 임금은 물론 주거지역도 하천이나 오지의 더러운 곳에서 집단생활을 하게 하는 등 차별이 심했습니다. 해방 후에는 재일동포를 '가난'과 '더러움'의 종족이라고 멸시하고, 학교나 사회·직장 등 모든 영역에서 차별했으며, 그 차별은 현재까지도 지속되고 있습니다.

그러나 이런 고난 속에서도 동포들은 강인한 힘으로 삶을 꾸려냈습니다. 중국에 있는 동포의 수는 56개 소수민족 가운데서 13위 정도지만, 교육열이 매우 높아 중국 안에서 문맹률이 가장 낮은 민족으로 알려져 있습니다. 1987년의 조사에 의하면, 12세 이상의 문맹률이 한족 24.6%, 티베트족 71.6%인데 비해 조선족은 불과 7.2%였습니다. 그뿐만 아니라 조선족 대학교가 다섯 개, 중등전업학교가 아홉 개 있고 조선족 집거구역에는 거의 모두 조선족 소학교와

중학교가 있습니다. 연변대학은 조선족의 높은 교육열을 이끄는 중심으로 대학도서관에는 민족 관련 자료가 산더미같이 많이 있습니다. 대학교육을 받은 정도도 한족이 1,000명당 108명, 소수민족의 평균이 60명인데, 조선족은 441명으로 대체로 정신노동과 전문기술직에 종사하고 있습니다.

지금 조선족은 가난을 벗어나고자 안간힘을 쓰고 있는데, 매사에 자신감이 넘치고 활발했으며 어린아이들도 매우 똑똑했습니다. 그들은 중국인이면서 동시에 조선인이라는 이중국적이 주는 갈등을 잘 소화해내고, 오히려 그것을 발전을 위한 창조적 힘으로 승화시켜나가고 있었습니다. 소수민족으로서 오히려 더 강하고 당당하게 조선족의 긍지를 지키려고 하는 태도가 그들의 삶을 창조적인 것으로 만들어낸 것입니다.

일본에 사는 동포는 극심한 민족차별 속에서도 꿋꿋하게 자신의 내일을 창조해나가고 있습니다. 조선인에 대한 일본인의 극심한 차별은 널리 알려진 바이지만, 동포 2세의 갈등은 더욱 컸습니다. 한 재일동포 2세는 학교에 숟가락을 가져갔다가 조선인이라는 사실이 알려지고부터 멸시를 당해 정신병에 걸렸다고 합니다. 그러나 그는 조선의 역사를 공부하면서부터 나쁜 사람은 조선인이 아니라 민족을 차별하는 일본 사람이라는 사실을 알고는 정신병을 극복하고 오히려 조선인으로서 긍지를 가지고 살게 되었다고 합니다.

또한 변호사 시험에 합격했던 김경록 씨는 일본인으로 귀화해야만 자격을 주겠다는 일본인의 요구를 거절했습니다. 그는 자신이 어렸을 때부터 일본 사람처럼 되려고 애써왔던 이유가, 사실은 차별받지 않으려는 노력이었다는 사실을 깨닫게 되었다고 합니다.

그런 깨달음 뒤에 그는 오히려 조
선인으로서의 자신감과 긍지를 가
지게 되었고, 귀화하지 않고 자신
처럼 차별받는 사람들을 위해 싸
우는 변호사가 되려 한 자신의 정
신을 지키려고 했습니다.

이와 비슷한 일들이 재일동포 사회에서 많이 일어나고 있으며,
이런 일로 감옥에도 가고 재판소에도 가고 있습니다. 그러나 동포
들이 고난을 당하는 그곳은 바로 우리 민족의 역사를 공부하는 장
소가 되고 있으며, 우리 민족의 식민지 역사는 일본인을 회개시키
고 올바르게 살게 하는 교과서가 되고 있다고 합니다.

지금(1994년) 재일 동포 여성들은 '색동의 집'이라는 양로원을 만
들려고 하고 있습니다. 우리 교포1세들이 병들어 죽음을 눈앞에 둔
몸이 되면 그나마 쓰던 일본말도 잊어버리고 김치를 먹고 싶어 하
기 때문에 일본인 의사에게 맡길 수 없는 형편이라고 합니다. 양로
원의 이름을 '색동의 집'이라고 한 것은 조선인의 인권 문제가 조선
인만을 위한 것이 아니라 이런 문제를 통해 일본인도 민족차별주
의를 버리고 모든 사람이 평등하게 살아가는, 즉 공존하는 사회를
함께 만들기를 희망한다는 뜻이라고 합니다. 또한 재일동포는 이
데올로기로 인한 같은 민족끼리의 갈등과 분열을 끝내고 치유하기
위해 3·1절에 민단과 공화국 측 사람들이 함께 모여 축제를 하는 통
일모임을 시작했습니다.

이렇게 해외 동포는 고난을 단순히 고난으로 끝내지 않았습니
다. 오히려 그 속에서 강한 의지를 키웠을 뿐만 아니라 불의한 세계

와 대항하고 고난을 초래하는 불의를 종식시키고자 힘을 만들어냈습니다. 고난은 승화되어 고난을 극복하는 능력으로 다시 태어나고 있음을 보여주고 있는 것입니다.

고난 속에서의 생존력과 창조력의 신학적 의미

고난에 대한 인과응보론적인 이해는 도덕주의적 사고에 근거한 것입니다. 많은 사람이 가난이나 질병, 불의의 사고 등은 신의 징벌이나 자신이 지은 죄의 결과로 돌리고 반대로 부귀영화는 신의 축복이라고 말합니다. 성서의 신명기적 역사관도 이런 경향을 가지고 있습니다. 그러나 다른 한편으로 성서는 고난을 구원을 위한 전제조건으로 해석하기도 하는데, 요셉의 환란을 이스라엘을 구원하기 위한 하나님의 섭리로 보는 것이 그 예라 하겠습니다. 또한 성서에서는 대속적 고난을 말하는데, 그것은 예수의 십자가가 인류를 대신한 희생이라는 것입니다. 그러나 이런 해석은 고난의 한 모습은 이해할 수 있게 하지만, 참으로 이유 없이 수동적으로 당해야 하는 고난의 문제까지 다 설명하지는 못합니다. 우리가 실존적으로 부딪치는 수동적인 고난은 차라리 인간 실존의 풀 수 없는 수수께끼 같은 측면으로 차라리 그 원인을 규명하지 않는 편이 오히려 정직하다고 생각합니다.

그러나 한 가지 분명한 사실은 고난으로부터 발생하는 창조적 힘, 즉 고난으로부터 생겨 나오는 생존력과 창조력의 위대함을 봐야만 한다는 것입니다. 우리는 앞에서 동포들의 고난에 찬 삶의 현실이 그것으로 끝나지 않고 오히려 새로운 역사의 가능성을 안고 오는 모습을 보았습니다. 고난 속에서 자기 존재의 확인으로부터 생겨난 창조력이 자기를 긍정하고 세상에 정의를 수립하려고 하는 힘으로 발전되었던 것입니다.

구약성서학자 김이곤은 히브리 백성의 이집트 종살이의 고난이 발생시키는 해방의 창조적 힘이 가시떨기나무의 타지 않는 불꽃 속에 현존하는 하나님의 모습으로 은유된다고 말합니다. '가시'를 뜻하는 히브리어 '스네'는 '연약한 것'에 대한 상징인데, 출애굽기 3장은 '스네' 속에 하나님이 강한 불꽃으로 나타나 임재하고 있다는 사실을 보여줍니다. 힘없는 유민-합비루, 즉 연약한 노예 이스라엘의 상징인 스네 속에 강한 하나님이 임재하고 있습니다. 연약한 운명의 스네와 하나님이 임재하신 불꽃의 공존은 놀라운 사건입니다. 이 상징은 고난 속에서 자기 역사를 찾고 자기 존재를 긍정하는 힘을 가지게 된 동포들의 삶과 일치합니다. 고난 속에서 울부짖는 스네에게 응답하는 신은 멀리 초월해 있으면서 지시·지배하는 신이 아니라 그들의 마음이 항상 정의를 향하고 용기를 가지게 하며 탄식을 저항의 힘으로 변화시켜주는 동력으로 함께하는 신입니다. 바로 그 저항의 힘 안에 하나님의 현존이 있으며 그것이 창조력으로 되는 것입니다.

이스라엘의 역사는 우리 민족사와 많은 유사성을 가지고 있는데, 특히 그들의 바빌론 유배생활은 오늘 우리가 전해 듣는 해외 동포의 삶을 연상시킵니다. 바빌론에 포로로 잡혀간 이스라엘 민족은 나라도 성전도 모두 잃은 뒤 절망 속에서 하나님의 큰 능력에 대한 회의마저 품게 되었습니다. 바빌론 사람들이 그들에게 예루살렘에서 부르던 노래를 불러달라고 요청했지만 그 청을 들어줄 수 없을 만큼 나라 잃은 슬픔에 싸여 있었습니다. 오늘의 성서 시편 137편은 바로 그 상황을 표현합니다.

그러나 이스라엘 사람들은 그대로 주저앉지 않고 자기 역사를 새롭게 정리해 민족의 비전을 제시하고 하나님에 대한 신앙을 재정립했습니다. 즉, 야훼 하나님이 바빌론의 마르둑 신보다 훨씬 위대한 온 우주만물의 창조주라는 신앙고백으로 "태초에 하나님이 천지를 창조하시니라"라는 창세기 1장의 선포를 하는 것이 바로 그것입니다. 비극적인 역사를 창조의 역사, 능동적인 역사로 이끌어가는 힘, 그것이 이스라엘이 우리에게 보여주는 불가사의한 신앙의 비밀입니다.

자발적 고난으로 연대하는 삶

이제 우리의 삶에서 고난 속의 생존력과 창조력의 의미가 어떻게 연결될 수 있을 것인가를 생각해봅니다. 우리는 수동적 고난이 아닌 자발적 고난의 차원을 삶 속에서 스스로 열어나가야 합니다. 나는 연변 과학기술대학에서 일하는 분들을 보면서 이런 생각을 하게 되었습니다. 그들은 미국에서 박사학위를 받았을 정도의 엘리트였지만, 보장된 개인적 행복을 뒤로하고 연변에서의 고생스런 생활을 자청했습니다. 많지 않은 월급조차 마다하고 앞으로 역사의 주인공이 될 조선족 젊은이를 뒷받침하고자 헌신하며 사는 그들의 모습에서 자발적 고난의 삶이 만들어내는 창조의 힘을 다시 확인했습니다. 그들은 북한의 경제적 상황이 너무나 열악해 아이들이 학교에 다니기도 어렵다는 소리를 듣고는 신의주 건너편에 있는 단동에 빵 공장을 만들어 북한 어린이들에게 공급했습니다.

이런 상황에서도 당장 북한을 돕는 일에는 꿈쩍도 않는 한국 정부가 그저 허울 좋은 통일기금 운운하는 모습을 보면서 그들은 남한에 오면 울분이 터지고 북한에 가면 가슴이 저민다고 말합니다. 편안한 삶을 포기하고 조선족의 미래를 위해 고생을 자청한 그분들을 보면서, 통일을 위한 자신의 희생과 역할은 고민하지 않고 그저 통일되면 어떤 자리가 나에게 올까, 어떤 이득이 생길까만 생각하는 일부 정치인과 종교인의 모습이 떠올랐습니다.

자발적 고난으로 연대하는 삶을 보면서 그러한 삶의 근본적인 영성은 지극한 인간애와 궁극적 실재에 대한 자기헌신이라는 것을 새삼 깨닫게 됩니다. 인간애, 그것은 하나님의 자비로운 속성을 우리가 가지는 것을 뜻하며, 하나님의 형상대로 창조된 인간의 모습은 바로 지극한 인간애, 곧 그 자비의 속성을 우리가 하나님과 함께 가지고 있음을 증거하는 것입니다. 궁극적 실재에 대한 헌신은 자기존재 자체를 궁극적 실재에게 맡기는 것, 다른 말로 표현하면 진리 앞에 그리고 정의 앞에 헌신하기 위한 자발적으로 선택한 고난의 삶을 말합니다.

지금까지 우리는 형제의 환란에 무관심했던 요셉의 형제들처럼 살아왔습니다. 그러나 머나먼 이방의 땅에서 고난의 길을 걷고 있는 동포들의 삶을 보면서 스스로 십자가의 길을 간 그리스도를 따를 결단을 할 때에만 참된 그리스도인이 될 수 있다는 사실을 새삼 깨달았습니다. 끊임없는 자기성찰이 요구되는 삶을 살면서 자발적으로 고난의 삶에 연대할 수 있는 영성을 가질 때만 우리는 예수의 진정한 제자가 될 수 있을 것입니다. 자발적 고난으로 연대하는 삶은 고난 속에서 생존력과 창조력을 만들어내는 형제·자매에 대한 우리의 메아리이며, 우리의 창조력은 또 다른 창조력을 만들어내는 반향을 불러일으킬 것입니다.

(1994년 11월 6일)

열린 가족, 열린 민족

마가복음 10:28~31, 2:22

가정의 달인 5월에는 가족에 대해 특별히 많은 생각을 하게 됩니다. 더구나 어린이날이며 어린이 주일인 동시에 어버이 주일로 지키는 날에는 더욱 그렇습니다. 이 세상 모든 사람은 가족과 함께 살아갑니다. 사람은 이 세상에 나올 때 가장 먼저 가족 안에 있게 되며 장성한 후에는 남녀가 결합해 새로운 가정을 이룹니다. 가족은 부부관계와 부모자녀관계로 맺어진 일차적인 사회공동체이자 이 세상에서 가장 친밀한 관계를 맺는 집단입니다. 사람은 누구나 자신의 가정이 잘 지켜지기를 원하기 마련입니다. 행복한 가정을 가진다는 것은 곧 행복한 삶을 의미합니다. 그래서 행복한 가정의 조건이 무엇인지 생각하고 그 조건을 갖추려고 애쓰고 있습니다.

오늘날 가족에 대한 이해는 전통적인 믿음과는 다른 모습으로 변화했습니다. 전통적인 동양사회의 대가족제도가 핵가족제도로 변화된 것은 이미 오래전 일이며, 가족 내에서 여성의 역할 또한 크게 변화되었습니다. 현모양처를 이상으로 삼고 가정의 영역 안에만 머물러 출산과 자녀양육 그리고 가사노동만을 역할로 삼아왔던 여성이 이제는 가정을 벗어나 자유롭고 활발하게 사회적 역할을 수행해나가고 있습니다. 남녀관계도 지배-복종(예속)관계가 아닌 평등하고 상호적인 관계로 바뀌었으며 가족의 형태도 다양해졌습니다. 과거에는 결혼으로 가정을 이루는 것을 당연시했지만, 이제는 결혼도 자유롭게 선택하는 개인 중심적인 삶을 살고 있어요. 또한 현실적으로 대다수의 젊은 남성이 직업여성이나 전문직 여성을 선호하는 경향이 더 크게 나타납니다.

이처럼 가족 형태나 가족관계가 변화했음에도 불구하고 의식구조에 아직 전통적인 생각이 그대로 남아 있는 탓에 갈등과 혼란이 오고 있습니다. 의식이 전근대적 차원에 그대로 머물러 있는 실정을 문화지체 현상이라고 말합니다. 이러한 상태에서는 남성과 여성 모두가 혼란 속에서 자신의 위치와 역할을 제대로 찾지 못하고 어려운 관계를 만들게 되지요. 특히 여성은 더욱 그렇습니다. 우리는 가정을 생각할 때 포근함, 달콤함, 편안함, 위로, 휴식, 소생의 감정 등을 느낍니다. 이것들은 대체로 우리가 어머니에게서 받는 느낌과 동일합니다. 그래서 집은 어머니와 동일시되기도 합니다.

그러나 우리가 향수를 느끼는 전통적인 가정의 내면은 현실적으로는 그리 낭만적이거나 아름답게만 생각할 수 없습니다. 우리가 행복을 느끼는 아름다운 가정의 평안함 ― 정성이 담긴 음식, 따스한 분위기, 티 없는 아이들의 해맑은 웃음소리 ― 그 행복한 꿈속에는 우선 아버지인 남성의 수고가 배어 있습니다. 처자식을 위해 온종일 직장에서 시달리면서 경쟁에서 살아남기 위해 자신을 바치며 일하는 아버지의 노력이 있는 것입니다. 경쟁사회 속에서 살아남는 것이 대단히 어렵고 힘든 일이지요. 상사의 눈치를 보거나 거래처 고객의 비위를 맞추면서 한 푼이라도 더 벌어보려는 아버지의 직장 생활은 그야말로 처절합니다. 신문이나 방송에서 40~50대 남성이 갑자기 쓰러지는 경우가 많다고 보도하는 것을 종종 봅니다. 남성 스스로도 이렇게 과중한 일에 시달리면서 '내 인생은 무엇인가?'라는 물음 앞에서 방황하기도 합니다. 그리고 가끔씩 50~60대 아버지의 가출이 드라마 소재가 되는 것은 꼭 꾸며낸 이야기만은 아닐 것입니다.

오늘날 전통적 아버지상을 이상으로 하던 남성은 가정 안에서의 위치가 축소되는 현실 앞에 당황하고 있습니다. 직장일 우선, 출세 우선주의에 내몰린 삶이 결국 아버지를 가족의 일원이 아닌 단지 돈만 벌어다주는 기계처럼 만들어버리고 자녀들과 친밀성을 잃게 되면서 아버지는 권위를 회복하기 위해 폭력적으로 되거나 군림하려고만 하며 복종을 강요하게 됩니다. 그러나 이미 전통적인 아버지상은 시대에 맞지 않은 것이 되어 관계는 회복되지 못하고 오히려 부작용만을 초래합니다.

그러나 가정을 위한 남성의 수고와 희생도 크지만, 행복한 가정이라는 꿈속에 들어 있는 여성의 희생은 그보다 훨씬 큽니다. 아내이자 어머니인 여성은 하루 종일 집 안에서 종종걸음을 치면서 젖은 손이 마를 사이도 없이 지냅니다. 아침밥, 설거지, 청소, 빨래 등을 마치면 동사무소나 은행 등의 일을 보고 친척이나 이웃의 경조사도 챙겨야 합니다. 그리고 바쁜 걸음으로 돌아와 한 숨 쉴 새도 없이 다시 저녁을 준비하지요. 이렇게 종일 피곤한 몸으로 있어도 여성은 집에서 놀고먹기만 하는 사람으로 취급받기 일쑤입니다. 맞벌이 여성의 고초는 더욱 심각해요. 가족의 이해가 없으면 일 때문에 조금만 늦어도 눈치를 보며 조심스럽게 행동해야 하고, 행여 퇴근이 늦으면 조바심에 마음을 졸여야 하는 생활을 합니다. 집에 돌아와서도 밀린 집안 일로 편안함을 누릴 새가 없어요. 직장에서 스트레스를 받아도 남성처럼 집에서 풀 수도 없습니다. 취업 중인 기혼여성의 가사노동 시간은 약 4~5시간이며, 취업하고 있는 남성의 가사노동은 20분이라고 합니다. 저소득층의 근로여성은 더욱더 큰 비중으로 가사노동을 부담하며 2중3중의 고통을 당하고 있습니다. 남성은 취업으로 인한 피로를 가정에 와서 풀고 에너지를 다시 충전할 수 있지만 취업이나 바깥활동을 하는 여성은 집에서도 자기 에너지를 더 가정에 쏟아야 하며 그래서 사회적 능력이 감퇴됩니다.

여성의 가장 큰 고통은 무엇보다도 자아상실입니다. 결혼과 함께 사라진 아까운 여성이 너무나 많다고 오숙희 씨는 글을 쓰기도 했습니다. 우리 선조 가운데는 허난설헌을 대표적인 예로 들 수 있습니다. 이처럼 가정은 부부 모두에게 무거운 책임을 요구하지만, 현실적으로는 여성에게 더욱 크고 무거운 짐을 지게 합니다. 결혼을 하면 여성은 노예가 된다는 표현이 결코 지나친 것이 아닙니다. 여성의 역할이 크게 달라졌지만 여성은 남성에 예속된 존재이며 어떤 경우에도 가사노동은 여성의 일이라는 전통적 고정관념이 지배하고 있는 것이 오늘 우리 시대 가정의 일반적인 현실입니다.

사실 가정이란 사람들이 서로 관계를 맺으며 살아가는 훈련을 하는 일차적인 장소이지요. 서로 이해하고 사랑하며 살아가는 관계를 가정에서 처음 체험하게 되고 가족 이외의 사람들과도 그러한 관계를 이루어가는 능력을 배웁니다. 그러나 전근대적인 가부장적 가족관계의 의식에 머물러 있을 때는 상호적인 사랑과 이해의 관계가 형성되기 어렵습니다. 전통적인 가부장적 가족윤리와 질서는 복종의 윤리가 지배적이기 때문에 아내나 자녀는 남편의 소유물처럼 간주됩니다. 요즈음 같은 세상에 그런 것은 말도 안 된다고 할지 모르지만 아직도 신문지상에는 끊이지 않고 가정폭력의 비극을 실리고 있습니다. 어떤 어머니가 자기 딸에게 상습적으로 욕설을 하고 폭력을 휘두르던 사위를 살해했다는 비극적인 소식은 가정의 달을 맞는 우리 마음을 더 아프게 합니다. 우리 사회는 아직도 전근대적인 가부장적 질서가 지배한다고 볼 수 있습니다.

한편으로는 부권 회복에 대한 주장이 강하게 일어나기도 합니다. 오늘 우리 사회에서 발생되는 여러 가지 부정적인 현상은 바로 전통적 가정의 붕괴로 나타난 것인데, 그것은 부권의 상실에서 오는 위기라고 주장하는 사람들이 있습니다. 그들은 부권 회복의 목소리를 높이고 가부장적 지배질서의 강화를 주장합니다.

유엔은 1994년을 '가족의 해'로 정해놓고 전 세계적으로 가족 문제를 깊이 생각하도록 촉구하기까지 했습니다. 세계적으로 가족·가정의 문제를 심각히 생각하게 된 것은 현재가 '가족·가정의 위기' 시대라는 판단에서입니다. 물론 유엔은 부권의 회복이 아니라 새로운 가족 질서, 새로운 책임 윤리를 제안하고 있습니다. 그러나 이런 혼란은 새로운 가족관계가 이행되는 과정에서 우리가 넘어야 할 과제입니다. 위기는 언제나 새로운 시작의 기회일 수도 있다는 말처럼 오늘날 가족의 위기는 지혜를 모아 새로운 형태의 가정·가족을 만들어야 한다는 사실을 말해주고 있습니다. 과거로의 회귀가 아닌 새로운 대안적 가족관계의 제시가 요구되는 때입니다.

그렇다면 대안적인 바람직한 가정·가족은 어떤 것일까요? 새로운 가족이란 지배-복종관계가 아닌 사랑을 토대로 이루어진 가정입니다. 프랑스 영화감독 장 비고는 여성해방이란 사람들이 각자 자신의 행동에 책임을 지게 해 복종이 아닌 이해와 사랑을 토대로 인간관계를 형성하는 것이라고 말했습니다. 결국 대안적 가정이란 남성과 여성의 역할을 고정시키지 않고 상황과 필요에 따라 역할을 함께 나누면서 살아가는 그런 가정을 말합니다. 사랑은 너무나 오랫동안 가족관계를 지배해온 덕목입니다. 그래서 사랑이란 이름 아래 희생이 강요될 수 있는 오해의 여지를 안고 있습니다.

따라서 우리는 대안적 가족을 열린 가족이라고 이름 붙여봅니다. 열려 있다는 것은 고정되지 않은 과정 중에 있는 상태입니다. 가정 또는 가족에서 새로운 사고를 수용하고 관계와 역할을 새롭게 설정할 여지가 있는 그런 상태를 의미하지요. 지금까지 잘 살 수 있었던 것은 남편·아버지 혹은 맞벌이하는 어머니·아내의 헌신에 의한 것임을 깨닫고 스스로 절제하며 가능한 자신의 경제적 자립을 위해 노력하는 가족이 되는 일, 밖에서 일하는 어머니·아내를 위해 철저하게 기사를 분담하는 자녀·남편이 되려고 노력하며, 전업주부로서 수고하는 남편의 노력 대가를 고마워하고 절제하며 그 범위 안에서 가계를 운영하는 일, 밖에서의 생활이 아내의 노고와 자녀들의 충실한 성장에 의해 유지된다는 사실을 늘 기억하면서 감사하며 그 노동가치를 인정하는 일 등 새로운 가족관계는 복종

의 윤리가 아닌 배려와 사랑과 돌봄의 윤리
에 의해 각자 책임적인 존재가 되는 관계이
며 이것이 바로 열린 가족입니다.

늘 읽은 성서 본문에서 가족 문제에 대해
어떤 메시지를 들을 수 있을까요? 오늘 본문
은 넓게는 마가복음 8장 27절에서 10장 45절
로 한 단락을 짓는 전체 내용 가운데 마지막
부분이며, 좁게는 10장 17~31절에 나와 있는
하늘나라에 들어가는 일에 대한 내용이 포
함되어 있습니다. 이 본문에서 마가는 하나님나라에 들어갈 수 있
다는 확신을 가지려면 인간이 얼마만큼 선해야 하는가를 이야기합
니다. 마가는 10장 17절에서 부자 청년의 이야기를 통해 이를 설명
하고 있어요. 여기서 마가는 하나님나라에 들어가는 기준이 본질
적으로 하나님의 계명을 지키는 정도나 부의 축적 정도에 달려 있
지 않고 하나님나라를 준비하는 헌신의 정도에 있다고 말합니다.
우리는 여기서 하나님나라와 가족관계에 대한 복음서의 태도를 찾
아볼 수 있습니다. 복음서는 대체로 하나님나라에 들어가는 준비
를 지상의 가족과 반목되는 것으로 표현하고 있습니다. 가족에 의
해 거부당하게 되고(6:4), 가족을 포기할 각오를 해야 하며 참된 모
친, 형제, 자매와 결합해야 한다(3:20~21, 31~35)고 말하고 있습니다.

복음서는 하나님나라의 새로운 가족을 언급하는데, 그 나라는
여인들(1:31, 10:30, 15:41), 어린이들(9:33~37, 10:13, 16), 이방인들(5:1~
20, 7:24~30, 15:39)이 환영받는 곳입니다. 부는 하늘나라에 들어가는
장애물이요, 고난과 박해를 이기고 충성하는 자들은 종말론적 공

동체 안의 제자직을 받는 보상이 있는데, 도래하는 시대에서의 영생이 그것이라고 말하지요. 여기서 우리는 예수가 보여주는 하나님나라는 이전의 전통과 다른 새 질서, 곧 새로운 관계를 말하고 있다는 사실을 알게 됩니다. 예수가 버리거나 포기하라는 것은 낡은 것, 옛것을 말함이며 가족 자체를 부정하고 있는 것은 아닙니다. 왜냐하면 새 공동체에게 다시 배나 되는 가족을 주겠다고 말하고 있기 때문이지요.

예수가 말하는 새로운 질서에 대한 간곡한 요청과 하나님나라의 연결됨은 이 내용을 둘러싼 큰 틀인 8장 27절에서 10장 45절에 명확하게 나타나 있습니다. 예수께서 십자가를 지게 될 예루살렘으로 향해가는 도상에서 남성 제자들에게 3번 고난 받을 것을 예고하고, 동시에 그 제자들이 예수의 말씀을 전혀 깨닫지 못하고 오해하며 그 오해 뒤에 예수께서는 3번 또 가르침을 주고 있는 내용이 아주 잘 설명되어 있습니다. 여기에 나타난 3번의 가르침은 새로운 질서에 대한 이해를 제자들에게 요구하는 것입니다. 즉, 이제 하늘나라가 올 것인데 그 하늘나라는 이전과 같지 아니하고 새로운 질서에 의한 나라라는 것입니다.

한 구절씩 읽어봅시다. 8장 34절에서 9장 1절에서는 "자기 십자가를 지고 나를 따르라" 하며 예루살렘으로 가는 길이 영광이 아닌 고난의 과정임을 말합니다. 9장 35~37절에서는 누가 더 큰 자인가 하는 논쟁을 들어 하나님나라에서 큰 자는 꼴찌가 되어야 하고 섬기는 자가 되어야 하는, 즉 구성원의 새로운 관계를 말합니다. 10장 42~45절에서는 이방 민족이 다스리는 방법과 자신의 방법이 다름을 이야기합니다. 이방 민족은 내리누르고 세도를 부리는 지배 형태를 갖지만, 하나님나라에서는 섬기는 자가 위대한 자이며, 으뜸이 되고자 하면 먼저 종이 되어야 한다고 말합니다. 또한 자신은 섬김을 받으러 온 것이 아니라 섬기려고 왔다는 사명을 제자들에게 확인시키고 있는데, 이는 참으로 지배-복종관계와 질서의 철저한 종식을 요구하는 것이지요. 새로운 질서를 위한 실천적 요구의 철저성은 손이든 발이든 눈이든 죄를 범하면 찍어 내버리라고 할 정도로 지독합니다.

예수께서는 질서의 부분적 수용이나 변형으로서가 아니라 전적으로 새로운 관계 형성에 대해 말씀하십니다. 그 당시 예수를 따르는 제자의 길에 요구된 것은 재산의 포기와 가족을 버리는 일이었어요. 이것은 이 세상에서 가장 소중한 것을 다 버리고 선택할 만큼 소중한 것이 하나님나라라는 의미이지요. '버림'의 행위가 하나님나라와 연결되는 것입니다. 저는 그 당시 예수를 따르던 무리 가운데 어떻게 수많은 여성이 있었을까 하는 의문이 생깁니다. 가부장적 질서가 확고하던 시절에 여성이 가정을 버리고 열광적으로 예수를 따라다니는 모습을 어떻게 이해해야 하나요? 아마도 당시 과부는 물론 부유한 독신 여성들조차도 낡은 윤리적·도덕적 굴레에 갇혀서 비인간적인 대우를 받았기에 이 새로운 질서에 매혹되지 않을 수 없었을 것입니다. 예수가 가족을 버리라는 말과 하나님나라를 연결한 것은 하나님나라가 새로운 관계로 이루어지는 가족공동체임을 뜻하고 있습니다. 예수는 자신을 찾아왔던 어머니와 동생들에게 그들이 나의 어머니요 형제가 아니라 하나님의 뜻을 행하는 자들이 나의 어머니요 형제라고 말했습니다. 오늘 본문에서도 자기를 따르는 자들이 받게 되는 보상이 새로운 공동체, 확대된 새로운 공동체임을 보여줍니다.

하나님나라에 대한 예수의 새로운 비전에서 가족 문제를 보면 예수는 하나님나라가 어린이, 여자, 종과 이방인에게 열려진 공동체, 곧 포괄적 공동체라고 말합니다. 그 나라의 주인은 어린이, 여자, 종, 이방인입니다. 관계의 새로움 그것은 곧 권위의 중심이 바뀌었음을 말합니다. 권위가 지위, 신분, 연령, 성에 의해 결정되는 것이 아니라 하나님의 말씀을 듣는 일, 종이 되고 섬기는 일, 어린 아이처럼 되는 일 — 이 뜻은 어린이를 받아들이는 것처럼 하나님의 나라를 받아들이는 태도를 말합니다 — 입니다. 하나님나라는 열린 공동체이지요. 사회의 주변으로 밀려난 이들에게 열려 있는 공동체입니다. 열린 공동체의 특성은 권위의 중심을 신분이나 성이나 연령에 두지 않고, 즉 그것들에 의한 지배-복종관계가 아니라 오직 한 인간의 생명에 대한 사랑과 섬김의 행위에 둡니다. 이는 길 잃은 양의 비유 그리고 예수가 부활 후 베드로에게 부탁한 말에서도 확인할 수 있어요. 예수가 말하는 하나님나라의 가족은 이와 같은 가족입니다. 권위의 중심이 옮겨져 있고 포괄적인 가족입니다.

그런데 기독교적 가족에 대해 말할 때 많은 경우 에베소서나 디모데서에 나와 있는 가정의례집의 교훈을 언급합니다. 그것들은 바울의 후기 서신에 나타나는 윤리로서 복음서에서 말하는 새로운 하나님나라이 질서와는 반대되는 모습, 즉 가부장화된 질서입니다. 새로운 공동체 안에서 아이와 여성·종·이방인을 권위의 중심으로 포괄한 복음서와는 달리 그 서신들에는 그들이 복종의 윤리 아래로 다시 들어가는 가부장적 질서가 나타나 있습니다.

마가복음은 그가 베드로 공동체와 대립적 관계에 있지 않았을까

추측하게 하는 내용을 가지고 있어요. 스스로를 목자 없는 양들로 비유한 것은 마가 공동체가 사도들을 목자로 인정하지 않았음을 말해주며, 부활한 주님을 직접 중개자 없이 접근해 만났고, 여인들의 역할이 현저했던 평신도 공동체를 이상적인 모델로 삼았던 것으로 보입니다. 마가복음은 묵시록적 기록입니다. 즉, 이 복음은 주후 69~70년 초 예루살렘 성전이 무너지기 직전의 아주 위급한 상황에서 위기의식을 느끼면서 쓴 책입니다. 마가 공동체의 혁명적인 특성을 이에 근거해 이해할 수 있습니다. 어느 때이고 새로운 질서로 전환해야 하는 시대에는 이와 같은 과격한 전환운동이 필요하다고 생각됩니다. 오늘 마가복음을 택한 이유도 여기에 있습니다.

오늘 우리는 북한 어린이를 돕기 위한 특별 헌금을 하기로 되었기에 간단히 열린 가족에 이어 열린 민족을 생각코자 합니다. 열린 가족이란 권위의 중심을 지배집단이 규정한 성이나 연령이나 신분 같은 것에 두지 않고 오히려 거기서 밀려난 이들에게 옮긴 것이며, 상호적 희생과 돌봄의 관계를 특징으로 합니다. 다시 말해서 가족관계의 근본은 인간 상호관계의 본질적인 문제입니다. 가족은 민족의 소단위이고 부부평등은 사회평등의 맥락으로 이어지며 민족 공동체의 형성에 가족외 평등이 기여할 것입니다. 민족의 권위 중심을 사랑의 관계에 근거한 인도주의에 두게 될 때 우리는 열린 민족으로 나아갈 수 있습니다. 포근함과 따스함이 넘치는 가족은 모든 인류가 바라는 영원한 가족의 모습일 것입니다.

오늘 말씀의 주제는 바로 그것을 가능하게 하는 근원적 정신성이 무엇인가를 살펴보는 것입니다. 어린이, 죄인, 이방인, 창녀, 소외된 여성을 하나님나라의 중심에 놓는 예수의 사랑이 가족을 열

고 민족을 여는 근원이 된다고 생각합니다. 예수가 보여주는 모성
적 원리로부터 열린 가족과 열린 민족이 창조될 수 있습니다. 열린
공동체 안에서 모든 남성과 여성, 남한과 북한 모두가 자유롭고 평
등하게 해방되어 사는 세상이 바로 하나님나라입니다.

(1996년 5월 5일)

절망과 희망
- 종교개혁 482주년을 맞아

이사야 11:3~9

　오늘은 교회력에 따르면 마르틴 루터가 시작했던 종교개혁 482주년을 기념하는 주일입니다. 종교개혁 기념 주일에 '절망과 희망'이란 주제를 잡은 것은 개혁이란 가장 절망적 상태에서 새로운 희망을 주는 멸망과 구원의 메시지가 동시에 있다고 생각해서입니다.

　1517년의 종교개혁은 절망적이었던 상황을 오히려 희망으로 급진적으로 전환시킨 사건이라고 할 수 있습니다. 당시 교회는 교권의 절대적 신성화로 사람들을 억압하고 인권을 유린하는 등 암흑시대라고 부를 정도로 타락해 있었습니다. 오늘의 한국 교회 역시 극도로 부패하고 타락했으며 정치권은 개혁은커녕 오로지 당리당략적 싸움만 일삼고 있습니다. 오늘은 이렇게 모든 사람이 극심한 좌절감에 빠져 있는 현실 속에서 어떻게 희망을 찾을 수 있는지를 모색하며 절망과 희망을 함께 생각해보려고 합니다.

　기독교의 급격한 역사적 전환점이었던 1517년의 종교개혁을 1차 종교개혁으로 본다면, 2차 종교개혁은 1960년대 기독교 세속화 신학의 물결이라 할 수 있으며, 3차 종교개혁은 20세기 말에 진행되고 있는 커다란 신학적 전환이라고 할 수 있습니다. 1차 종교개혁은 신으로부터 인간이 해방된 사건이라 할 수 있습니다. 신권과 교권이 일치된 중세의 신 중심 신앙은 실제로는 교권에 의한 인권의 억압, 즉 인간의 비인간화를 초래했습니다. 1차 종교개혁은 르네상스를 배경으로 하는데, 르네상스의 핵심은 교권과 신 중심 사상으로부터의 인간회복이었습니다. 초자연적인 것이 거부되고 인간 본래적 본성과 능력을 회복시키려는 운동이 삶과 문화로 표출되었습니다. 레오나르도 다빈치의 <최후의 만찬>이 르네상스 시기의 대표적 작품으로 꼽히는 것은 예수의 뒤 배경을 자연의 태양빛이 비쳐드는 창문으로 표현했기 때문입니다. 그 이전 중세의 모든 성화에서 예수는 그의 신성을 강조하는 둥그렇게 둘린 후광을 배경으로 하고 있는 것과는 완전히 다른 방식의 표현입니다. 루터의 종교개혁은 이런 르네상스 운동을 배경으로 하면서 신권으로 포장된 교권에 도전하고, 그 교권으로부터 사람들을 자유롭게 해 모두가 스스로 진정한 하나님을 만나는 길을 열었습니다.

　1960년대의 2차 송교개혁은 가톨릭의 제2차 바티칸 공의회와 개신교의 WCC 신학에서 표현되었습니다. 2차 종교개혁은 교회와 세상의 관계에 대한 이해를 완전히 뒤바꾸는 사고의 변화를 요청했습니다. 그때까지 교회는 세상이 죄악으로 가득 찬 속된 곳이므로 성도는 속히 그 세상으로부터 도망해 교회 안으로 들어와야 한다는 식으로 성(聖)과 속(俗), 영과 육 등으로 세계를 이분화해왔습니다. 그러나 2차 종교개혁은 하나님이 창조하신 이 세상을 하나님이 그 안에서 직접 선교하고 계시는 곳으로 보고 교회가 이런 세계를 위해 일하고 가꾸고 돌보면서 하나님나라를 이 땅 위에 실현시켜 나갈 것을 요구한 것입니다.

지금 진행되고 있다고 보는 3차 종교개혁은 온 지구와 우주 차원의 생명 모두를 구원의 영역 안에 포괄하는 개혁으로 시작되었습니다. 1970년대부터 WCC 차원에서 논의된 정의·평화 신학에 창조질서의 보전이라는 주제 — 정의(Justice), 평화(Peace), 창조의 보전(Integrity of Creation)의 줄여 JPIC로 약칭 — 가 포괄되면서 핵의 위협, 지구온난화, 공해의 무서운 폐해, 생태계 위기 등 사회정의 및 세계평화와 함께 생태학적 과제가 그리스도인의 신앙 내용이 되어야 하며 삶의 형태를 결정짓는 중요한 요인임을 강조해왔습니다. 인류에게 치명적인 재앙을 가져오는 핵폭탄과 핵발전소가 도처에 깔려 있고 아시아와 아프리카 곳곳에서 하루에도 수백 수천 명의 아이들이 굶주림으로 죽어가는 현실 속에서, 그리고 인간이 만들어낸 온갖 공해와 쓰레기로 생태계가 신음하고 있는 상황에서 신학자들은 그리스도교 신앙을 가졌다는 것, 신학을 한다는 것이 도대체 무슨 의미가 있는가를 스스로에게 질문했습니다. 하나님이 인간을 만물의 중심에 두고 '정복하고 다스리라' 한 명령이 생태계 파멸을 초래했다는 자책적 성서 해석도 나오게 되었지요. 결국 "이 세상은 하나님의 몸입니다"라고 선포하면서 우주 만물 안에 편재하신 하나님을 찾게 되었고 온 생명 중심의 신앙을 가지는 것이 오늘 그리스도인의 태도임을 천명했습니다.

현재 우리는 또다시 밀려오는 변화의 물결 앞에 서 있으며 이러한 현실은 JPIC 신학의 보다 심화되고 확장된 논의를 요구하고 있습니다. 우리가 살고 있는 현실은 지구화, 정보화, 첨단과학기술화로 인해 상상하기 어려울 정도로 빠르고 급격하게 그리고 지금까지와는 전혀 다르게 변화되고 있습니다. 메가트랜드적 사고나 테크노피아적 전망을 가진 이들은 세계화와 정보화란 인류가 한 촌락같이 연결되고 연합되는 긍정적 진행이며, 과학기술의 발달은 인간의 난치병을 치료해 장수하게 하는 등 유익한 현상이라고 낙관하기도 합니다. 그러나 이런 변화는 결코 인간의 행복을 보장하지도 않으며 유익하기만 한 것은 아닙니다. 오히려 고통과 위협을 가져오기도 하기 때문에 그것을 어떻게 극복해야 할 것인가를 심각하게 고민하게 합니다.

먼저 세계화 혹은 지구화에 대해 생각해봅시다. 이 현상은 인간 사회에 극심한 빈부의 격차, 극단적 삶의 질의 차이, 깊은 갈등과 소외를 초래할 것입니다. 한스 피터 마르틴과 하랄드 슈만이 쓴『세계화의 덫』이란 책에 이와 관련된 상세한 논의들이 있습니다. 이 책에서는 '앞으로의 사회', 즉 21세기에는 노동 가능한 인구 중 20%만 있어도 세계 경제를 유지하는데 문제가 없기 때문에 나머지 80%는 놀아야만 한다고 말합니다. 또한 일할 수 없는 실업자들은 극심한 생존경쟁에 시달리며 소외감과 자아 존엄성의 상실 등으로 고통당할 것이라고 합니다. 이제 20%의 잘사는 사람들이 나머지를 먹여 살리거나, 누군가 그들을 보살펴야 하는데 종교단체나 기관에서 자원봉사를 하거나 거리 청소, 가정부 일 등을 해 생계를 이어나가는 상태가 많아질 것이라고 합니다. 앞으로 사회의 문제는 '밥을 먹을 수 있느냐 아니면 먹히느냐'라는 것입니다.

극심한 빈부 격차에 의한 갈등과 더불어 또 하나의 심각한 문제는 지구 시장화라는 현실입니다. 투기적인 국제금융세력은 주식시장과 외환시장, 채권시장 등을 마음대로 조정해 가난한 나라들을 위기로 몰아넣습니다. 그뿐만 아니라 그들은 과학기술과 첨단경영 기법으로 무장한 초국적기업을 통해 제3세계를 철저히 예속시키기도 합니다. 다국적기업이 정보통신, 가상의 산업, 전자산업을 장악하면서 지구적 차원에서 과학기술주의 체제를 구축하고 이를 기반으로 더욱 이익추구에 열을 올리는 시대를 열어가고 있습니다. 그리고 강화되어야 할 사회보장제도는 오히려 약화되고 사회보장 서비스가 시장에 맡겨지며, 사회정의와 사회 안전을 위한 사회운동은 약화될 것이라고 전망합니다. 이제 국제관계는 국가 간의 이념적 갈등이 아니라 세계기업 간의 경제적 갈등으로 표출될 것입니다. 더욱이 지구적 시장화는 인간의 정신생활과 문화생활에도 심각한 충격을 주고 도덕적·정신적 가치나 삶의 방향도 시장에 의해 결정되며 경쟁논리에 의해 상업화될 것입니다. 세계의 시장화는 지구의 모든 생명체에도 희생을 요구합니다. 지구 환경에 대한 정책은 생태계 위기를 극복할 수 있는 방향으로 설정되어야 하지만, 시장논리가 지배하게 되면 오히려 환경을 더 악화시키는 심각한 위기 상황으로 치닫게 될 것이기 때문입니다.

정보화 사회에 대한 전망도 같은 맥락에서 생각해야 할 문제이지요. 정보과학이 컴퓨터의 눈부신 발전과 보급의 확대로 인류의 일상생활을 지배하게 되었음을 우리 모두 잘 알고 있습니다. 이러한 정보기술은 인간에게 편리함을 주지만 동시에 정보독점에 따른

국가 혹은 인종 간의 격차, 사생활 침해나 컴퓨터 중독에 의한 인간소외나 정신질환, 컴퓨터 바이러스 등으로 인한 혼란과 인공재앙, 지능적인 컴퓨터 범죄 등의 문제도 야기할 것이라고 과학자들은 말합니다. 특히 정보를 독점한 사회와 집단에 의해 세계 지배가 이루어질 것이며, 정보의 힘이 약한 사회와 집단은 예속될 것이랍니다.

과학기술 문명의 극한적 발달은 생명공학에서 가장 심각한 문제를 불러옵니다. 현재의 유전공학은 생명체의 형질과 기능을 결정하는 유전자를 인위적으로 조작함으로써 생명체를 개조하거나 새로 만들 수 있게 하고 인간이 원하는 특정 형질을 가진 동식물을 대량으로 생산할 수도 있습니다. 물론 농작물이나 가축의 품종개량, 질 높은 의약품의 대량생산을 통한 질병으로부터의 해방도 가져올 것이고요. 1990년부터 진행된 인간 게놈 프로젝트는 세포 내 유전자를 분석해서 유전자 지도를 작성하고 분자 배열을 밝혀내어 인체의 신비를 알아낸다는 것입니다. 이 계획이 완성되면 의학과 약학은 큰 혁명기를 맞을 것이며 사회에 충격도 클 것이라고 합니다. 생물 복제의 문제는 이미 우리가 잘 알고 있지요. 식량 증산, 멸종 위기의 생물 보존, 장기 이식, 유전병 치료 등 유용한 점 때문에 첨단과학기술이 발전하지만, 인간사회는 이로 인해 정신적 혼란과 충격을 겪게 되며 인간 존엄성에 손상을 입고 윤리적 위기를 초래할 수 있습니다. 자연인간이 아닌 맞춤인간의 탄생 가능성까지 나간 유전공학은 복제인간보다 더 큰 문제를 유발하게 될 것이며 인간의 끝없는 욕망에 비추어보면 어떤 형태로든 맞춤인간을 활용할 가능성이 큽니다.

그런데 이보다 더 큰 위험성은 이들이 인류의 생태계에 주는 영향의 문제로, 전 인류 혹은 전체 생명의 생존에 위협을 주는 문제로 치달을 수 있다는 것입니다. 이런 암울한 전망들 앞에서 우리는 얼마나 희망을 가질 수 있을까요? 우리가 희망을 가질 가능성은 과학과 정보기술, 경제적 권력을 독점한 자들의 마음에 달려 있는 듯합니다. 20%가 나머지 80%와 철저하게 나누는 삶의 윤리를 가질 때만, 첨단 과학기술이 오직 인류의 생명과 복지를 위해서만 사용되어야 한다는 공존의 윤리를 가질 때만 위기를 극복할 가능성이 있습니다.

이러한 윤리적 가치는 종교로부터 나와야 합니다. 이제 종교는 이 세상에 생명 중심의 가치 창출과 공존의 윤리를 지향하는 도덕적 정의를 세워야 하는 중대한 역할을 맡게 되었습니다. 따라서 오늘날의 종교는 인류 역사상 그 어느 때보다도 중요하고 커다란 책임을 갖는 자리에 있다고 생각합니다. 21세기에는 영성이 중요하게 다루어질 것이라는 말은 바로 이런 맥락과 연결되는 것입니다. 정보기술이나 과학기술에 하나님나라의 가치를 연결하고 실현하려는 신앙의 노력이 진행되어야 하며 새로운 대안적인 질서가 창조되어야 합니다.

이런 요청은 과학자들에 의해서도 제기되었어요. 1999년 6월에 개최된 세계과학회의에는 과학자뿐만 아니라 정부 대표, 기업가, 시민 대표 등 2,000여 명이 참여했습니다. 여기서는 과학의 발전방향, 과학과 환경, 과학응용의 윤리적 기준, 과학지식의 공유 문제 등 과학 발전과 관련된 폭 넓은 주제가 논의되고 합의된 내용을 토대로 과학지식의 이용에 대한 선언과 행동지침이 채택되었습니다. 이는 과학자의 사회적 책임을 강조하는 새로운 사회적 계약을 천명하는 것으로, 인류를 위협하는 전 세계적 위기에 공동으로 대처해야 한다는 공감대를 형성했지요. 과학자들은 공동의 사회의식을 위한 확고한 가치와 이념을 종교가 제시해주기를 바라고 있습니다. 철저히 나누는 삶의 윤리, 혼자가 아니라 함께라야 살 수 있다는 공존의 윤리, 무엇보다도 생명이 우선이라는 생명 중심의 가치와 윤리가 제시되고 실천되어야만 합니다. 하나님 앞에 선 새로운 인간으로, 열린 존재로, 생명을 사랑하는 존재로 새로 거듭나는 일이 오늘 우리의 중심 과제라고 하겠습니다.

오늘 우리는 구약성서 이사야 11장을 함께 읽었습니다. 본문의 기록자인 이사야는 기원전 740년대에 활동한 유다 출신 예언자입니다. 이사야가 위임 받은 일은 이스라엘과 유다 두 왕국의 완전한 멸망을 고지하는 것이었지요. 그는 기원전 722년 북왕국이 아시리아에게 완전 초토화되어 멸망하고, 732년 스스로 속국이 되었던 남왕국 유다가 701년 강대국에게 침략당하는 것을 직접 목격했습니다. 그는 북왕국 이스라엘과 남왕국 유다가 아시리아와 이집트라는 두 강대국 사이에서 이쪽저쪽으로 옮겨 다니며 국가의 운명을 존속시키려는 태도를 근본적으로 비판하고 거부했습니다.

이사야는 이미 이스라엘과 유다 두 왕국의 멸망을 예언했지만, 왕들은 그의 말을 경청하지 않았습니다. 그는 두 왕국 모두의 멸망을 예언·선포하면서 통치자들의 부패한 정치, 특히 가난한 자의 권리를 침해하는 것을 패망의 근본 원인이라고 확실하게 지적했습니다(1:12~17, 3:13~ 15, 5:1~7, 8~10). 더욱이 지도자들의 가장 큰 죄악은 풍전등화와 같은 민족의 운명 앞에서도 권력을 유지하기 위해 자기들끼리 암투를 벌인 유혈의 죄라고 말했습니다(1:15, 5:7).

이스라엘 예언자들은 국가 멸망이나 위기 요인을 사회적 부패, 특히 야훼 하나님이 그들에게 근본적으로 요구한 명령을 무시한 것에 있다고 명확히 분석해냈어요. 즉, 사회정의를 세우고 평등하게 살아야만 하나님의 백성이 된다는, 다르게 표현하면 사회적 약자에 대한 배려와 공존을 명령한 하나님의 요구 — 이를 야훼즘이라 할 수 있습니다 — 를 지도층이 거부한 것이 민족 패망을 불러왔다고 정확하게 지적한 것입니다. 이사야는 지도자들에게서 의미 있는 개혁이 단행되리라는 전망을 거의 혹은 전혀 보지 못했기 때문에 국가가 완전히 멸망할 것이라고 선포했습니다. 이사야는 예언자적 사역을 시작한 초기에 아시리아와 우호적인 정책을 펴는 유다 왕 아하즈를 상대했는데, 그는 유다 왕에게 국제정치에 가담하지 말라고 역설했습니다. 이런 태도는 편협한 종교적 판단으로 이해되거나 극단적인 유토피아적 견해라고 이해되기도 하지만, 예언자는 종교적으로 필수적인 것이 정치적으로도 실제적인 것이라고 믿었던 것 같습니다.

이사야는 철저한 신정(神政) 정치적 견해를 가졌으며, 야훼의 뜻을 실행하는 것을 모든 것에 우선했습니다. 야훼의 뜻을 실행하는 것이 바로 국가의 최대 이익이 되고 백성의 완전한 복지를 이루는 길이라고 선포한 것입니다. 그래서 이사야는 유다에게 옳은 일이란 대외 문제에서 중립적 입장을 견지하고 아울러 국내에서 강력한 사회정의를 추구하는 것이라고 이해했던 것입니다. 그러나 당시 종교 지도자들조차 가난에 시달리는 농민의 비참한 처지를 바로잡지 않았기 때문에 이사야는 종교제의를 통한 개혁이나 국가적 병폐의 실질적인 치유책이 종교에서 나올 것으로 기대하지 않았던 것으로 보입니다. 종교와 정치 모두에서 야휘즘과 어긋나는 부패함을 본 것이지요. 그러나 그는 멸망 후에 살아남아 새로운 공동체를 형성할 남은 자들의 구원에 대한 믿음을 가졌으며, 오늘 우리가 읽은 본문의 유토피아적 새로운 세상을 선포했습니다. 그는 희망적인 미래는 부패하고 잘못된 기존의 국가구조가 완전히 붕괴된 후에야 비로소 실현될 수 있을 뿐이라고 주장합니다.

오늘 본문에서 우리가 관심 있게 보는 부분은 새로운 세상의 도래 가능성이 하나님의 영을 받은 새로운 왕의 출현에 있다는 점입니다. 하나님의 영을 가진 통치자는 신실하며 공정성을 가진 거룩한 왕입니다. 2절부터 3~4절에 이르는 하나님의 영에 의한 통치 내용은 "눈에 보이는 대로 재판하지 않고, 귀에 들리는 대로 재판하지 않고, 가난한 사람을 공의로 재판하고 세상에서 억눌린 사람을 바르게 논죄하며 잔인한 자를 치고 사악한 자를 사형에 처한다"는 신실과 공의의 다스림으로 구체적으로 제시되어 있습니다.

하나님이 요구하시는 정의와 평등의 세상을 지향해 통치하는 일이란 걸국 자연과 인간이 함께 구원받는 이상적 평화의 세상을 도래시킨다는 것입니다. "정의로 허리를 동여매고 성실로 몸의 띠를 삼을 때, 이리가 어린 양과 함께 살며, 표범이 새끼 염소와 함께 누우며, 송아지와 새끼 사자와 살진 짐승이 함께 풀을 뜯고, 어린아이가 그것을 이끌고 다니는 세상, 암소와 곰이 벗이 되고 사자가 소처럼 풀을 먹고 젖먹이가 독사의 구멍에서 장난하는 세상"이 도래한다는 것입니다. 서로 해치거나 파괴하는 일이 없는 완전한 공존의 세상이 이루어진다는 것입니다.

이사야는 다윗 왕조가 결코 이러한 비유에 부합하지 않다는 사실을 분명히 알고서, 하나님이 완전한 새 출발점을 다시 결정하고 계심을 말하고 있는 것 같아요. 성서에서 동물과 이렇게 완전한 평화를 이룬다는 사상은 이사야 65장과 호세아 2장에서 짧게 언급되었을 뿐 별로 나타나지 않습니다. 9절에서 "야훼를 아는 지식이 온 땅에 충만하다"는 표현은 온 세상이 하나님에 대한 인식으로 가득하다는 말입니다. 하나님의 영에 의한 통치가 이루어질 때만 공의와 신실로 나라가 운영되고 온 땅에 평화가 이루어진다는 사실을 표현한다고 하겠습니다.

오늘 본문은 하나님의 영을 가진 자의 통치에 의해 완전한 공존과 평화의 세상이 도래함을 말하고 있습니다. 오늘날 과학자들이 요구하는 공존의 윤리적 가치 제시는 바로 하나님의 영으로 가득한 새로운 인간성의 출현을 의미합니다. 하나님을 아는 지식으로 가득 찬 세상에서 우리는 절망을 넘어서 희망을 가질 수 있습니다. 하나님의 영으로 가득 찬 사람들의 세상, 곧 신실과 공의를 수행하는 윤리를 가진 사람들로 가득 찬 세상이 되어야만 새로운 시대에 우리는 희망을 가질 수 있을 것입니다. 빈부 격차의 심화와 생명의 존엄이 위협받는 시대가 주는 절망감 앞에서 우리는 민족의 비극적 운명을 예언하면서도 새날의 희망을 선포하는 예언자의 희망을 바라봅니다. 그리고 종교개혁 사건 때마다 절망과 희망이 교차되었던 것을 생각하게 됩니다.

우리는 오늘의 말씀을 통해 그 희망이 어디로부터 오는가를 분명하게 깨달았습니다. 하나님의 영을 가진 자에 의해 이루어지는 새로운 지상 낙원, 그의 통치가 행해지는 세상에 가득한 하나님에 대한 지식을 보게 됩니다. 하나님의 영으로 가득 찬 신실하고 공의로운 통치는 예수 그리스도에게서 완성되었습니다. 그러므로 예수는 곧 우리의 희망이 됩니다. 예수를 따르는 우리의 삶에서 그 희망은 구체화되는 것이라고 생각합니다.

새길교회는 오늘의 절망적 세상에 희망을 주는 교회가 될 수 있을까요? 신구 지식인 모두가 모인 집단인 이 교회가 시대적 신앙의 가치를 창출해내고 실천하는 힘을 가질 수 있어야 할 것입니다. 어쩌면 20%에 해당하는 우리가 단순한 선교 봉사 차원에만 만족한다면 희망을 이루는 개혁하는 길에는 들어서지 못할 것입니다. 오늘 새길교회 앞에는 이러한 희망을 어떻게 구체화할 것인가를 깊이 고민해야 하는 과제가 주어졌다고 생각합니다.

(1999년 10월 31일)

우리의 자화상

마태복음 7:3~5, 5:20

평신도교회를 표방하면서 창립 15주년을 맞은 새길교회가 새길 기독사회문화원이라는 산하 법인단체를 출산하게 되었습니다. 새 길교회로서도 매우 의미 깊은 일이지만, 더 넓게는 한국 교회와 사회에 좋은 영향을 미치게 될 아름다운 시작이 되기를 우리 모두 간절히 바라는 마음입니다. 이러한 때 우리가 가져야 할 생각과 자세는 한층 더 성숙한 자리로 나아가야 하며, 우리 자신을 한번 깊이 성찰하는 과정이 필요하지 않을까 생각하면서 오늘 주제와 성서 본문을 택했습니다. 한국 사회와 교회, 그리고 신학이라는 전체적 맥락에서 그리스도인의 자성을 촉구하는 차원에서 함께 생각을 나누고자 합니다.

우리 사회는 1970~1980년대 수많은 사람들의 목숨을 건 투쟁을 통해 민주화와 인권의 확보라는 진전을 성취했습니다. 그러나 1990

년대 이후 문민정부와 국민의 정부에 이르기까지 사회 전반의 민주적 제도 정착을 위해 많은 노력을 기울여왔지만 아직도 그 길은 험난해 보이기만 합니다. 더욱이 현재의 세계적 경제위기는 어려운 개혁의 수행에 부담을 주고 있습니다. 우리 사회에서 개혁을 이루기가 이토록 어려운 것은 정치권의 무능력과 혐오스러울 정도로 부패한 관행 때문이지만, 더 근원적으로는 식민지성을 탈피하지 못한 사고와 군사독재정권 하에서 형성된 파시즘적 사고가 정치인이나 대중을 불문하고 사회 전반에 깊이 내면화되어 있기 때문입니다(대표적 예가 극단적인 지역주의 행태라고 생각합니다). 요즈음 세간에서는 이 문제에 관한 논쟁이 뜨겁게 오가고 있습니다.

파시즘이란 원래 집단주의적 사고, 전체주의적 사고 등의 의미로 이해되었는데 요즈음에는 모든 권위주의적 사고를 의미하는 폭넓은 개념으로 쓰이고 있습니다. 제국주의가 강제한 식민지 규율체제와 뒤이은 분단과 냉전, 한국전쟁이 결과한 반공 규율체제, 유신독재와 1980년대 어둠의 긴 터널을 통과하면서 생긴 집단적 심성이 한국 사회의 내면적 결을 이루고 있다는 의미로 사용되기도 합니다. 매카시즘적인 이데올로기와 위계질서를 구조화하는 언어, 규율과 복종을 내면화시키는 제도 교육, 폭력적인 군사문화와 군사화된 생산현장과 회사조직, 여성을 내적 식민지로 만든 가부장주의, 여성과 외국인 노동자, 사회적 약자와 소수자들을 타자화시키는 가부장적 혈통주의 등의 파시즘이 우리 사회의 집단적 심성이며 지금의 모습입니다.

파시즘이 일상 속에서 우리를 지배하고 또한 우리가 그것을 깊이 내면화하고 있는 한 민주적 개혁은 불가능하다는 한양대 임지현 교수의 주장이 상당히 타당하다는 생각이 듭니다. 임지현 교수와 강준만 교수가 일상적 파시즘을 주제로 벌인 열띤 논쟁을 옮기려는 의도는 없습니다. 다만 우리가 비판하고 극복하고자 하는 대상 자체가 우리 자신 속에 내면화되어 있는 문제를 깊이 성찰할 필요가 있음을 이야기하고 싶은 것입니다. 특히 우리는 한국 교회에 대해 많은 비판적 견해를 내고 있습니다. 그러나 우리 안에는 그러한 요소가 없는지, 우리는 얼마나 그 비판으로부터 자유로울 수 있는지 생각하는 기회를 가져보려는 것입니다.

저는 파시즘적 의식을 내면화시키는 가장 강력한 장소가 학교와 교회라고 생각합니다. 사고를 획일화시키고 다양성과 창의성을 죽이는 곳이 학교나 교회라는 사실은 너무나 슬픈 일입니다. 최근 학습참관일에 학교에 다녀와서 속상해하는 학부모 이야기를 들었습니다. 학습참관일 선생님은 그동안 열심히 학생들을 훈련시킨 대로 학습을 진행했는데, 주제가 빨간색과 파란색에 관한 것이었답니다. 선생님은 찬 것은 파란색, 따뜻한 것은 빨간색으로 설명하고 중간색의 상황을 전혀 제시하지 않았습니다. 한 아이가 해를 노란색으로 칠했고 옆의 아이가 해설하게 되었는데, 해가 빨간색이 아니니까 지는 해라고 설명했더니 해를 그린 학생이 자신은 뜨는 해를 그렸다고 주장했다고 합니다. 선생님은 뜨는 해는 강렬하니까 빨간색이어야 한다면서 다음부터 빨간색으로 칠하라고 하더라는 것입니다.

저도 아이가 고1 때 우연히 반장을 맡고는 제 딴에 친구들의 의견을 수렴하겠다며 '머리를 좀 더 기를 수 있도록 해달라'는 등의 요구를 했다가 주임교사에게 머리카락을 뽑히고 일주일 동안 매일

불려 다니며 반성문 쓰고 운동권으로 지목받아 가슴 졸이며 학교 보냈던 경험이 있습니다. 그야말로 학교 내에 여전히 남아 있는 파시즘적 현장의 참담한 모습입니다. 서태지가 부른 <교실 이데아>라는 노래가사에 "매일 아침 7시 30분까지 우리를 조그만 교실에 몰아넣고 전국 900만 아이들 머릿속에 똑같은 것만 집어넣고 있어"라는 가사는 바로 이런 집단적 획일주의에 대한 저항을 표현한 것입니다. 우리 청소년은 한편으로는 복종과 순응 속에 학교를 다니면서도 이런 노래에 열광합니다. 그런데 여기서 중요한 문제는 아이들이 이미 획일주의를 내면화시키고 있어 어느 상황에서는 자신의 판단과 가치를 결정하는 지배적 기준이 되어버린다는 사실입니다. 저는 서태지의 노래를 한국 교회에다 적용해도 괜찮겠다고 생각했습니다. "매주일 아침부터 4~5부 혹은 7부씩 커다란 예배당에 모아놓고 1천만 교인들 머릿속에 똑같은 것을 집어넣고 있어."

한국 교회가 교인들 머릿속에 집어넣고 있는 똑같은 메시지는 과연 무엇일까요? 순종, 복종, 헌신, 희생, 봉사 같은 덕목입니다. 물론 이 덕목 자체는 하나님과의 관계에서 설정되어야 하는 좋은 것입니다. 그러나 한국 교회는 교직자에 대한 평신도의 혹은 남성에 대한 여성의 태도에서 이들 덕목을 요구하는 경우가 더 많습니다. 또한 그것이 교인의 자발성이 아니라 교회권력에 의해 강제되는 모습입니다.

이화여대의 김은실 교수는 학교에서든 교회에서든 현재 나타나고 있는 파시즘적 사고의 역사적 기원이 박정희 정권이 진행한 소위 근대화 프로젝트라고 말합니다. 경제발전은 이루었으나 민주주의 실현에 실패한 그 프로젝트는 산업화, 현대화, 서구화를 최고의 가치로 지향하면서 자본주의적 산업화, 공산정권인 북한에 대한 방위, 민족정체성의 확립이라는 국가재건의 목표 아래 온 국민을 집결시키고 획일화했던 것입니다. 결국 독재정권의 파시즘적 통치는 철저한 반공 이데올로기, 폭력적 군사문화의 일상화, 전통 지향에 따른 성차별의 구조화, 남성 중심적 사회 지향, 민족·국가주의라는 집단적 가치의 우상화 등을 사회구성원의 의식에 주입했습니다. 박정희가 통치하던 1961년에서 1979년 사이의 학창 시절을 회상하면 가장 먼저 떠오르는 것은 공장의 굴뚝, 빨간색의 북한 군인, 이순신이 재현하는 군사주의와 충(忠) 사상, 신사임당의 모성으로서의 여성성, 방위되어야 하는 금수강산인 영토, 애국심, 민족·국가의 절대성 등이라고 김은실 교수는 말합니다. 곧 서구화, 군사주의, 지켜야하는 전통, 민족주의, 가부장적 성별체계 같은 여러 가지 이념체계가 혼재되어 있었다는 것입니다.

한창 경제 산업화 정책이 시행되었던 시기에 많은 여성이 산업생산력으로 동원되었습니다. '공순이'라 불렸던 어린 여성은 남자 형제의 공부와 가정 경제를 책임지면서 공장으로 내몰려 단순노동과 저임금에 시달렸습니다. 그러나 언론 등은 그들을 산업역군으로 미화했지요. 기혼여성은 인구 통제를 위한 국가적 목적 달성을 위해 인간이 아닌 동물적 출산도구로 취급되어 출산조차 통제를 받았습니다. 소수의 자녀만 출산하는 여성의 몸이 더 근대적이라는 정치적 담론이 일반화되면서 자녀가 많은 여성을 야만인이라 부르기까지 했습니다. 그것을 현대적 가치로 생각했던 것이지요. 적은 수의 자녀를 갖는 것을 사회적 강제가 아닌 내재화된 여성 자신의 욕구로 생각하도록 여성에게 가치이전을 시켰던 것입니다.

이런 비민주적·비인간적 경제 산업화정책에 많은 지성들이 저항해왔으며, 아직도 사회 곳곳에 남아 있는 뿌리 깊은 의식에 대한 비판도 지속되고 있습니다. 그러나 비판의 대상이 어느새 개인적·집단적 무의식 속에 깊이 뿌리를 내려 우리 스스로가 그것을 어떤 상황에서는 하나의 가치기준으로 내세우고 있는 것은 아닌지 생각해보게 됩니다. 제가 만났던 어느 탈북 여성은 이런 이야기를 들려주었습니다. 진보적 사고를 가졌다는 남한 사람이 처음엔 자연스럽게 대화를 나누다가 자신이 북에서 왔다는 이야기를 듣는 순간 태도가 싹 달라지더라는 것입니다. 우리 내면에 깊이 뿌리내린 지독한 반공정신, 그리고 가부장적 사고와 성차별의식이 지금도 우리 사회를 지배하고 있음을 엿볼 수 있습니다.

저는 여기서 새로이 다가오는 하나님나라를 선포한 예수를 뒤따르던 그 많은 군중이 어느 사이엔가 군사적 대항으로 민족을 구하겠다는 바라바를 선택하고 있는 장면을 떠올리게 됩니다. 거부해야 할 전통적 모순이 또 다른 상황에서는 오히려 중요한 가치기준으로 작용하는 것을 볼 수 있기 때문입니다. 매주일 '교회 이데아'는 무엇이었겠습니까? 발전과 성장이라는 세속 논리에 적극 편승한 교회는 한편으로는 물질적 가치관을 신의 축복이라는 그럴듯한 말로 신학 안에 수용했습니다. 그러나 교회를 지배하는 보다 중요한 힘은 '근본수의' 신학(그리고 신정통주의 신학)입니다. '근본주의' 신학과 맥을 같이하는 '신정통주의' 신학은 제2차 세계대전 후 한동안 세계적으로 기독교계에 확산됩니다. 이 조류는 교회 밖으로의 엑소더스를 감행했던 자유주의 신학에 대한 반대되는 주제로서 등장했습니다. '신정통주의' 신학은 나치에 의한 600만 유대인 학살

을 경험한 교회가 인간주의적인 파시즘의 폐해
를 떨쳐버리기 위해 하나님을 절대타자화하며
수립한 신학입니다. 그러나 근본주의적 폐쇄성
을 특성으로 하는 이 신학은 결국 탈역사적 신
앙을 결과했지만, 이런 신앙행태가 기독교의 신앙 정형으로 자리
잡게 되었던 것입니다.

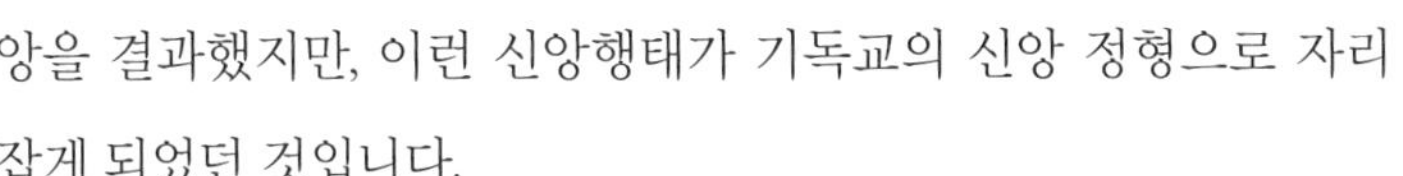

　　예수께서 하나님을 '아빠 아버지'로 부른 것은 유대인이 절대타
자화시킨 하나님을 우리와 관계있고 우리 가운데 계신 하나님으로
회복시킨 것이었습니다. 그런데 근본주의적인 '신정통주의' 신학
이 하나님을 절대타자화시켜 다시 우리와 분리시켰습니다. "신정
통주의 신학은 인간 중심적인 근대 문명과 대결하기 위해서 그것
에 대치되는 반근대적 신앙을 강조했다"고 한백교회의 김진호 목
사는 말합니다. 즉, '신정통주의' 신학은 극도로 발전하는 기술문명
을 극복하고 인간존재가 상실한 본향을 찾을 수 있는 공간으로서
의 교회를 내세우며 이 세상의 문명적 가치를 극복할 유일한 곳이
라고 천명하면서 세상에 폐쇄적인 신앙, 곧 탈역사적 신앙을 강조
한다는 것입니다. 그러나 교회는 그런 주장과 달리 실제로는 언제
나 근대적 기술문명의 이기를 적극적으로·무비판적으로 수용해왔
습니다. 그러면서도 사람들에게 교회를 영혼의 고향, 마음의 안식
처, 평안과 위로의 공간이라고 인식시키고 그런 안정을 위해 축자
영감에 대한 절대적 신봉, 반문명적인 영성적 열광주의, 성직자의
권위를 강조하는 전근대적 가부장주의, 확대된 가족주의인 교회의
폐쇄적 공동체주의 등 한결같이 절대적이고 초월적인 힘을 추구하
는 반근대적 가치를 교회 안에서 강화했습니다.

근대적 인간은 날이 갈수록 가속화되는 근대적 문명의 질주 속에서 모든 것이 순식간에 생겨났다가 연기처럼 사라져버리는 존재 상실의 시대를 살아왔습니다. 그런 불안한 존재로서 변하지 않는 무언가에 대한 향수에 젖어 있는 인간을 향해 교회는 태고 또는 영원에 정향된 탈시간적이고 탈역사적인 불변하는 절대가치를 판매하는 '의미의 시장'이 되었다고 김진호 목사는 말합니다. 참으로 역설적이게도 교회는 한편으로는 물질적 현세관으로 절대화하고, 다른 한편으로는 이성이 마비된 신비적 신앙 체험, 평안과 위로라는 심리적 안정, 그리고 영성적 열광주의로 종교성을 확보하면서 근대 사회 속에 존립하는 반근대적이자 탈역사적 공간이 되어버렸습니다. 교회생활에 충실하던 한 여성이 이렇게 말하는 것을 들었습니다. 10년간 교회에 충성을 다하면서 교회의 소리만 듣고 살다가 어느 날 자신을 돌아보니 그동안 사회 속에서의 자기 역사가 없어져버렸다는 것입니다. 한국 교회가 얼마나 탈역사적 신앙을 주입하고 있는지를 단적으로 보여주는 사례입니다.

교회의 이 같은 신앙 교육으로 인해 한국의 교인들은 집단적 사고를 갖게 되었고 그것이 깊이 내면화되어 치유가 어렵게 된 지경에 이르렀습니다. 이러한 교회는 개인의 자선은 강조되지만 사회 윤리는 부재한 편향된 그리스도인을 양산합니다. 어느 날 제가 아는 분의 집에 초대받아 갔는데 남편이 부인을 극히 칭찬했습니다. 뜨거운 여름에 지나가는 칼갈이 아저씨를 집에 들어오게 하고 시원한 수박을 실컷 잡숫게 하는 것을 보고 감복했다는 것입니다. 저도 참 훌륭한 부인이라는 생각이 들었습니다. 그러나 대화를 하다가 놀라운 모습을 보게 되었습니다. 전에 언론사에서 고위직으로 있었던 남편에게 부인이 "그때 돈을 많이 벌 수 있었는데 왜 그렇게 못했느냐"면서 남편을 통렬히 비난하는 것이었습니다. 자선적 행위와 사회윤리적 의식이 완전히 별개인 모습이었습니다.

한국 교회의 지독한 반공의식을 모르는 사람은 없을 것입니다. 근본주의적 신앙 태도는 반공의식 또한 절대적 가치로 확립시켜놓았습니다. 1970년대 한국 교회의 정형화는 반공정신, 탈역사적 신앙 등으로 사회의 파시즘적 사고와 동일함을 볼 수 있습니다. 이런 교회에서 자라온 우리가 아무리 의식이 변화되었다고 해도 파시즘적 사고가 일상에서 얼마나 우리를 지배하며 깊이 내면화되었는지 생각해보아야 할 일입니다. 새 길을 걷는 우리 자신 속에 있는 한국 교회의 정형화된 신앙행태에 대해 성찰할 필요가 있음을 다시 한 번 강조합니다.

오늘 성서 본문은 유명한 산상설교의 내용입니다. 7장은 산상설교를 마무리 짓는 부분입니다. 사실 이 본문은 자칫하면 기독교를 비판하지 않는 종교로 오해하게 만들 소지가 있습니다. 1절의 내용이 모든 비판을 금지하는 것이기 때문입니다. 그래서 주석가들은 3절만 예수의 말씀이라고 봅니다. 그런데 이 본문을 마태 전체의 상황과 연결해서 생각해볼 필요가 있습니다. 마태복음은 유대 그리스도인에게 전하는 말씀이며, 당시 유대 그리스도인 사이에 갈등과 대립이 있는 상황에서 심판하지 않는 형제·자매애를 가르치는 내용입니다. 5장에서 말하는 성내지 말 것, 제단에 제물을 바치기 전에 먼저 화해하라는 것, 보복하지 않는 것, 원수를 사랑하라는 가르침 등은 이런 맥락에서 볼 수 있습니다. 그러므로 공동체의 화평을 위해 지극한 자기성찰적인 태도를 요구하는 분위기입니다.

그러나 5장 20절과 연결해보면 예수께서는 이 말씀을 보다 철저히 비판할 것을 요구하는 말씀으로 말하고 계심을 알 수 있습니다. 5장은 단순히 소극적으로 비판하지 않는 태도를 말한다기보다는 비판의 기준에 엄격하게 자신을 비추어보면서 철저하게 비판해야 한다는 말씀으로 읽을 수 있습니다. "바리새인의 의보다 더 낫지 아니하면 안 된다"는 것은 바로 철저하게 예수의 가르침의 기준에서 살아야 함을 의미합니다. 진정으로 예수의 제자라면 예수의 가르침이 그들 삶에 녹아들어 있는 차원이 되어야 하며 그래야 율법사나 바리새인의 의보다 나을 수 있다는 것입니다. 바리새인의 의는 당시 사람들의 삶과 완전히 유리된, 다른 말로 표현해서 탈사회적인 율법 중심주의에 매몰되어 이중적이고 위선적 행위로 나타났으며 삶의 정황과는 상관없이 율법을 지키지 못하는 사람을 죄인으로 규정하는 것이었습니다. 예수께서는 이를 가장 통렬하게 비판하셨음을 복음서 곳곳에서 발견할 수 있습니다. 그러므로 예수는 산상수훈을 통해 사람들에게 공동체 내에서의 자기성찰적 태도를 더욱 진지하고 철저하게 가져야 함을 강조함은 물론 바리새인을 더 근본적이고 철저하게 비판하기 위한 자기성찰을 요구한 것입니다.

산상설교를 정치적·사회적 설교라고 해석하는 학자들이 많습니다. 사회비판을 철저하게 하시는 예수께서 소극적으로 자기성찰이 더 앞서야 하고 다른 이를 비판하지 말아야 한다는 논리를 펴지는 않았을 것입니다. 자기성찰은 성찰이되 자신이 가진 비판의 잣대에 스스로를 비추면서 사회적 불의에 대한 비판을 멈추지 않도록 요구하는 것입니다. 곧 '바리새인의 탈사회적 율법주의로 인한 위선적 종교행위를 너희도 가지고 있는지 늘 성찰해야 한다'는 뜻입니다. 내 눈의 들보를 먼저 보는 것은 혹 내가 바리새인 같은 율법주의에 묶인 것은 아닌가를 보아야 함을 의미한다고 봅니다.

한국 교회라는 사회적 토양 위에서 살아온 우리에게 신정통주의적 신학에 의한 신앙 정형이 없을 수 없으며, 내면에 그러한 신앙행태가 깊이 자리해 있을 수 있습니다. 탈역사적이거나 바리새인 같은 율법주의적 신앙 태도 혹은 지나친 영성적 열광주의가 나에게도 내면화되어 있는 것은 아닐까요? 만약 그런 것들이 있다면 그것이 바로 우리 눈에 있는 들보일 것입니다. 우리는 다수를 차지하고 있는 '신정통주의' 신앙의 교회들로부터 따돌림당할까봐 조심하고 스스로 비슷하게 보이려고 하지는 않았습니까? 남녀가 평등한 신앙 전통에 선다고 하면서 얼마만큼 그것에 철저합니까? 운영위원장을 여성으로 세운 것만으로는 부족할 것입니다. 여성 자신은 얼마만큼 평등의식에 서 있습니까? 지금 이대로가 얼마나 편한데 굳이 여성을 내세울 것까지는 없지 않나 싶을 때도 많을 것입니다.

예수께서 시작하신 탈가부장적 전통을 계승하며 사는 것이 새길 교회의 자랑스러운 면모입니다. 그러나 실제로 우리 속에 자리 잡은 가부장적 질서를 떨치고 일어나는 일은 고통스럽기조차 합니다. 남성은 가끔씩 자신의 어머니를 매우 고양시켜 전합니다. 온몸을 바쳐 자식을 살리려고 온갖 희생을 하신 어머니에 대한 찬양은 참으로 숭고합니다. 그러나 그런 모성 찬양이 한편으로는 여성에게 계속적인 희생을 강요하는 이데올로기로 작용하게 됨을 깨닫지는 못하는 것 같습니다(그렇게 찬양하는 어머니의 봉양은 부인 몫으로 요구하지요).

태어나서 자립하는 것이 가장 늦는 동물이 사람이라는 사실은 이미 잘 알려져 있습니다. 동물은 태어나자 곧 스스로 일어서고 활동하지만 인간은 진자리 마른자리 갈아 뉘이기를 10년 넘게 하고도 모자라 요즈음에는 결혼 후에도 애프터서비스를 합니다. 그리고 전통적으로 그 모든 감당을 어머니가 해왔습니다. 만약 인간이 어려서부터 자립한다면 어머니의 희생은 훨씬 더 줄어들 것입니다. 다리미질, 식사 준비, 청소 등 자신의 일을 스스로 하기만 해도 어머니는 훨씬 자유로울 것입니다. 남편은 설거지, 청소 정도를 도와줍니다. 자기가 당연히 해야 할 일이 아니라 안 해도 될 것이지만 자기가 해준다는 태도로 말입니다. 만약 집 안 어느 구석에 먼지라도 쌓이면 남편은 왜 이렇게 먼지가 쌓였느냐며 역정을 냅니다. 그러나 여성은 누구에게 따지지 않고 그냥 자기가 청소합니다. 우리 삶 속에 깊게 들어앉은 가부장적 사고에서 여기 앉은 그 누가 자유로울 수 있겠습니까?

세상이 살기 어려워서 평안과 위로를 구하는 이들에게 예수께서는 "수고하고 무거운 짐 진 자들아, 다 내게로 오라"고 위로와 평안을 주십니다. 우리는 그러한 예수를 따르고 사랑하며 그분과 함께 즐거움을 누립니다. 그러나 우리의 앞길은 고요하고 평화로우며 사랑스러운 분위기로만 진행되지는 않을 것입니다. 어렵고 고통스러우며 괴로운 일들이 더 많을 수 있습니다. 편안한 예수의 길을 따르려고 나선 것이 새길은 아닐 것입니다. 때로는 한국 교회 전체를 향해 높은 목소리를 낼 경우도 생길지 모릅니다. 때로는 "아니오"를 용기 있게 말해야 할 경우도 있을 것입니다. 진정으로 우리가 비판하는 파시즘적 신앙을 내면화하지 않았다면 우리의 신앙 형태는 지금과는 좀 다른 모습이어야 하지 않겠습니까? 우리에게 이러한 자기반성이 요구됨은 지금 시대에는 변화된 신앙 형태가 요구되기 때문이고, 새길교회는 그 변화의 대열을 선택하고 있기 때문입니다. 오늘 우리의 모습을 제 나름대로 생각하면서 '자신을 먼저 돌아보라'는 예수의 말씀을 다시 한 번 깊이 생각해봅니다.

(2001년 4월 29일)

우리 저편 아이들의 보호자

출애굽기 22:22~23

요즈음 가족의 관심을 쏟는 1순위는 자녀이고, 2순위는 애완동물, 3위는 배우자, 4위는 도우미, 5위는 가까운 친지, 6위는 부모라고 합니다. 시골에서 살고 있는 부모가 서울 아들집에서 며칠 지낸 후 아들 내외에게 "강아지보다 못한 6순위는 돌아간다. 잘 살아라" 하고는 다시 시골로 돌아갔다는 이야기가 있습니다. 이 이야기는 부모에 대한 경미한 관심을 풍자하는 것이지만, 다른 측면에서는 1순위 자녀에 대한 지나친 애정의 편중을 문제 삼는 것이기도 합니다. 오늘 저는 자녀에 대한 부모의 관심에 대해 생각해보려고 이 이야기를 서두로 잡았습니다. 부모의 자녀에 대한 깊은 사랑은 중요하고 귀중하지만 자기 자식만 귀하게 여기는 이기주의적 자녀 사랑은 많은 문제를 발생시킨다는 사실과 그 사랑을 혈연관계를 넘어서 확대하는 노력에 대해 생각해보고자 합니다.

예전에는 어린이 문제는 어린이에 대한 부모의 횡포, 어른의 일방적 태도로 어린이를 비인격화시키고 비인간적 상황으로 몰고 가는 것에 대한 비판에 집중되었다고 할 수 있습니다. 일반적으로 어른은 아이를 인격이 없는 존재로 규정하고 소유물로 생각해 함부로 대하거나 그 존재의미를 인정하지 않으며 어른 마음대로 아이 문제를 결정짓습니다. 그러나 자녀에 대한 일방적 권위주의, 가부장적 군림 등에 대한 비판이 크게 대두되고 민주적인 부모상이 제시되면서 어린이 권리를 인정하는 운동도 많이 전개되고 있지요. 오히려 요즘은 아이들 기 살리기가 너무 지나쳐 문제라고 말할 정도가 되었습니다. 정말 거의 모든 부모가 자식을 끔찍하게 위하고 온갖 애정을 퍼부어줍니다. 특히 어린이날에는 선물이며 놀이동산으로 나들이 가기, 좋은 음식점에 가서 맛있는 것 먹기 등 아이를 위해 많은 일들을 합니다. 혼자 지내는 친구가 "정말이지 자식 가진 친구들은 하나 예외도 없이 모두들 제 자식이라면 껌뻑 죽더라"고 말하는 것을 들은 적이 있습니다.

우리는 자녀에게 자신의 모든 것을 희생하면서 위하고 사랑합니다. 자식에 대한 부모의 숭고한 사랑을 부정적으로 생각할 사람은 아무도 없습니다. 자녀의 건강한 성장을 위해서는 부모의 사랑은 절대적이기도 합니다. 그런데 문제는 부모의 사랑이 오직 혈연적 관계에만 한정되어 자기 자식만 사랑하는 이기적 수준에 머물고 있다는 점입니다. 어린이날을 맞아 이런 문제로 인해 나타나는 왜곡된 사회관계를 돌이켜보고, 내 자식이 아닌 우리 저편에 있는 아이들에 대해 생각해보는 기회를 가졌으면 합니다. 제가 '우리 저편의 아이들'이라고 제목을 붙인 것은 금지옥엽처럼 여기며 사랑하는 내 아이들이 아닌, 그러한 사랑을 받을 수 없을 뿐더러 오히려 큰 고통을 당하고 있는 아이들에게 눈길을 보내자는 뜻을 담고 있어요. 조금만 둘러보면 너무나 많은 어린이가 고통을 당하며 살고 있는 것을 알 수 있습니다.

요즈음 고아는 거의 없다고 합니다. 대신 기아, 곧 버려진 아이 문제가 심각합니다. 그들은 대부분 고아원이 아닌 보육원에서 보호받고 있습니다. 아이를 버리는 경우는 미혼모인 경우와 생활고로 인한 가정해체가 대부분입니다. 미혼모 자녀는 상당수가 해외로 입양되지요. 우리나라는 고아 수출 제1위국으로 지적받을 만큼 많은 아이를 해외로 입양시키고 있습니다. 한국전쟁 이후 약 14만 명이 해외로 입양되어갔는데, 그중 미혼모 자녀가 83%나 되며 현재도 매년 2천 명 이상이 입양되고 있다고 합니다.

우리는 일반적으로 입양아는 좋은 가정에 입양되어 잘 살 것이라고 생각합니다. 그러나 그들의 고통은 상상을 초월할 정도로 큽니다. 오래전이지만 미국에서 입양아 상담을 하던 후배의 이야기가 생각납니다. 입양아 가운데는 극심한 심리적 갈등으로 정신질환 치료를 받아야 하는 경우가 더러 있다고 합니다. 양부모와의 갈등, 자기 정체성에 대한 심각한 고민 등으로 자해하거나 극단적으로는 양부모를 살해하려고 하는 경우도 있었다고 해요. 그들의 고통을 우리가 얼마나 짐작할 수 있겠습니까?

또한 우리가 별로 관심을 가져본 적이 없는 그들의 친엄마인 미혼모는 얼마나 큰 고통 속에 살고 있겠습니까? 미혼모는 출산 후 잠깐 동안만 보호기관에 있을 수 있답니다. 미혼모를 돌보는 기관의 직원은 "미혼모는 외부와의 깊은 단절은 물론이고 아이와의 이

별로 인한 정신적 충격 속에 큰 고통을 당하며 산다"고 말합니다. 날로 증가하는 미혼모 문제를 도덕적 차원에서 비난만 하거나 성적 순결 교육만 강조하는 것은 난센스입니다. 그들이 안정되게 출산과 양육을 할 수 있는 시설을 확장하고, 사회에서 떳떳하게 살아갈 수 있도록 제도적 장치를 마련하는 것이 불행한 아이와 여성의 수를 줄이는 올바른 방법일 것입니다.

생활고 문제로 발생하는 아이 문제는 대부분 아버지가 알코올 중독이거나 가정폭력으로 어머니가 가출한 경우에 벌어집니다. 그나마 할아버지 할머니가 양육을 맡는 아이는 다행이지만 그들도 생활이 어려운 경우가 대부분이지요. 가까운 친척도 아이를 양육할 조건이 되지 않거나 기피하기 때문에 결국 아이가 희생되고 있는 것입니다. 이렇게 버려진 아이를 돌보는 시설이 보육원인데 현재의 시설로는 제대로 감당할 수 없다고 합니다.

시야를 조금 더 넓히면, 이라크에서는 전쟁 때문에 아이들이 얼마나 고통을 당하고 있을까 생각하게 됩니다. 전쟁이나 천재지변 등의 재난으로 인해 가장 큰 고통을 당하는 이들은 으레 노약자와 어린이, 여성입니다. 전쟁 통에 부모·친척을 잃은 이라크의 아이가 얼마이겠으며 부상당하고 중태에 빠져 있는 아이가 얼마나 많겠습니까? 미군의 폭격으로 두 팔을 잃고 온몸에 중화상을 입은 12세의 소년 알리를 소개한 신문에 의하면, 그 경우는 오히려 평범한 편이라고 합니다. 수많은 아이들이 중상자이며 병원은 그런 아이들로 넘쳐나고 있지만, 약품이나 제대로 된 의료장비가 없어 단순치료나 응급처치만 할 뿐 큰 수술은 엄두도 못 내고 있다는 것입니다. 설사 부상을 입지 않았어도 많은 아이들이 전쟁의 공포로 악몽에 시달리거나 복통, 설사, 야뇨증 등의 증세를 보이며 정신적·심리적 질병을 앓기도 한다고 합니다.

또 나라가 가난해 기아에 허덕이는 아이들은 얼마나 많을까요? 방글라데시나 아프리카의 굶주린 어린이의 참상을 보고 가슴 아팠는데, 지금은 북한 어린이의 굶주림 때문에 마음이 아려옵니다. 1994년 연변에 갔을 때 들은 이야기로는, 이미 그 당시 북한 어린이의 상당수가 구루병에 걸려 있으며 약품도 없고 양식도 충분치 않아 그 수는 계속 늘어나고 있다는 것이었습니다. 그 후유증으로 지금 북한에는 신체장애아가 늘어나고 있는 실정입니다. 유니세프 북한 주재 대표는 지난(2003년) 4월 15일 신문을 통해 "북한에는 오는 6월이면 모든 영양제와 의약품이 떨어져 심각한 영양실조 상태에 있는 어린이 7만 명이 사경을 헤매게 될 것이다"라며 대북 원조를 호소했습니다.

이뿐이겠습니까? 혹시 <천국의 아이들>이라는 영화를 보셨는지요? 이 영화를 보면서 한편으론 웃음이 나왔지만 다른 한편으로는 마음이 무겁기도 했습니다. 지극히 가난한 중동 지역 가정의 남매가 한 켤레밖에 없는 신발로 둘이서 학교를 오가기 위해 오전 수업을 마친 오빠가 오후 수업인 누이가 늦지 않도록 혼신을 다해 달려가는 모습, 2등을 해야 신발을 탈 수 있는 달리기 시합에서 어떡하든 2등을 해서 신발을 타려고 애썼는데도 1등을 하고 말아 슬퍼하는 모습을 보면서 저 아이들이 바로 밝고 맑은 천국 자체구나 하는 감명을 받았습니다. 비록 가난을 미화하고 사회의 불평등한 경제구조에는 너무 무관심하다는 평을 받긴 했지만, 이 영화는 가난하더라도 부모의 사랑을 정상적으로 받고 자란 아이들이 아름다운

마음과 성품으로 살아가는 모습을 감동
적으로 보여주었습니다. 가난은 분명히
문제였지만 그 가난 때문에 아무도 왜
곡되지는 않았습니다.

그러나 극심한 빈곤 상황에서는 노
동력을 착취당하거나 팔려가는 등 아이들의 인권이 유린당하고 있
습니다. 필리핀 마닐라 외곽의 쓰레기더미에 형성된 '스모키 마운
틴'에 살고 있는 아이들은 쓰레기 수거로 생계를 유지하고 있는데,
쓰레기 소각장의 유해가스로 정상적인 아이큐를 가진 어린이가 20
명 중 1명꼴밖에 안 된다고 합니다. 우리가 세계 축구 4강을 자랑하
는 월드컵 신화의 뒤안길에는 인도와 파키스탄의 어린이들, 심지
어 5~6세짜리 어린이들의 노동력 착취가 있었다고 들었습니다. 바
로 그런 아이들이 공 하나에 100~150원을 받고 시력을 잃어가거나
바늘에 손을 심하게 찔려가며 노동력을 착취당하고 있었던 것입니
다. 지금도 적게는 수만 명, 많게는 수십만 명의 어린이가 가난한
가정과 나라의 돈벌이를 위해 노예 같은 노동에 내몰리고 있습니
다. 인도 등의 가난한 가정에서는 아직도 딸을 매매해 생존을 유지
하는데 그것을 자연스러운 일로 여기고 있다고 합니다.

우리 저편에 있는 고통당하는 수많은 어린이를 생각하면서 '고
아를 학대하지 마라'는 성서의 계명을 다시 생각해봅니다. 오늘 읽
은 본문 출애굽기 22장 22~23절에는 단순히 고아를 잘 돌보라는 명
령이 아니라 그들을 학대하지 말라는 대단히 엄격한 명령이 내려
져 있습니다. 여기에 나오는 동사 학대하다 'te annun'라는 히브리어
는 출애굽기 1장 11~12절에서 이집트의 강제노동에 의해 학대당하

는 그러한 노동을 암시하고 있습니다. 또 다른 곳에서 이 단어는 강간을 의미하기도 하는데, 그것은 과부가 강간당하고 고아가 강제노동의 희생물이 되었었다는 사실을 말해주고 있습니다. 또한 이를 강력하게 금지해야 한다는 하나님의 의지를 나타내기도 하는데, 만일 그들이 호소하면 하나님께서 그 호소를 듣고 대신 복수해주신다는 것입니다. 이 법령의 동기는 하나님께서 약자의 외침을 꼭 들어주실 뿐만 아니라 그들의 원한을 반드시 복수해주신다는 것입니다. 지상에 보호자가 없는 경우 하나님이 친히 그들의 보호자로 나서신다는 것입니다. 그러므로 사회적 약자를 함부로 대하고 얕보는 일은 하나님을 대적하는 일이며, 하나님은 철저히 저들의 보호자가 되십니다. 이스라엘의 하나님은 과부와 고아 곧 사회적 피보호자의 권리를 복구시키고 그들의 복수를 대신하며, 과부와 고아의 압박자는 사형에 처해지고 그의 아내와 아이는 과부와 고아가 될 것이라고 경고합니다. 이를 다르게 표현하면, 하나님은 우리가 사회에서 보호자 없이 고통당하는 자, 그 아이의 보호자가 되어야 함을 강력히 명령하신다는 말이 될 것입니다. 하나님의 이 명령은 그분의 모성적 속성인 연민에서 흘러나옵니다. 노예로 압제당하는 이스라엘을 보고 그들을 구원하기로 작정하신 하나님은, 어떠한 환경에서라도 힘없어 억압당하는 자들 앞에서 그의 연민이 떨려 작동하는 것입니다. 이렇게 하나님은 억압당하는 자의 영원한 보호자이십니다.

보호자가 없는 이들의 보호자가 되어야 한다는 계명에는 고대 씨족공동체의 특성이 녹아 있어 보입니다. 대가족이 1차 단위가 되고, 가족과 가족이 어울려 씨족사회를 이룬 고대 유목민사회는 철저하게 공동체의 특성을 가졌지요. 가장은 가족의 보호의무와 함께 자기 집에 몸 붙여 사는 자들까지 보호할 책임이 있었습니다. 이 가족이 모인 씨족은 동일한 장소에서 살면서 씨족 테두리 안에서 모두 혈연관계를 맺고 공유재산과 공동과업을 가지고 공동체로 살았습니다. 한 개인은 가족공동체 안에 예속되어 있을 때에야 생존이 가능했기 때문에 그 시대에는 가족이 가장 기본적이고도 중대한 사회적 단위였습니다. 그러므로 보호가족을 잃으면 크나큰 생존의 위협에 처하게 되었던 것이지요.

물론 씨족사회는 혈연적·지연적 특성상 상호 연대의식과 공동운명의식으로 상호 밀접히 연결되어 있었지만, 직접적인 보호자를 잃은 경우 고아나 과부는 쉽게 다른 이들에게 고통과 착취를 당할 수 있었습니다. 따라서 가족을 잃은 이들은 기본적 생존권 보장이 되지 않았고 개인의 안전이 위협받았습니다. 그래서 이런 위협 상황에 대해 성서는 씨족이 연대책임을 가져야 한다고 강조하고 있습니다. 곧 성서에 자주 등장하는 남편 잃은 과부, 부모 잃은 고아, 몸 붙여 사는 나그네에 대해 씨족공동체가 보호자가 되어야 한다고 명령을 내립니다. 실제로 과부보호법은 시형제 결혼제도나 친정 부모에게 돌아가는 것으로 보호망을 가졌습니다. 그러나 현실에서는 잘 실행되지 않아 과부가 안정된 생활을 하지 못하고 가난하게 사는 경우가 많았습니다. 물론 남편이 재산을 많이 남겨 놓은 과부의 경우는 예외였습니다(예를 들면, 유딧).

고아도 빈곤과 착취의 희생물이 되었습니다. 부모를 잃은 어린 아이는 보통 씨족의 다른 구성원에 의해 보호받도록 되어 있었지만, 양친을 잃어 다른 가족에 입양되었을 경우에는 자기 유산을 뺏

기거나 유기되기도 하는 등의 위험 속에 살아야 했습니다. 사막의 악조건 때문에 가족을 떠나서는 생존할 수 없었던 유목민 공동체에서 아직 완전한 독립 능력이 형성되지 못한 아이에게는 생존의 위협이 늘 뒤따랐던 것입니다. 성서의 계명에 따라서 본다면 사막의 유목민은 상호보호의 연대적 책임감을 고도로 발전시켰습니다. 그들의 공동체적 규범은 혈연관계에서 벗어나게 된 이들, 곧 고아나 과부처럼 직접적 혈연의 보호자가 없게 된 자들을 사회의 공동책임 아래 보호하도록 하여 공동체의 이상을 보여줍니다. 사막의 유목생활은 연대의식과 구성원 간의 일체감을 요구하기 때문에 빈부 격차의 출현이 거의 불가능한 이상적인 평등사회였으며, 그래서 이스라엘은 늘 사막생활을 이상적인 사회로 생각했던 것입니다. 가나안 정착 이후 발생된 빈부 격차와 사회분화, 불평등구조로 인한 악의 현실은 그래서 이스라엘 예언자들에게 언제나 비판의 대상이 되었던 것이지요. 특히 고아는 하나님의 특별보호 아래 있는 대표적 계층입니다. 그래서 선지자 이사야나 예레미야는 고아돌봄을 강조했고(이사 1:17, 렘 7:6), 욥기는 고아를 학대하는 것을 잔인함과 불의한 행동의 상징으로 간주하고 있습니다(욥 6:27). 가나안 정착 이후 오랜 세월이 지난 기원전 600년대의 신명기서에는 이민자, 고아, 과부의 생존권을 위한 계명이 선포되고 있습니다. 신명기서는 이것을 가난한 자에 대한 자선이 아니라 그들의 권리라고까지 규정했습니다. 남기는 곡식, 포도송이, 올리브 열매를 가난한자가 차지하는 것은 동정이나 자선사업으로 주어지는 것이 아니라그의 당연한 권리이며 하나님의 엄격한 명령이었습니다.

지금 우리는 씨족사회에 살고 있지 않으며, 그러한 공동체적 연대책임이 강조될 수도 없는 사회에서 살고 있습니다. 그렇지만 우리의 이상은 씨족공동체의 연대적 책임의식을 추구하는 것에 두어야 할 것입니다. 이는 힘없는 이들의 보호자로 친히 나서신 하나님의 연민에 참여하는 것입니다. 오늘의 그리스도인은 이 연대적 책임의식을 추구하기 위해 혈연관계의 범위를 보다 광범위하게 확대해나가는 노력을 함으로써 하나님의 연민에 참여할 수 있습니다.

고대 씨족공동체에서 부모 잃은 아이를 친족이 책임졌듯이, 우리 역시 친족 가운데 부모 잃은 아이에 대한 책임의식을 갖거나 주변의 미혼모 혹은 이혼 등의 이유로 편부모 가정이 된 아이에 대해 관심 갖기, 또는 생활고로 해체된 가정의 아이에 대한 연대적 책임의식을 키우는 노력을 통해 오늘의 그리스도인이며 진정한 성서 하나님의 자녀가 될 수 있을 것입니다. 또한 전쟁의 상처로 깊은 고통에 있는 아이들, 지극한 가난으로 착취당하고 있는 가련한 아이들, 굶주림으로 죽어가는 아이들에 대한 연대의식을 가지는 심성을 성숙시켜나가는 일이 바로 하나님의 일에 참여하는 일이란 사실을 깨닫게 될 것입니다.

연대적 책임의식의 확대가 결코 쉬운 일이 아님을 저는 이미 경험했습니다. 제 아이들이 3~4살쯤이었던 오래전에 가정이 해체된 조카아이를 약 3년간 맡아 키운 적이 있습니다. 친척들이 해외 입양을 결정한 상태에서 제가 맡아 키우겠다고 나섰던 것이지요. 그러나 평생 그 아이의 엄마가 되겠다던 제 결심은 3년을 넘어서지 못하고 결국 재혼한 조카아이의 아버지에게 돌려보냈습니다. 지금 생각해보면 미안하고 부끄럽고 후회되는 일이 참 많습니다. 또 한번은 보육원에 있는 자매를 얼마간 돌본 적이 있는데, 생활고로 가정이 해체된 아이들이었습니다. 주말마다 집에 와서 함께 지내기도 하고 가끔씩 저희가 찾아가기도 했지만, 그 기간도 얼마 가지 못했습니다.

저는 어떠한 형태로든 고통에 있는 어린이에 대해 보다 더 깊은 관심을 갖고 끔찍한 자식 사랑을 그들과 나누는 것이 성서적 삶이며 성서의 하나님과 함께하는 것이라는 사실을 다시 한 번 말씀드립니다. 그것이 씨족공동체의 이상인 연대책임의식의 실천이며, 친히 고아의 보호자가 되신 하나님의 연민의 속성을 닮아가는 길이라고 생각하기 때문입니다. 예수께서는 하나님의 연민의 사랑을 극대화해 "너희가 어린아이와 같이 되지 않으면 하나님나라에 들어 갈 수 없다"고 하셨습니다. 가장 힘없는 보호대상인 어린아이야말로 하나님나라의 중심에 서 있다고 하신 예수의 말씀을 어린이주일을 맞아 다시 한 번 되새겨봅니다.

(2003년 5월 4일)

적을 위한 윤리가 필요한 시대

출애굽기 21:23~25, 마태복음 5:38~45

2001년 미국 서부에서 살고 있는 친구가 보내온 편지에는 이런 내용이 있었습니다. 동부에서 공부하고 있는 자녀들이 추수감사절을 맞아 집에 오기로 되어 있는데 걱정이 태산이라고 합니다. 9·11 사건 이후 계속 긴장하고 있었는데, 11월 12일 일어난 비행기 추락으로 미국 사회가 다시 공포와 불안에 휩싸여 있다고 합니다. 탄저균에 대한 공포, 비행기 타는 것에 대한 공포 등으로 항상 불안과 공포에 싸여 살고 있다고 합니다. 사실 미국인은 물론이고 지구촌의 많은 사람이 9·11 테러는 반인류적 범죄라는 점에 동의하고 있습니다. 또한 전쟁을 제외한 마땅한 응징 대안이 없으며 국제 테러리즘을 근절하기 위해서는 지속적이고 광범위한 테러와의 전쟁이 불가피하다고 생각하는 듯합니다. 전쟁이 바람직하지는 않지만 어쩔 수 없는 일이라는 것이지요.

2001년 미국에서는 테러와의 전쟁에 반대하고 다른 대안을 찾아야 한다고 말하면 테러 분자로 몰릴 정도로 미국인의 마음에 분노가 가득 차 있었습니다. 결국 이런 상황이 아프가니스탄을 향한 미국의 대대적 폭격과 지상군 투입을 이끌었고 지금까지 전쟁을 하고 있는 것입니다. 그러나 보복전쟁으로 진정한 평화가 이루어졌을까요?

테러와의 전쟁 이후 미국 내 소수민족은 숨도 크게 쉬지 못하고 산다고 합니다. 미국 내의 일반적 여론이 이러한 불행과 재해의 원인을 소수민족에게 돌리려 하고 있기 때문입니다. 예를 들면, 앞으로 100년간 이민을 금지해야 한다든가 소수민족에게 불이익을 주어 문제를 해결하자는 의견 등이 여기저기서 터져 나오고 있다고 합니다. 테러와의 전쟁이라는 명분으로 의회를 통과한 반테러 법안이 겨냥하는 주요 대상은 외국인 소수민족이며, 그중에서도 아랍인에 집중되고 있습니다. 2001년 10월 26일 부시 대통령의 서명으로 발효된 「애국자법(Patriot Act)」은 영장 없이 심증만으로도 외국인을 불심 검문할 수 있고, 변호사와 피고인의 비밀대화까지 감청할 수 있으며, 테러 혐의 용의자는 무조건 군사법정에서 재판하도록 규정하고 있습니다. ≪뉴욕 타임스≫는 "아프가니스탄 전쟁 두 달째를 맞이해 (인권이 보장되고 민주주의가 시행되는 나라에서) 인권과 자유가 퇴색하고 있다"는 기사를 통해 미국 사회의 현실을 날카롭게 지적하고 있습니다. 미국 정부는 현재 중동 출신 유학생을 상대로 개별적으로 심층 면접을 진행하고 있는데, 그 대상은 2001년 1월 이후 입국한 18~33세 남성으로 5,000명에 이른다고 합니다. 최근에는 46개 이슬람 관련 단체 회원을 입국 금지 명단에 추가하기도 했다고 합니다.

그러나 실제로 9·11 이후 누구보다도 가장 극심한 고통을 당하고 있는 것은 아프간 민중입니다. 아프간은 소련의 침공에 의한 전쟁을 치른 지 20년밖에 지나지 않았습니다. 그래서 지도자 중 나이가 가장 많은 축에 속하는 이가 40대에 불과합니다. 대부분의 국민이 장애를 겪고 있으며 오래 지속된 전쟁 때문에 정신적으로도 기형적 상태라고 합니다. 무엇보다 힘든 아프간 민중의 고통은 극심한 기아상태에서 또 전쟁을 겪고 있다는 사실입니다. 필사적으로 아프간을 탈출하는 난민의 참상은 이루 말로 다할 수 없으며 그들의 기아 상태는 참으로 처참합니다. 현재 아프간 민중 중 700~800만 명이 아사 위기에 처해 있는데, 이 파국적 기아 사태는 9·11 이전에도 심각했던 상태로 그동안 아프간은 다만 국제 원조에 의존해 기아를 면해왔다는 것입니다. 9월 16일에는 미국 정부가 아프간에 민간 식량 및 구호품을 전달하는 트럭 호송을 중단할 것을 파키스탄에 요구했는데, 유럽 국가들조차 아무런 반응을 보이지 않은 것은 수많은 사람을 대량아사로 몰아넣는 일이 될 것이기 때문이었습니다. 필사적으로 파키스탄으로 향하는 난민은 절망의 한 단면으로 오랫동안 지속된 아프간의 고통이 거대한 참사로 바뀌고 있음을 말해줍니다. 현재는 유일한 탈출구인 파키스탄도 미국의 요구로 국경이 봉쇄되었습니다. 미국의 언어학자이자 행동하는 지성인 촘스키는 이를 대학살이라고 말합니다.

9·11 테러가 태평양 건너 미국 대륙 동부에서 일어난 일이고 미국의 보복전쟁이 일어나기 전에는 알지도 못했던 아프간에서 벌어지고 있는 일이라 혹시 우리와는 상관없는 남의 일로 생각할 수도

있겠습니다. 그러나 북한은 미국에 의해 테러 지원국가로 묶여 있고, 남한은 반테러 국제연합에 참가하고 있습니다. 그러나 보다 본질적인 문제는 증오와 대결을 청산시켜야 할 노력을 테러와의 전쟁으로 대신하는 미국 정부와 일부 반미 테러리스트의 잘못된 행위가 한반도에서 역사적 오류를 저지를 수 있다는 데 있습니다. 전쟁과 대량살상의 20세기를 지나 이제 새로운 세기를 맞아 평화를 갈망하던 인류의 소망은 산산이 부서져버린 것 같습니다. 21세기에도 야만의 역사가 되풀이되고 있습니다. 9·11 테러 이후에 더욱 극심해진 팔레스타인과 아프간 민중의 고난은 앞으로도 오랫동안 지속될 전망입니다. 그러므로 테러 행위가 절대 이슬람 민중의 고통을 해결할 수 없다는 사실이 분명해졌습니다. 이렇게 결코 외면할 수 없는 전쟁의 참상과 민중의 고통스러운 현실을 보면서 우리는 전쟁과 평화의 문제를 다시 생각하지 않을 수 없습니다.

증오와 폭력을 버리지 않고서는 어떠한 물리적 힘으로도 평화를 지킬 수 없다는 교훈을 인식하지 못한다면, 21세기 역시 20세기와 큰 차이가 없을 것입니다. 테러와의 보복전쟁은 인류의 어떤 문제도 해결할 수 없습니다. 이 시점에서 미국이 더 큰 윤리의식을 가지고 자신을 반성할 것을 요청하게 됩니다. 압도적 군사력과 세계적 규모의 다국적기업을 통해 자국의 정치·경제적 이익을 추구해온 미국은 약소국 특히 이슬람 민중이 가지고 있는 폭력적이기까지 한 증오심에 대해 이해하지 못하고 있습니다. 어느 나라를 폭격으로 파괴할 수 있지만, 그것은 공격당한 국민의 증오심만을 불러일으킬 뿐 그들을 영원히 패배시킬 수는 없습니다.

독일의 언론가 프란츠 알트는 시대에 맞는 사상보다 더 큰 힘을 가진 것은 없다고 말합니다. 전쟁과 테러를 통한 끝없는 상호보복이 되풀이되는 세계 속에서 인류가 살아남을 수 있는 삶의 방식은 어떤 것일까를 생각하면서, 도날드 슈라이버 2세의『적을 위한 윤리(Ethics for Enemy)』를 함께 숙독할 필요가 있다고 생각합니다. 그는 "이 책을 20세기에 치러진 전쟁 속에서 죽어간 1억 명의 인류를 기억하며 그들에게 바친다. 그들은 죽었으나 지금도 말하고 있다"고 책의 맨 앞에 기록하고 있습니다. 이 책은 서로에게 큰 상처를 주었던 적들이 어떻게 다시 정치적 유대를 모색해나갈 수 있는가를 말하고 있으며, '정치에서의 용서(Forgiveness in Politics)' 라는 부제를 달고 있습니다. 우리와 이웃을 위한 윤리는 얼마든지 있지만 '적을 위한 윤리'라는 말은 생소합니다. 그는 책 속에서 종교적 용어이며 구태의연한 개념인 용서를 새롭게 조명하면서, 지극히 종교적이고 개인적인 윤리 영역으로 추방되었던 용서라는 개념을 과거에 저질러진 범죄와 갈등으로 인해 고통 받고 있는 정치 현실의 한가운데로 가지고 들어옵니다. 그는 다음과 같이 말합니다.

용서는 망각이 아니라 반대로 기억에서부터 시작한다. 용서는 가해자들에 대한 처벌의 포기를 요구하지 않으나, 복수는 포기할 것을 요구한다. 용서에서 적의 인간성을 이해하는 것이 중요하며, 진정한 용서는 증오가 낳은 분열을 적극적으로 치유해 인간관계를 갱신하는 것을 목표로 한다.

20세기는 인류 역사상 가장 많은 전쟁 사상자를 낸 시대였습니다. 그러므로 이러한 정치적 용서보다 21세기 인류의 삶에 더 실제적이고 긴급한 선물은 없을 것이라고 저자는 확신합니다. 또한 그는 구약성서가 복수 중심이 아니라 생명을 보존하려는 의도가 강했고 공동체의 화해와 용서의 모델을 보인다고 말합니다. 예를 들어, 창세기의 요셉과 그의 형들의 이야기는 기원전 10세기 솔로몬 시대 이후 이스라엘이 두 왕국으로 분열되었을 때 씌어졌는데, 이 이야기를 민족의 화해와 공동체의 형성이라는 정치적 노력의 산물로 다시 읽을 수 있다는 것입니다. 즉, 화해와 용서가 없었다면 이스라엘은 아예 존재할 수 없었을지도 모른다는 것입니다. 또한 카인의 이야기에서도 하나님이 카인을 죽이지도 않고 사회로부터 버림당하지도 않게 한 것을 근거로 '카인의 표' 이야기는 복수 이야기가 아니라고 강조합니다. 그리고 그는 주기도문을 용서에 대한 예수 가르침의 핵심으로 강조합니다. 예수께서는 우리가 서로 용서하지 않는 한 우리는 신에게 감히 용서를 구하지 못한다는 주기도문을 가르쳤습니다. 이 주기도문은 유대 관습에 대한 매우 비전통적이고 급진적인 가르침인데, 초대교회의 윤리와 삶에 깊이 반영되었다는 것입니다.

그러나 로마 제국의 종교가 된 후 1천년 동안 서구의 기독교 정치 질서 안에서 용서가 실종되었다고 개탄합니다. 전체 교인 앞에서 공적으로 행해지던 죄의 고백과 회개라는 전통은 사제와의 은밀한 개인적 관계로 축소되어버려 결국 죄의 용서는 교권과 연계된 대단히 사적인 일로 전락하고 고해성사라는 제도 속으로 숨어버렸어요. 종교개혁기에 마르틴 루터는 용서를 '용서받는 죄인들의 회중'으로 새롭게 이해하기는 했지만, 하나님의 왕국과 세상의 왕국을 분리해 용서와 자비의 책임은 교회의 것으로, 처벌하는 정의의 의무는 국가의 것으로 나누어버렸다는 것입니다. 그 후 18세기에 일어난 계몽주의 운동은 인간을 고립된 개인으로 축소시킴으로써 용서의 사회적 중요성을 간과했다고 합니다. 이러한 역사적 자취가 오늘날 정치에서의 용서라는 개념이 비종교인에게는 종교적으로 들리고 종교인에게는 신기한 이야기로 들리게 된 이유라고 합니다.

슈라이버가 말하는 적을 위한 윤리는 '생명의 확언'이라는 최소한의 윤리적 합의점을 제시합니다. 저자는 정치에서의 '인간생명 보존의 법'을 최우선적인 '법'으로 주장합니다. 슈라이버는 20세기 이전 5천 년 동안의 전쟁에서 살해된 사람 수보다 20세기 90년 동안 더 많은 사람이 살해되었다는 끔찍한 역사적 사실을 근거로 죽음의 정치로부터 생명의 정치로 옮겨가는 일이 지금 인류의 가장 중요하고 긴급한 과제라고 주장합니다. 그러므로 모든 인간이 자유와 행복을 추구할 수 있는 권리는 각국 정부들이 가지고 있는 거대한 살상능력을 어떻게 제어할 수 있는가에 달려 있으며, 모든 나라가 적에 대한 윤리를 발전시켜야 한다고 주장합니다. 그리고 보복의 유혹에 저항하면서 과거의 고통에 찬 역사를 기억하고 대면하는 정치에서 진정한 용서가 시작되며, 처벌하는 정의가 아니라 '회복시키는 정의'를 지향하는 길에 정치인의 역할의 중요성을 강조합니다. 더불어 종교는 개인적 죄의 문제에만 집착하지 말고 모두가 연결된 사회적 죄를 보게 하는 역할을 해야 한다고 강조합니다. 그는 미국인에게 남아프리카 공화국 사람들이 어떻게 아파르트헤이트(흑백 인종차별주의)를 용서하고 용서받았는지를 배우라고 주문합니다.

오늘 읽은 구약성서 본문은 약자보호법의 틀 안에 있으며, 그 가운데서도 신체 상해에 관한 법(21:18~36)입니다. 이 법은 보복을 어떻게 하는가에 중심을 둔 것이 아니라 가해자가 동태복수법에 의한 보응 곧 응징에 따른 과실치사를 방지하고 인체의 피해 회복을 보장하려는 목적을 가진 법입니다. 특히 다음에 이어 나오는 노예에 대한 상해를 다루는 법에서 이스라엘의 동태복수법이 가지는 근본정신을 확인할 수 있습니다. 곧 구약성서는 만인 평등한 생명 중심 사상을 보이고 있습니다. 성서는 다음과 같은 구절로 그것을 증거하고 있습니다.

> 노예도 인간이요 하나님의 형상으로 창조되었으므로 그의 생명의 성역을 침범하는 자는 누구나 그것에 대한 책임이 있고 형에 처해져야 한다.

구체적으로 고대 중동의 법, 특히 함무라비 법과 히타이트 법을 출애굽 21장 26~27절과 비교해보겠습니다. 먼저 바빌론과 히타이트에서는 노예에게 상해를 입혔을 때 금전적 보상(노예 몸값의 반액)만 지불하면 벌을 면할 수 있지만, 이스라엘 계약법전에는 가해자가 피해자인 노예에게 그 보상으로 자유를 주도록 되어 있습니다(21.26~27). 고대 중동에서는 노예를 재산품목으로만 간주하지만 이스라엘은 평등한 인간으로 간주해 노예가 신체적 상해를 입으면 그 보상으로 자유인이 된다고 하여 인간의 자유 추구를 목표합니다. 이어서 나오는 재물 침해를 다룬 법과 종교적·사회적 법규에서도 그 정신이 이민자·과부·고아·채무자 등의 약자 보호에 근거함을 보게 됩니다.

그런데 이것은 단순한 인도주의적 배려가 아니라 오히려 약자의 특별한 후견인이 바로 하나님이라는 것을 강조하며 약자를 괴롭히지 말아야 할 명백한 이유를 제시합니다. 그러니까 약자보호법의 제정 근거로 "하나님이 약자의 후견인이시다"라는 선포와 이 법령을 받은 이스라엘이 과거 이집트에서 겪었던 이민자로서의 고난 경험을 내세웁니다. 그러므로 동태복수법은 복수를 위한 것이 아니라 생명 보호와 약자 보호의 정신을 그 근원으로 하고 있는 것입니다.

마태복음 5장 38절에 나오는 '눈에는 눈으로'는 하나의 법규이고 모든 법의 기초로 남아 있습니다. 원래 이 말은 살인자에 대한 무제한적 복수를 제한하기 위한 것이었지요. 그러나 그 발전과정에서 주로 자신의 주장을 관철하기 위한 도구로 잘못 사용되었음이 사실입니다. 예수 당시에도 그 타당성에 대해 논란이 있었고, 실제적으로 보복은 그것에 상응하는 금전 배상으로 대치되었습니다. 예수께서는 "옛 사람들에게……이렇게 말한 것을 들었다. 그러나 나는 너희에게 말한다.……하여라"라는 식으로 반어법적인 이 동태복수법에 대응하는 새 율법을 제시해줍니다. 이는 산상수훈에서 집중적으로 나타나는데, 산상수훈은 시내산 율법의 완성으로 볼 수 있습니다.

원수 사랑에 대한 내용을 보면, 구약에는 원수를 미워하라는 구절이 별로 없습니다. 그러나 이웃 사랑에 대한 내용은 같은 민족을 생각하는 것과 원수에 대한 요구도 많이 있습니다(삼상 24:19, 출 23:4~5, 잠언 25:21~22). 랍비들도 인간 사랑을 말하며, 쿰란 공동체는

"빛의 자녀는 사랑하고 어둠의 자녀는 미워하라"는 말로 이웃과 원수를 나눕니다. 그러나 예수는 이웃사람을 특정한 국가적·종교적 단체로 한정하려는 모든 한계를 넘어서버립니다. 동태복수법적 보복의 가능성을 완전히 봉쇄하고 새로운 관계와 새로운 질서를 말하는 것이 예수의 원수 사랑입니다.

그러나 이 원수 사랑은 기독교 역사에서 상당한 오해를 가져왔지요. 이 본문이 비정치적으로 해석되는 데서 사악한 사람의 마음을 진정시키는 것으로 이용되어왔다는 비판을 받았습니다. 마태복음의 원수는 누구이며 원수 사랑은 구체적으로 어떤 것일까라는 질문이 계속될 수 있습니다. 마태의 원수 사랑 내용을 당시 사회적 상황과의 관계에서 이렇게 볼 수 있습니다. 곧 강자와 약자의 대결 상황에서 적에 대해 예상되는 행동은 세 가지입니다. ① 약자의 수동적 양도로서 자신에게 더 나쁜 상태가 오지 않도록 영리하게 행동한다. ② 굴복당한 사람을 소중히 여기는 승리자의 대담한 복수 포기가 있다. ③ 불의로 인해 고난당하는 사람의 내적 존엄성과 강함이 표현되어 나타나는 원수 사람의 모상이다.

마태복음에서는 세 번째 유형, 곧 불의로 고난당하는 사람의 내적 존엄성과 강함의 표현으로 나타난 원수 사랑을 볼 수 있습니다. 그것은 예수가 보여준 비폭력적 사랑입니다. 예수에게 비폭력은 단순한 수동이 아니라 적과의 도전적 대화로 보입니다. 그것은 자신의 강한 내적 힘, 곧 자신의 존엄성으로 적에게서 행동 변화를 도출해내려는 희망이며, 보복의 악순환이 중단될 때 성립되는 놀라운 효과를 전제로 합니다. 그것은 살인을 억제하는 인간적 본성을 적에게 일깨우려는 상당히 대담한 시도이며 비폭력의 실천과 연관되는 것임을 말하고 있어요. 비폭력 무저항이란 결국 상대의 인간성을 자극하고 생명에 대한 존엄을 일깨우게 되는, 즉 적의 행동 변화를 도출하는 노력이지요.

예수의 원수 사랑은 기독교 전통에서 오해한 개인적인 내용이라기보다는 정치적 차원을 가지는 것으로 해석된다고 슈라이버는 말합니다. 곧 비폭력 무저항의 정치적 태도가 인간생명 근원에서 정치 차원과 개인 차원을 연결합니다. 로마 제국에 대한 적대감이 민족주의로 표출되던 당시의 상황에서 '원수를 사랑하라'는 말은 반민족적인 배신자로 지목받을 수 있는 위험한 말입니다. 그러나 예수는 첼롯당이나 쿰란 공동체의 극단적 분열과 적대적 태도가 인간에게 생명을 준다고 생각할 수 없었을 것입니다. 45절이 대립명제의 결론이라고 보면, 모든 것은 창조를 지배하는 하나님에게로 돌아가고 있습니다. 하나님으로부터 배워야만 참 인간이 될 수 있다는 사실에 강조점이 있습니다. 하나님의 독특한 모습은, 해를 선인과 악인, 불의한 자 모두에게 비추게 한다는 것입니다. 이는 진실로 어려운 사랑의 실천을 위한 모델을 제시하는 것이지요. 바로 하나님의 모방이 산상수훈의 가장 핵심적인 주제라 하겠습니다.

그런데 서중석 교수에 의하면 마태 공동체 내부가 유대인 크리스천과 이방인 크리스천, 그리고 유대인 크리스천 사이의 갈등과 대립으로 상당히 분열되어 있었고, 원수 사랑 그리고 용서에 대한 교훈은 그러한 내부 갈등을 극복하기 위해 강조되었다는 것입니다. "너희들끼리의 용서가 이루어져야 하나님의 용서도 이루어진다"는 구절로 표현된, 사람들끼리의 용서가 하나님의 용서에 앞장선다는 주장은 당시 사람들끼리의 용서가 얼마나 절박한 상태였는가를 보여준다고 합니다. 더 나아가 형제에게 분노하는 자는 누구나 심판받게 됨을 분명히 하여 용서의 중요성을 부각시키며, 종의 비유(18:23~35) 끝말에서 다시 한 번 이를 확인합니다. 그리고 제단 앞에서 형제와 화해하지 않은 것이 생각나면 형제와 화해하고 난 후 예물을 제단에 드리라고 하여 우리의 화해 행위가 더 우선됨을 강조하고 있지요. 곧 무조건적이며 끝없는 용서입니다.

우리는 예수의 원수 사랑 가르침에서 정치적 차원이든 공동체 내부의 대립이든 간에 적대관계에 있는 상황이 어떻게 극복되어야 하는가를 말해주고 있음을 봅니다. 마태는 힘이 약한 자의 적대관계 극복은 비폭력 무저항의 행위를 통한 인간성과 생명존엄의 본질을 일깨우는 것이며, 공동체 내부의 갈등 해결은 무조건적 용서에 있다고 말합니다. 그러나 여기서 한 가지 강자의 태도에 관련된 것이 빠져 있습니다. 즉, 강자는 자기오만에 대한 회개에서 사랑이 시작된다는 사실을 인식해야 한다는 것이지요. 강자의 자기오만에 대한 회개 없이 대립의 극복은 어려운 것입니다.

우리는 오늘의 상황에서 미국이 자기오만에 대해 회개할 것을 말하게 됩니다. 미국은 1814년 이후 아메리카 원주민을 상당수 살해했고 멕시코의 절반을 점령했으며 카리브 해와 중남미 아메리카의 거의 모든 지역에서 파괴와 약탈을 일삼았습니다. 하와이를 점령하고, 수십만의 생명을 죽이면서 필리핀을 식민지로 삼았습니다. 제2차 세계대전 이후에도 이런 범죄를 도처에서 행했습니다. 그러나 항상 미국인이 아닌 다른 나라 사람이 죽고 미국 땅이 아닌 다른 지역에서 전쟁을 벌여 다른 민족의 죄 없는 민중이 학살당해 왔습니다. 이러한 미국의 역사적 행위를 보면 9·11 테러에 대한 반미 국가의 반응을 이해할 수도 있습니다.

세계 곳곳에서 높아지고 있는 테러에 대한 공포와 전쟁의 잔혹함을 막을 수 있는 쉬운 길은 없습니다. 그러므로 지금이야말로 인류 모두가 잠깐 숨을 고르면서 고대와 현대의 지혜를 모으는 일에 집중해야 할 시점입니다. 우리는 민족의 분단과 전쟁, 영·호남 간 지역적 대립 등으로 몸살을 앓고 있는 불행한 역사 앞에서 자신을 돌이켜보아야 합니다. 새로운 회개의 문화가 요청되고 '생명의 보전'이 기준이 되는 정치가 있어야 함을 절감합니다. 저는 새길교회가 사회적 오피니언 리더로서의 책임이 있는 집단이라고 생각합니다. 그러므로 이 시점에 적을 위한 윤리를 말하고 사회적 담론을 평화로 이끌어나가는 데 앞서야 할 책임을 가진다고 생각합니다. 예수의 원수 사랑에 대한 정치적 차원의 해석을 제시해야 할 때입니다.

(2001년 11월 25일)

최만자 교수 설교집
이 여인을 기억하라

2012년 7월 16일 초판 1쇄 인쇄
2012년 7월 23일 초판 1쇄 발행

지은이   최만자
펴낸이   김영호
펴낸곳   도서출판 동연
등록   제1-1383호(1992. 6. 12)
주소   서울시 마포구 망원동 472-11
전화   (02)335-2630
전송   (02)335-2640
이메일   ymedia@paran.com
홈페이지 www.y-media.co.kr

Copyright ⓒ 최만자, 2012

ISBN 978-89-6447-184-5 03200